Mariana Areias To

MW00768904

MARIANA AREIAS TORRES

Av. Rui Barbosa, 264 / 1204 - Graças
Recife - PE - CEP. 52011 - 040
Fone: 421 - 2383 / 973 - 7776

ar

Conjugar es fácil

en español

er

ALFREDO GONZÁLEZ HERMOSO

ir

edelsa

GRUPO DIDASCALIA, S.A.
Plaza Ciudad de Salta, 3 - 28043 MADRID - (ESPAÑA)
TEL.: (1) 416 55 11 - FAX: (1) 416 54 11

Primera edición: 1996.

© A. González Hermoso.
© Edelsa Grupo Didascalia, S. A. Madrid, 1996.

Dirección y coordinación editorial: Pilar Jiménez Gazapo.
Adjunta a dirección/coordinación editorial: Ana Calle Fernández.

Diseño de cubierta y maquetación: Departamento de Imagen Edelsa.
Fotocomposición y Fotomecánica: Crisol, S. L.
Ilustraciones: Ángeles San José.
Imprenta: Ibérica Grafic, S. L.
Encuadernación: Larmor, S. A.

I.S.B.N.: 84-7711-147-2.
Depósito Legal: M-16323-1996.

ÍNDICE

PRESENTACIÓN

Conjugar es fácil (en español) permite el manejo correcto y rápido de los verbos más utilizados de la lengua española actual. Tiene cinco partes :

1. Marcada con **g** (de gramática): La grámatica del verbo en español: resumen práctico.

A. González Hermoso, basándose en su larga experiencia como autor y profesor, ha elegido puntos fundamentales para el reconocimiento y la formación de los diferentes tiempos verbales.

Asimismo, se han organizado las irregularidades y las modificaciones ortográficas y de alteración del acento según los criterios más habituales de las autoridades competentes, combinados con la práctica que el aula aconseja.

Los usuarios del **Curso Práctico** —también de Editorial Edelsa— encontrarán muchas semejanzas en esta parte 1 de **Conjugar es fácil (en español)**.

2. Marcada con **t** (de tablas). Se ofrecen 82 tablas completas como modelos.

Del 1-4, los característicos verbos auxiliares (*haber, tener, ser, estar*). La 81 es un modelo de verbo conjugado en voz pasiva, y la 82, de verbo conjugado en forma pronominal.

La ordenación de los verbos se ha hecho agrupándolos por conjugaciones. Así, del 5-23 son modelos de verbos en **-ar**; del 24-50 son modelos de verbos en **-er** y del 51-80 son modelos de verbos en **-ir**.

Dentro de cada grupo se comienza por un modelo totalmente regular: 5, *cantar;* 24, *beber,* 51, *vivir.* A continuación, modelos de verbos que sufren modificaciones ortográficas y alteración del acento. En tercer lugar, modelos de verbos con irregularidades vocálicas y consonánticas, y algunos verbos defectivos.

Aunque algunos verbos, además de ser irregulares, tienen otro tipo de modificaciones, en la cabecera se han clasificado sólo como irregulares.

En las tablas se han marcado con negrita las raíces o las partes de las formas que no sufren alteración; se han marcado en rojo las irregularidades, y se han dejado en letra fina las terminaciones y los tiempos compuestos, ya que son invariables en todos los modelos.

3. Marcada con **v** (de lista de verbos). Una amplia selección alfabetizada de verbos usuales en la lengua española de hoy en día.

No se han incluido aquellos verbos cuyo uso se limita al participio. Un gran número de verbos en español puede funcionar como no pronominales y como pronominales, si bien no se ha indicado en cada verbo esa doble posibilidad, y se han marcado en cambio como pronominales aquellos que sólo se conjugan así. Para solucionar cualquier problema de conjugación en cualquier verbo que se use de modo pronominal, véase la tabla 82, pág. 106 Los verbos irregulares están precedidos de un asterisco (*). Junto al verbo se indica el nombre y número de la tabla modelo que le corresponde.

A la derecha del número hay referencias como: *verbo defectivo, participio irregular* o *dos participios*, y el número de la nota correspondiente en las págs. 167 y 168. Los verbos que requieren un comentario específico llevan también número de nota.

4. Marcada con **p** (de régimen preposicional). Se presentan alfabetizadamente verbos muy utilizados actualmente con las preposiciones y locuciones de más uso y relación semántica con el verbo.

Se ha hecho una selección muy rigurosa, eliminando preposiciones que el verbo *no necesita* y eligiéndose aquellas preposiciones y locuciones preposicionales que un hablante nativo, en uso espontáneo de la lengua, no duda en atribuir a un determinado verbo.

En cada entrada, las preposiciones y locuciones prepositivas se presentan en los ejemplos alfabetizadamente. Se agrupan en un mismo ejemplo las que pueden utilizarse indistintamente. Los ejemplos son sencillos y, cuando es posible o necesario, se acercan a la semántica o al uso del verbo. Por ello, abundan regímenes que son realmente frases hechas.

5. Marcada con **f/e** (frases hechas y expresiones figuradas). Como última parte del libro, una muestra de 94 verbos de los que se han seleccionado hasta 300 frases hechas y expresiones figuradas.

Es parte del registro de lengua que podemos escuchar *Andando por la calle...* y, en consecuencia, toda la muestra podemos decir que es informal. Ahora bien, ha parecido conveniente marcar con F (= expresión muy familiar) aquellas frases y expresiones que sólo es aconsejable emplear en contextos muy coloquiales.

Se ponen en paralelo expresiones análogas, así como se da una explicación de lo que significa realmente la frase hecha o expresión figurada, y se dan indicaciones sobre ciertos matices, como p. ej.: vulgaridad, machismo o racismo.

Las frases aparecen atribuidas al género masculino, aunque, salvo indicación expresa, también puedan referirse al femenino. Se ha evitado la marca constante *o/a,* que podría resultar fatigosa, y se ha elegido la opción habitual de la lengua española de neutralizar en el masculino a los dos géneros.

Por último, se ilustran humorísticamente algunas expresiones para poner de relieve cuál es el punto de partida, a veces disparatado, de su significado.

LA EDITORIAL

Conjugar es fácil

La gramática del verbo en español: resumen práctico

1 La conjugación española: clasificación de los verbos

Se clasifican en tres grupos, según la terminación de los infinitivos:

> **Primera conjugación:** Infinitivo terminado en **-AR**: *Cantar*.
>
> **Segunda conjugación:** Infinitivo terminado en **-ER**: *Beber*.
>
> **Tercera conjugación:** Infinitivo terminado en **-IR**: *Vivir*.

2 Datos básicos sobre los verbos en español

A. FORMA VERBAL

● En ella se puede distinguir: la **raíz** o **radical**; a veces, características que marcan el tiempo y el modo; cuando se trata de una forma personal, la **terminación** o **desinencia**.

Ejemplo:

amá - ba - mos

raíz | característica de imperf. de ind. | desinencia de 1.ª pers. pl.

● Las formas verbales pueden ser **personales** —si indican la persona— y **no personales** —si no la indican.

• Las personas del verbo son seis. **Tres personas** en el **singular** y **tres personas** en el **plural**.

SINGULAR	**1ª** (yo)	**PLURAL**	**1ª** (nosotros)
	2ª (tú)		**2ª** (vosotros)
	3ª (él / ella / ud.)		**3ª** (ellos / ellas / uds.)

• En español no es necesario, como en otras lenguas, decir (ni escribir) el pronombre personal delante de la forma verbal. Por eso en esta obra no se indican, salvo detrás de las formas verbales del imperativo, tiempo en el que tradicionalmente sí se expresan los pronombres.

Conjugar es fácil

gramática del verbo

• Las **formas no personales** —que no indican persona— son tres: **infinitivo**, **gerundio** y **participio**.

● Las formas verbales se clasifican en **simples** y **compuestas**. Las formas compuestas se forman con el verbo auxiliar **HABER** (*Tabla 1*, pág. 22).

B. MODOS

● Actualmente se consideran tres: 1. **Indicativo**. 2. **Subjuntivo**. 3. **Imperativo**.

● El condicional (simple y compuesto), que se clasificaba antes como modo, ahora se incluye como tiempo en el modo indicativo.

● Dentro de cada modo hay **tiempos**.

C. TIEMPOS

● Los tiempos son, esencialmente, **presente, pasado** y **futuro**, pero, por ejemplo, para referirnos al pasado tenemos varios tiempos con nombres diferentes.

• Los tiempos pueden ser formas verbales **simples** o **compuestas** —si se forman con el verbo auxiliar **HABER**.

• Considerando a los tiempos —con formas personales— en cada uno de los modos tenemos:

MODO INDICATIVO

Tiempos simples	**PRESENTE**	**PRETÉRITO IMPERFECTO**	**PRETÉRITO INDEFINIDO (1)**	**FUTURO IMPERFECTO (2)**
	CONDICIONAL SIMPLE			
Tiempos compuestos	**PRETÉRITO PERFECTO (3)**	**PRETÉRITO PLUSCUAMPERFECTO**	**PRETÉRITO ANTERIOR**	**FUTURO PERFECTO (4)**
	CONDICIONAL COMPUESTO			

MODO SUBJUNTIVO

Tiempos simples	**PRESENTE**	**PRETÉRITO IMPERFECTO**	**FUTURO IMPERFECTO (5)**

Tiempos compuestos	PRETÉRITO PERFECTO	PRETÉRITO PLUSCUAMPERFECTO	FUTURO PERFECTO (6)
Tiempos simples	PRESENTE	MODO IMPERATIVO	

– Notas:

(1) El **pretérito indefinido** se llama también **perfecto simple**.
(2), (5) El **futuro imperfecto** se llama también **futuro (simple)**.
(3) El **pretérito perfecto** se llama también **perfecto compuesto**.
(4), (6) El **futuro perfecto** se llama también **futuro compuesto**.
(5), (6) Los dos futuros del modo subjuntivo son muy poco usados. Son propios de un lenguaje culto, técnico y arcaizante.
– Se ha extendido mucho el nombre de **perfecto simple** para el **indefinido** y el de **perfecto compuesto** para el **pretérito perfecto**. Nosotros hemos preferido dejar los nombres tradicionales para diferenciarlos más.

● Las **formas no personales** también pueden ser **simples** y **compuestas**.

FORMAS NO PERSONALES

Formas simples:	INFINITIVO	GERUNDIO	PARTICIPIO
Formas compuestas:	INFINITIVO	GERUNDIO	

D. VOZ

● En español hablamos de **voz activa** y **voz pasiva**.

• La voz pasiva se forma en todos sus tiempos con el auxiliar **SER** (*Tabla 3*, pág. 24).

3 La conjugación regular

INTRODUCCIÓN

En la sección *Tablas* se ofrecen tres modelos de verbos regulares:

-ar	:	5	*cantar*	(pág. 27)
-er	:	24	*beber*	(pág. 47)
-ir	:	51	*vivir*	(pág. 75)

gramática del verbo

Cada uno de ellos abre el apartado donde se encuentran los restantes modelos —con modificaciones ortográficas, alteraciones del acento o con irregularidades vocálicas y consonánticas— de la misma terminación.

Nota: El gran número de verbos españoles que acaba en **-ear** es totalmente regular y se conjuga como *cantar* (*Tabla 5*, pág. 27). Simplemente no hay que olvidar que la **e** final del radical no se pierde en ningún tiempo ni persona.

Ejemplo: *Telefonear* – 1ª pers. sing. pres. ind.: *telefoneo*.
  – 3ª pers. p. pres. subj.: *telefoneen*.
  – 1ª pers. sing. pret. indefinido: *telefoneé*.

FORMACIÓN DE LOS TIEMPOS SIMPLES

- con el radical del verbo:	presentes (indicativo, subjuntivo, imperativo), imperfecto de indicativo, pretérito indefinido o perfecto simple, gerundio y participio.
- con el infinitivo:	futuro de indicativo, condicional.
- con la 3ª pers. pl. pret. indef. (quitando la terminación **-ron**):	imperfecto y futuro de subjuntivo.

Observaciones

● El modo imperativo no tiene más que dos formas propias:

• La 2ª persona del singular, que corresponde (excepto en ciertos verbos irregulares) a la 2ª persona del presente de indicativo, quitando la **-s** de la terminación:

(tú) cantas ——▶ ***canta tú***.

• La 2ª persona del plural, que se forma cambiando la **-r** final del infinitivo por **-d**:

cantar ——▶ ***cantad vosotros/as***.

● Las demás formas usadas para el imperativo pertenecen al presente de subjuntivo:

Pres. de subjuntivo		**Imperativo**	
(él / ella / usted)	cante	***cante***	***él / ella / usted***
(nosotros/as)	cantemos	***cantemos***	***nosotros/as***
(ellos / ellas / uds.)	canten	***canten***	***ellos / ellas / ustedes***

Conjugar es fácil

CUADRO GENERAL DE LA FORMACIÓN DE LOS TIEMPOS SIMPLES

	Pres. de indicativo	Imperativo	Pres. de subjuntivo	Imperf. de indicativo	Pretérito indefinido	Imperfecto de subjuntivo	Futuro de subjuntivo	Futuro de indicativo	Condicional	Gerundio	Participio
	radical +	radical +	radical +	radical +	radical +			infinitivo +	infinitivo+	radical +	radical +
-ar	- o		- e	- aba	- é	- ra / - se	- re	- é	- ía	- ando	- ado
	- as	- a	- es	- abas	- aste	- ras / - ses	- res	- ás	- ías		
	- a	- e	- e	- aba	- ó	- ra / - se	- re	- á	- ía		
	- amos	- emos	- emos	- ábamos	- amos	- ramos / - semos	- remos	- emos	- íamos		
	- áis	- ad	- éis	- abais	- asteis	- rais / - seis	- reis	- éis	- íais		
	- án	- en	- en	- aban	- a [ron]	- ran / - sen	- ren	- án	- ían		
-er	- o		- a	- ía	- í						
	- es	- e	- as	- ías	- iste						
	- e	- a	- a	- ía	- ió						
	- emos	- amos	- amos	- íamos	- imos						
	- éis	- ed	- áis	- íais	- isteis						
	- en	- an	- an	- ían	- ie [ron]						
-ir	- o		- a							- iendo	- ido
	- es	- e	- as								
	- e	- a	- a								
	- imos	- amos	- amos								
	- ís	- id	- áis								
	- en	- an	- an								

gramática del verbo

FORMACIÓN DE LOS TIEMPOS COMPUESTOS

Todos los tiempos compuestos se forman con los tiempos simples del auxiliar **HABER** (*Tabla 1*, pág. 22) y el participio del verbo que se conjuga. Así:

Pret. perfecto de indicativo, verbo **escribir**: *Yo he escrito, tú has escrito, etc.*

Pret. perfecto de subjuntivo, verbo **escribir**: *Yo haya escrito, etc.*

4 La conjugación irregular

Las irregularidades de la conjugación española afectan a la raíz de los verbos y son **vocálicas** o **consonánticas**. No se consideran aquí irregulares los verbos que, para mantener el sonido, cambian alguna consonante ante la vocal **-e** o la vocal **-o** de la terminación. Son modificaciones ortográficas que se estudian en el apartado 6.

Hay verbos que son irregulares y que además tienen modificación ortográfica, pero en la cabecera de las tablas se les llama solamente *irregulares* para simplificar.

IRREGULARIDADES VOCÁLICAS

Verbos con la diptongación E -> IE

-ar: **Pensar**, *Tabla 13*, pág. 35.

Siguen esta irregularidad: *acertar, apretar, arrendar, atravesar, calentar, cegar, cerrar, comenzar, concertar, confesar, desconcertar, despertar, desterrar,* **empezar** (*Tabla 15*, pág. 37), *encerrar, encomendar, enmendar, enterrar, fregar, gobernar, helar, manifestar, merendar,* **negar** (*Tabla 14*, pág. 36), *nevar, pensar, plegar, quebrar, recalentar, recomendar, recomenzar, regar, renegar, reventar, segar, sembrar, sentar, sosegar, temblar, tentar, tropezar,* etc.

-er: **Querer**, *Tabla 42*, pág. 65.

Siguen esta irregularidad: *ascender, atender, condescender, defender, desatender, desentenderse, encender, entender, extender, malquerer,* **perder** (*Tabla 29*, pág. 52), *sobre(e)ntender, tender, tra(n)scender,* etc.

-ir: **Discernir**, *Tabla 66*, pág. 90.

Siguen esta irregularidad: *concernir, cernir,* etc.

Verbos con la diptongación O -> UE

-ar: **Contar**, *Tabla 16*, pág. 38.

Siguen esta irregularidad: *acordar, acostar, almorzar, apostar, aprobar,* **avergonzar** (*Tabla 20*, pág. 42), *colar, colgar, comprobar, concordar, consolar, costar, degollar, demostrar, desacordar, desaprobar, descolgar, descontar, despoblar, encontrar, esforzarse,* **forzar** (*Tabla 19*, pág. 41), *mostrar, poblar, probar, recontar, recordar, reforzar, renovar, repoblar, reprobar, resonar, revolcar, rodar,* **rogar** (*Tabla 18*, pág. 40), *sobrevolar, soldar, soltar, sonar, soñar, tostar, volar, volcar,* etc.

-er: **Poder**, *Tabla 40*, pág. 63.

Siguen esta irregularidad: *absolver, cocer, conmover, desenvolver, devolver, disolver, doler, escocer, llover, moler, morder,* **mover** (*Tabla 30*, pág. 53), *oler*, promover, recocer, remorder, remover, resolver, retorcer, soler, torcer, volver,* etc.

* El verbo **oler** tiene una conjugación particular: *huelo, hueles, huele, olemos, oléis, huelen.*

Verbos con la diptongación E -> IE y la transformación E -> I

-ir: **Sentir**, *Tabla 65*, pág. 89.

Siguen esta irregularidad: *adherir, advertir, arrepentirse, conferir, consentir, convertir, deferir, desmentir, diferir, digerir, disentir, divertir, herir, hervir, inferir, ingerir, injerir, invertir, malherir, mentir, pervertir, preferir, proferir, referir, resentir, sugerir, tra(n)sferir,* etc.

Verbos con la diptongación O -> UE y la transformación O -> U

-ir: **Dormir**, *Tabla 68*, pág. 92.

También sigue esta irregularidad *morir* (y su participio, irregular, es *m ue rto*).

Verbos que transforman E -> I

-ir: **Pedir**, *Tabla 60*, pág. 84.

gramática del verbo

Siguen esta irregularidad: *competir, concebir, conseguir,* **corregir** (*Tabla 61,* pág. 85), *derretir, despedir, desteñir, desvestir, elegir, embestir, expedir, freír, gemir, impedir, investir, medir, perseguir, proseguir, reelegir, regir,* **reír** (*Tabla 63,* pág. 87), *rendir, reñir, repetir, revestir,* **seguir** (*Tabla 62,* pág. 86), *servir, sonreír, travestir, vestir,* etc.

Verbos que transforman I -> IE

-**ir**: **Adquirir**, *Tabla 67,* pág. 91.

Sigue esta irregularidad: *inquirir.*

Verbo que transforma U -> UE

-**ar**: **Jugar**, *Tabla 21,* pág. 43.

IRREGULARIDADES CONSONÁNTICAS

Verbos terminados en -ACER, -ECER, -OCER, -UCIR que transforman C -> ZC delante de O y A

Siguen esta irregularidad numerosos verbos: *abastecer, aborrecer, agradecer, aparecer, apetecer, carecer, compadecer, complacer,* **conocer** (*Tabla 32,* pág. 55), *convalecer, crecer, desagradecer, desaparecer, desconocer, deslucir, desfavorecer, desmerecer, desobedecer, embellecer, empobrecer, enriquecer, enrojecer, enternecer, entristecer, envejecer, establecer, estremecer, favorecer, florecer, fortalecer,* **lucir** (*Tabla 70,* pág. 94), *merecer,* **nacer** (*Tabla 31,* pág. 54), **obedecer** (*Tabla 33,* pág. 56), *ofrecer, padecer, parecer, permanecer, pertenecer, reaparecer, renacer, rejuvenecer, relucir, restablecer,* etc.

Excepciones: **hacer** (*Tabla 37,* pág. 60) y derivados de *hacer,* **cocer** (*cuezo, Tabla 34,* pág. 57*), escocerse (me escuezo), recocer (recuezo), mecer (mezo).*

Verbos terminados en -DUCIR que transforman C -> ZC delante de O y A. Pretérito Indefinido en -DUJE

-**ir**: **Traducir**, *Tabla 69,* pág. 93.

Siguen esta irregularidad: *conducir, deducir, inducir, introducir, producir, reconducir, reducir, reproducir, seducir,* etc.

Conjugar es fácil

Verbos terminados en -UIR que cambian I -> Y delante de A, E, O

-ir: **Concluir**, *Tabla 59*, pág. 83.

Siguen esta irregularidad: *afluir, atribuir, autodestruir, concluir, confluir, constituir, construir, contribuir, destituir, destruir, diluir, disminuir, distribuir, excluir, huir, incluir, influir, instituir, instruir, obstruir, prostituir, reconstituir, reconstruir, restituir, retribuir, su(b)stituir,* etc.

_5_ Verbos defectivos

● Se llama así a todos los verbos que no tienen todas sus formas, sean tiempos o personas concretas. Se trata, por tanto, de verbos incompletos.

Ejemplos de defectivos: *soler, Tabla 46*, pág. 69.
abolir, Tabla 71, pág. 95.

● Hay defectivos que sólo se conjugan en las terceras personas (menos en imperativo) y en el infinitivo (simple y compuesto). A veces se les llama **terciopersonales**.

Ejemplos de defectivos terciopersonales: *acaecer, acontecer, atañer, concernir, incumbir.*

En ciertos sentidos, verbos como *placer, yacer* y *gustar* (en la construcción «me gusta») también se consideran terciopersonales.

● Hay defectivos que, en su sentido primario, no figurado, sólo se conjugan en 3ª persona del singular (menos en imperativo) y en el infinitivo (simple y compuesto). A veces se les llama **unipersonales**. El grupo más numeroso es el que se relaciona con el tiempo y los fenómenos atmosféricos.

Ejemplos de unipersonales atmosféricos: *amanecer, anochecer, atardecer, chispear, clarear, diluviar, granizar, helar, llover, lloviznar, nevar, oscurecer, relampaguear, tronar, ventar.*

● Pueden ser unipersonales también, según contextos, algunos otros verbos entre los que destacan los que expresan sucesos.

Ejemplos: *bastar, caber, constar, convenir, faltar, holgar, ocurrir, parecer, sobrar, suceder, urgir.*

6 Modificaciones ortográficas y alteraciones del acento

Algunos verbos —regulares o irregulares—, para mantener la pronunciación de sonido de la consonante final de la raíz, sufren modificaciones ortográficas. Otros verbos alteran la situación del acento.

MODIFICACIONES CONSONÁNTICAS

Verbos terminados en	cambian	delante de
-car	c en qu	e

-ar: **Atacar**, *Tabla 7*, pág. 29.

Siguen esta modificación: *abarcar, acercar, aparcar, arrancar, atrancar, desatascar, roncar,* etc.

Verbos terminados en	cambian	delante de
-cer (precedidos de una consonante) -cir	c en z	a, o

-er: **Vencer**, *Tabla 26*, pág. 49.
-ir: **Esparcir**, *Tabla 54*, pág. 78.

Siguen esta modificación verbos como *convencer, ejercer, torcer,* **cocer** (*Tabla 34*, pág. 57), *escocer, mecer, recocer, resarcir, uncir,* y *zurcir.*

Verbos terminados en	cambian	delante de
-gar	g en gu	e

-ar: **Pagar**, *Tabla 6*, pág. 28.
Siguen esta modificación: *ahogar, colgar, pegar, regar,* etc.

Verbos terminados en	cambian	delante de
-ger y -gir	g en j	a, o

-er: **Coger**, *Tabla 25*, pág. 48.
-ir: **Corregir**, *Tabla 61*, pág. 85.

Siguen esta modificación: *acoger, emerger, encoger, escoger, proteger, recoger,* así como *afligir, elegir, exigir, fingir, preelegir, reelegir, regir, restringir, surgir,* etc.

gramática del verbo

Verbos terminados en	cambian	delante de
-zar	z en c	e

-ar: **Cruzar**, *Tabla 8*, pág. 30.

Siguen esta modificación: *abrazar, almorzar, empezar, rebozar, rezar*, etc.

MODIFICACIONES VOCÁLICAS

Se refieren a: *cambios de i > y*, a *pérdidas de i y de u*.

Verbos terminados en	cambian	delante de
-eer	i > y	terceras personas del indefinido, tiempos derivados y gerundio

-er: **Leer**, *Tabla 28*, pág. 51. (Se clasifica tradicionalmente como irregular).

Siguen esta modificación: *creer, poseer, proveer, releer*, etc.

Verbos terminados en	pierden la	delante de
-guir	u	a, o

-ir: **Seguir**, *Tabla 62*, pág. 86.

Siguen esta modificación: *conseguir, extinguir, perseguir, proseguir*.

Verbos terminados en	pierden la	en
-eír, -ñer, -ñir, -ullir	i de la terminación	terceras personas del indefinido, tiempos derivados y gerundio

Siguen esta modificación: *bullir, escabullirse*, **mullir** (*Tabla 57*, pág. 81), *zambullir, freír*, **reír** (*Tabla 63*, pág. 87), *sonreír, atañer*, **tañer** (*Tabla 27*, pág. 50), *desteñir, estreñir*, **bruñir** (*Tabla 58*, pág. 82), *reñir*, etc.

ALTERACIONES DEL ACENTO

Entre las alteraciones del acento que sufren muchos verbos en español, señalamos las de dos grupos numerosos.

gramática del verbo

Verbos terminados en -iar

Existen dos clases de verbos terminados en **iar**.

Unos que no acentúan la **i** del diptongo **io** y que, por consiguiente, no llevan acento escrito.

• Ejemplo: **Cambiar**

Siguen esta modificación: *abreviar, acariciar, copiar, estudiar, rumiar,* etc.

Otros que acentúan la **i** del diptongo **io**, formando dos sílabas y que por consiguiente llevan acento escrito:

-ar: Desviar, *Tabla 9*, pág. 31.

Siguen esta modificación: *averiar, confiar, guiar, variar,* etc.

Verbos terminados en -uar

Acentúan la **u** del diptongo **uo**, formando dos sílabas.

-ar: Actuar, *Tabla 10*, pág. 32.

Siguen esta modificación: *acentuar, adecuar,* etc.

Nota: Para completar las modificaciones ortográficas, añadimos los verbos terminados en **-guar.** Estos verbos incorporan a la **u** la diéresis (**ü**) delante de una **e**.

-ar: Averiguar, *Tabla 11*, pág. 33.

Siguen esta modificación: *aguar, amortiguar, apaciguar, atestiguar, menguar, santiguarse,* etc.

7 Verbos auxiliares

En español son muy utilizados y se consideran **auxiliares** cuatro verbos: **HABER, TENER, SER** y **ESTAR.**

● Frente a otras lenguas que tienen un solo verbo para expresar la posesión y formar los tiempos compuestos, el español tiene dos:

HABER (*Tabla 1*, pág. 22).

• Ya se ha indicado que forma los tiempos compuestos de todos los verbos.

• El participio conjugado con **HABER** es invariable.

• Ej.: *Las chicas se han **ido** de paseo.*

• El participio de los tiempos compuestos no puede ir separado del auxiliar (**HABER**) por ninguna palabra.

Ej.: *He comido bien* y no *He bien comido.*

• Es también un verbo impersonal, que tiene el sentido de *existir*, y se emplea en presente, pasado y futuro de indicativo, siempre en 3ª persona del singular.

Ejs.: *Hay gente; hay problemas; ha habido problemas.*

TENER (*Tabla 2*, pág. 23).

• Es el auténtico verbo para indicar la posesión en español y es, por tanto, muy usado.

● Frente a otras lenguas que tienen un solo verbo para la voz pasiva y los tiempos llamados continuos, el español tiene dos:

SER (*Tabla 3*, pág. 24).

• Ya se ha indicado que forma todos los tiempos de la llamada conjugación en voz pasiva.

• Se ofrece un verbo conjugado en voz pasiva (*Tabla 81*, pág. 105), como modelo para todos los verbos transitivos, que son los que admiten conjugación en voz pasiva.

ESTAR (*Tabla 4*, pág. 25).

• Es el verbo que forma los tiempos llamados *continuos*, formados por la perífrasis del verbo **ESTAR** + **gerundio**, con un sentido de acción en curso y que son muy usados en español.

Ejs.: *Esta niña **está creciendo** mucho.*
      *A estas horas ya **estará viniendo**.*

Nota: Concordancia del participio conjugado con **SER** y **ESTAR**. El participio conjugado con **SER** y **ESTAR** concuerda siempre con el sujeto.

*Los bosques **fueron devastados** por los incendios.*
*Los bancos **estaban abiertos** a esas horas.*
*La niña **estaba asustada** y **fue sacada** de allí.*

gramática del verbo

8 Verbos pronominales

La conjugación llamada pronominal se forma con el **pronombre reflexivo + verbo conjugado en voz activa**, según el modelo de la *Tabla 82*, pág. 106.

Hay que recordar que en español una gran parte de los verbos pueden funcionar como pronominales y no pronominales: se trata de una cuestión de significado y no de forma. Por eso no hemos indicado en la lista de verbos la referencia de pronominal cuando el verbo admite las dos construcciones.

Sin embargo se han marcado con *se* enclítico los verbos que sólo admiten la construcción pronominal o que se presentan así en la práctica totalidad de su uso.

tablas de verbos

modelos diferentes

tablas de verbos

1. HABER: VERBO AUXILIAR

MODO INDICATIVO

PRESENTE	PRETÉRITO IMPERFECTO	PRETÉRITO INDEFINIDO (1)	FUTURO IMPERFECTO
he	hab ía	hube	habré
has	hab ías	hubiste	habrás
ha	hab ía	hubo	habrá
hemos	hab íamos	hubimos	habremos
hab éis	hab íais	hubisteis	habréis
han	hab ían	hubieron	habrán

PRETÉRITO PERFECTO		PRETÉRITO PLUSCUAMPERFECTO		PRETÉRITO ANTERIOR		FUTURO PERFECTO	
he	habido	había	habido	hube	habido	habré	habido
has	habido	habías	habido	hubiste	habido	habrás	habido
ha	habido	había	habido	hubo	habido	habrá	habido
hemos	habido	habíamos	habido	hubimos	habido	habremos	habido
habéis	habido	habíais	habido	hubisteis	habido	habréis	habido
han	habido	habían	habido	hubieron	habido	habrán	habido

CONDICIONAL SIMPLE	CONDICIONAL COMPUESTO	
habría	habría	habido
habrías	habrías	habido
habría	habría	habido
habríamos	habríamos	habido
habríais	habríais	habido
habrían	habrían	habido

MODO SUBJUNTIVO

PRESENTE	PRETÉRITO IMPERFECTO			FUTURO IMPERFECTO (2)
haya	hubiera	o	hubiese	hubiere
hayas	hubieras	o	hubieses	hubieres
haya	hubiera	o	hubiese	hubiere
hayamos	hubiéramos	o	hubiésemos	hubiéremos
hayáis	hubierais	o	hubieseis	hubiereis
hayan	hubieran	o	hubiesen	hubieren

PRETÉRITO PERFECTO		PRETÉRITO PLUSCUAMPERFECTO				FUTURO PERFECTO (3)	
haya	habido	hubiera	o	hubiese	habido	hubiere	habido
hayas	habido	hubieras	o	hubieses	habido	hubieres	habido
haya	habido	hubiera	o	hubiese	habido	hubiere	habido
hayamos	habido	hubiéramos	o	hubiésemos	habido	hubiéremos	habido
hayáis	habido	hubierais	o	hubieseis	habido	hubiereis	habido
hayan	habido	hubieran	o	hubiesen	habido	hubieren	habido

MODO IMPERATIVO

PRESENTE	
he	tú
haya	él/ella/usted
hayamos	nosotros/as
hab ed	vosotros/as
hayan	ellos/ellas/ustedes

FORMAS NO PERSONALES

FORMAS SIMPLES

INFINITIVO	GERUNDIO	PARTICIPIO
haber	hab iendo	hab ido

FORMAS COMPUESTAS

INFINITIVO	GERUNDIO
haber habido	habiendo habido

(1) o Perfecto simple. (2), (3) muy poco usados.

2. TENER VERBO AUXILIAR

MODO INDICATIVO

PRESENTE	PRETÉRITO IMPERFECTO	PRETÉRITO INDEFINIDO (1)	FUTURO IMPERFECTO
tengo	ten ía *(tinha)*	tuve *(tive)*	tendré
tienes	ten ías	tuviste	tendrás
tiene	ten ía	tuvo	tendrá
ten emos	ten íamos	tuvimos	tendremos
ten éis	ten íais	tuvisteis	tendréis
tienen	ten ían	tuvieron	tendrán

PRETÉRITO PERFECTO	PRETÉRITO PLUSCUAMPERFECTO	PRETÉRITO ANTERIOR	FUTURO PERFECTO
he tenido	había tenido	hube tenido	habré tenido
has tenido	habías tenido	hubiste tenido	habrás tenido
ha tenido	había tenido	hubo tenido	habrá tenido
hemos tenido	habíamos tenido	hubimos tenido	habremos tenido
habéis tenido	habíais tenido	hubisteis tenido	habréis tenido
han tenido	habían tenido	hubieron tenido	habrán tenido

CONDICIONAL SIMPLE	CONDICIONAL COMPUESTO
tendría	habría tenido
tendrías	habrías tenido
tendría	habría tenido
tendríamos	habríamos tenido
tendríais	habríais tenido
tendrían	habrían tenido

MODO SUBJUNTIVO

PRESENTE	PRETÉRITO IMPERFECTO	FUTURO IMPERFECTO (2)
tenga	tuviera o tuviese	tuviere
tengas	tuvieras o tuvieses	tuvieres
tenga	tuviera o tuviese	tuviere
tengamos	tuviéramos o tuviésemos	tuviéremos
tengáis	tuvierais o tuvieseis	tuviereis
tengan	tuvieran o tuviesen	tuvieren

PRETÉRITO PERFECTO	PRETÉRITO PLUSCUAMPERFECTO	FUTURO PERFECTO (3)
haya tenido	hubiera o hubiese tenido	hubiere tenido
hayas tenido	hubieras o hubieses tenido	hubieres tenido
haya tenido	hubiera o hubiese tenido	hubiere tenido
hayamos tenido	hubiéramos o hubiésemos tenido	hubiéremos tenido
hayáis tenido	hubierais o hubieseis tenido	hubiereis tenido
hayan tenido	hubieran o hubiesen tenido	hubieren tenido

MODO IMPERATIVO

FORMAS NO PERSONALES

PRESENTE

ten	tú
tenga	él/ella/usted
tengamos	nosotros/as
ten ed	vosotros/as
tengan	ellos/ellas/ustedes

FORMAS SIMPLES

INFINITIVO	GERUNDIO	PARTICIPIO
tener	ten iendo	ten ido

FORMAS COMPUESTAS

INFINITIVO	GERUNDIO
haber tenido	habiendo tenido

(1) o Perfecto simple. (2), (3) muy poco usados.

tablas de verbos

MODO INDICATIVO

PRESENTE	PRETÉRITO IMPERFECTO	PRETÉRITO INDEFINIDO (1)	FUTURO IMPERFECTO
soy	era	fui	ser é
eres	eras	fuiste	ser ás
es	era	fue	ser á
somos	éramos	fuimos	ser emos
sois	erais	fuisteis	ser éis
son	eran	fueron	ser án

PRETÉRITO PERFECTO	PRETÉRITO PLUSCUAMPERFECTO	PRETÉRITO ANTERIOR	FUTURO PERFECTO
he sido	había sido	hube sido	habré sido
has sido	habías sido	hubiste sido	habrás sido
ha sido	había sido	hubo sido	habrá sido
hemos sido	habíamos sido	hubimos sido	habremos sido
habéis sido	habíais sido	hubisteis sido	habréis sido
han sido	habían sido	hubieron sido	habrán sido

CONDICIONAL SIMPLE	CONDICIONAL COMPUESTO
ser ía	habría sido
ser ías	habrías sido
ser ía	habría sido
ser íamos	habríamos sido
ser íais	habríais sido
ser ían	habrían sido

MODO SUBJUNTIVO

PRESENTE	PRETÉRITO IMPERFECTO	FUTURO IMPERFECTO (2)
sea	fuera o fuese	fuere
seas	fueras o fueses	fueres
sea	fuera o fuese	fuere
seamos	fuéramos o fuésemos	fuéremos
seáis	fuerais o fueseis	fuereis
sean	fueran o fuesen	fueren

PRETÉRITO PERFECTO	PRETÉRITO PLUSCUAMPERFECTO	FUTURO PERFECTO (3)
haya sido	hubiera o hubiese sido	hubiere sido
hayas sido	hubieras o hubieses sido	hubieres sido
haya sido	hubiera o hubiese sido	hubiere sido
hayamos sido	hubiéramos o hubiésemos sido	hubiéremos sido
hayáis sido	hubierais o hubieseis sido	hubiereis sido
hayan sido	hubieran o hubiesen sido	hubieren sido

MODO IMPERATIVO

PRESENTE

sé	tú
sea	él/ella/usted
seamos	nosotros/as
s ed	vosotros/as
sean	ellos/ellas/ustedes

FORMAS NO PERSONALES

FORMAS SIMPLES

INFINITIVO	GERUNDIO	PARTICIPIO
ser	siendo	sido

FORMAS COMPUESTAS

INFINITIVO	GERUNDIO
haber sido	habiendo sido

(1) o Perfecto simple. (2), (3) muy poco usados.

tablas de verbos

4. ESTAR VERBO AUXILIAR

MODO INDICATIVO

PRESENTE	PRETÉRITO IMPERFECTO	PRETÉRITO INDEFINIDO (1)	FUTURO IMPERFECTO
estoy	est aba	estuve *(estive)*	estar é
est ás	est abas	estuviste	estar ás
est á	est aba	estuvo	estar á
est amos	est ábamos	estuvimos	estar emos
est áis	est abais	estuvisteis	estar éis
est án	est aban	estuvieron	estar án

PRETÉRITO PERFECTO	PRETÉRITO PLUSCUAMPERFECTO	PRETÉRITO ANTERIOR	FUTURO PERFECTO
he estado	había estado	hube estado	habré estado
has estado	habías estado	hubiste estado	habrás estado
ha estado	había estado	hubo estado	habrá estado
hemos estado	habíamos estado	hubimos estado	habremos estado
habéis estado	habíais estado	hubisteis estado	habréis estado
han estado	habían estado	hubieron estado	habrán estado

CONDICIONAL SIMPLE	CONDICIONAL COMPUESTO
estar ía	habría estado
estar ías	habrías estado
estar ía	habría estado
estar íamos	habríamos estado
estar íais	habríais estado
estar ían	habrían estado

MODO SUBJUNTIVO

PRESENTE	PRETÉRITO IMPERFECTO		FUTURO IMPERFECTO (2)
est é	estuviera	o estuviese	estuviere
est és	estuvieras	o estuvieses	estuvieres
est é	estuviera	o estuviese	estuviere
est emos	estuviéramos	o estuviésemos	estuviéremos
est éis	estuvierais	o estuvieseis	estuviereis
est én	estuvieran	o estuviesen	estuvieren

PRETÉRITO PERFECTO	PRETÉRITO PLUSCUAMPERFECTO		FUTURO PERFECTO (3)
haya estado	hubiera	o hubiese estado	hubiere estado
hayas estado	hubieras	o hubieses estado	hubieres estado
haya estado	hubiera	o hubiese estado	hubiere estado
hayamos estado	hubiéramos	o hubiésemos estado	hubiéremos estado
hayáis estado	hubierais	o hubieseis estado	hubiereis estado
hayan estado	hubieran	o hubiesen estado	hubieren estado

MODO IMPERATIVO

PRESENTE

est á	tú
est é	él/ella/usted
est emos	nosotros/as
est ad	vosotros/as
est én	ellos/ellas/ustedes

FORMAS NO PERSONALES

FORMAS SIMPLES

INFINITIVO	GERUNDIO	PARTICIPIO
estar	est ando	est ado

FORMAS COMPUESTAS

INFINITIVO	GERUNDIO
haber estado	habiendo estado

(1) o Perfecto simple. (2), (3) muy poco usados.

Conjugar es fácil

– ar

5. CANTAR
6. pagar
7. atacar
8. cruzar
9. desviar
10. actuar
11. averiguar
12. maullar (miar)
13. pensar
14. negar
15. empezar
16. contar
17. trocar
18. rogar
19. forzar
20. avergonzar (envergonhar)
21. jugar
22. andar
23. dar

tablas de verbos

5. CANTAR VERBO REGULAR

MODO INDICATIVO

PRESENTE	PRETÉRITO IMPERFECTO	PRETÉRITO INDEFINIDO (1)	FUTURO IMPERFECTO
cant o	cant aba	cant é	cantar é
cant as	cant abas	cant aste	cantar ás
cant a	cant aba	cant ó	cantar á
cant amos	cant ábamos	cant amos	cantar emos
cant áis	cant abais	cant asteis	cantar éis
cant an	cant aban	cant aron	cantar án

PRETÉRITO PERFECTO	PRETÉRITO PLUSCUAMPERFECTO	PRETÉRITO ANTERIOR	FUTURO PERFECTO
he cantado	había cantado	hube cantado	habré cantado
has cantado	habías cantado	hubiste cantado	habrás cantado
ha cantado	había cantado	hubo cantado	habrá cantado
hemos cantado	habíamos cantado	hubimos cantado	habremos cantado
habéis cantado	habíais cantado	hubisteis cantado	habréis cantado
han cantado	habían cantado	hubieron cantado	habrán cantado

CONDICIONAL SIMPLE

cantar ía
cantar ías
cantar ía
cantar íamos
cantar íais
cantar ían

CONDICIONAL COMPUESTO

habría cantado
habrías cantado
habría cantado
habríamos cantado
habríais cantado
habrían cantado

MODO SUBJUNTIVO

PRESENTE	PRETÉRITO IMPERFECTO	FUTURO IMPERFECTO (2)
cant e	cant ara o cant ase	cant are
cant es	cant aras o cant ases	cant ares
cant e	cant ara o cant ase	cant are
cant emos	cant áramos o cant ásemos	cant áremos
cant éis	cant arais o cant aseis	cant areis
cant en	cant aran o cant asen	cant aren

PRETÉRITO PERFECTO	PRETÉRITO PLUSCUAMPERFECTO	FUTURO PERFECTO (3)
haya cantado	hubiera o hubiese cantado	hubiere cantado
hayas cantado	hubieras o hubieses cantado	hubieres cantado
haya cantado	hubiera o hubiese cantado	hubiere cantado
hayamos cantado	hubiéramos o hubiésemos cantado	hubiéremos cantado
hayáis cantado	hubierais o hubieseis cantado	hubiereis cantado
hayan cantado	hubieran o hubiesen cantado	hubieren cantado

MODO IMPERATIVO

PRESENTE

cant a	tú
cant e	él/ella/usted
cant emos	nosotros/as
cant ad	vosotros/as
cant en	ellos/ellas/ustedes

FORMAS NO PERSONALES

FORMAS SIMPLES

INFINITIVO	GERUNDIO	PARTICIPIO
cantar	cant ando	cant ado

FORMAS COMPUESTAS

INFINITIVO	GERUNDIO
haber cantado	habiendo cantado

(1) o Perfecto simple. (2), (3) muy poco usados.

Conjugar es fácil

tablas de verbos

6. PAGAR VERBO CON MODIFICACIÓN ORTOGRÁFICA

MODO INDICATIVO

PRESENTE	PRETÉRITO IMPERFECTO	PRETÉRITO INDEFINIDO (1)	FUTURO IMPERFECTO
pag o	**pag** aba	pagué	**pagar** é
pag as	**pag** abas	**pag** aste	**pagar** ás
pag a	**pag** aba	**pag** ó	**pagar** á
pag amos	**pag** ábamos	**pag** amos	**pagar** emos
pag áis	**pag** abais	**pag** asteis	**pagar** éis
pag an	**pag** aban	**pag** aron	**pagar** án

PRETÉRITO PERFECTO		PRETÉRITO PLUSCUAMPERFECTO		PRETÉRITO ANTERIOR		FUTURO PERFECTO	
he	pagado	había	pagado	hube	pagado	habré	pagado
has	pagado	habías	pagado	hubiste	pagado	habrás	pagado
ha	pagado	había	pagado	hubo	pagado	habrá	pagado
hemos	pagado	habíamos	pagado	hubimos	pagado	habremos	pagado
habéis	pagado	habíais	pagado	hubisteis	pagado	habréis	pagado
han	pagado	habían	pagado	hubieron	pagado	habrán	pagado

CONDICIONAL SIMPLE	CONDICIONAL COMPUESTO	
pagar ía	habría	pagado
pagar ías	habrías	pagado
pagar ía	habría	pagado
pagar íamos	habríamos	pagado
pagar íais	habríais	pagado
pagar ían	habrían	pagado

MODO SUBJUNTIVO

PRESENTE	PRETÉRITO IMPERFECTO			FUTURO IMPERFECTO (2)
pague	**pag** ara	o	**pag** ase	**pag** are
pagues	**pag** aras	o	**pag** ases	**pag** ares
pague	**pag** ara	o	**pag** ase	**pag** are
paguemos	**pag** áramos	o	**pag** ásemos	**pag** áremos
paguéis	**pag** arais	o	**pag** aseis	**pag** areis
paguen	**pag** aran	o	**pag** asen	**pag** aren

PRETÉRITO PERFECTO		PRETÉRITO PLUSCUAMPERFECTO				FUTURO PERFECTO (3)	
haya	pagado	hubiera	o	hubiese	pagado	hubiere	pagado
hayas	pagado	hubieras	o	hubieses	pagado	hubieres	pagado
haya	pagado	hubiera	o	hubiese	pagado	hubiere	pagado
hayamos	pagado	hubiéramos	o	hubiésemos	pagado	hubiéremos	pagado
hayáis	pagado	hubierais	o	hubieseis	pagado	hubiereis	pagado
hayan	pagado	hubieran	o	hubiesen	pagado	hubieren	pagado

MODO IMPERATIVO

FORMAS NO PERSONALES

PRESENTE

pag a	tú
pague	él/ella/usted
paguemos	nosotros/as
pag ad	vosotros/as
paguen	ellos/ellas/ustedes

FORMAS SIMPLES

INFINITIVO	GERUNDIO	PARTICIPIO
pagar	**pag** ando	**pag** ado

FORMAS COMPUESTAS

INFINITIVO	GERUNDIO
haber pagado	habiendo pagado

(1) o Perfecto simple. (2), (3) muy poco usados.

Conjugar es fácil

tablas de verbos

7. ATACAR VERBO CON MODIFICACIÓN ORTOGRÁFICA

MODO INDICATIVO

PRESENTE	PRETÉRITO IMPERFECTO	PRETÉRITO INDEFINIDO (1)	FUTURO IMPERFECTO
atac o	atac aba	ataqué	atacar é
atac as	atac abas	atac aste	atacar ás
atac a	atac aba	atac ó	atacar á
atac amos	atac ábamos	atac amos	atacar emos
atac áis	atac abais	atac asteis	atacar éis
atac an	atac aban	atac aron	atacar án

PRETÉRITO PERFECTO	PRETÉRITO PLUSCUAMPERFECTO	PRETÉRITO ANTERIOR	FUTURO PERFECTO
he atacado	había atacado	hube atacado	habré atacado
has atacado	habías atacado	hubiste atacado	habrás atacado
ha atacado	había atacado	hubo atacado	habrá atacado
hemos atacado	habíamos atacado	hubimos atacado	habremos atacado
habéis atacado	habíais atacado	hubisteis atacado	habréis atacado
han atacado	habían atacado	hubieron atacado	habrán atacado

CONDICIONAL SIMPLE

atacar ía
atacar ías
atacar ía
atacar íamos
atacar íais
atacar ían

CONDICIONAL COMPUESTO

habría atacado
habrías atacado
habría atacado
habríamos atacado
habríais atacado
habrían atacado

MODO SUBJUNTIVO

PRESENTE	PRETÉRITO IMPERFECTO		FUTURO IMPERFECTO (2)
ataque	atac ara o	atac ase	atac are
ataques	atac aras o	atac ases	atac ares
ataque	atac ara o	atac ase	atac are
ataquemos	atac áramos o	atac ásemos	atac áremos
ataquéis	atac arais o	atac aseis	atac areis
ataquen	atac aran o	atac asen	atac aren

PRETÉRITO PERFECTO	PRETÉRITO PLUSCUAMPERFECTO		FUTURO PERFECTO (3)
haya atacado	hubiera o	hubiese atacado	hubiere atacado
hayas atacado	hubieras o	hubieses atacado	hubieres atacado
haya atacado	hubiera o	hubiese atacado	hubiere atacado
hayamos atacado	hubiéramos o	hubiésemos atacado	hubiéremos atacado
hayáis atacado	hubierais o	hubieseis atacado	hubiereis atacado
hayan atacado	hubieran o	hubiesen atacado	hubieren atacado

MODO IMPERATIVO

PRESENTE

ataca — tú
ataque — él/ella/usted
ataquemos — nosotros/as
atacad — vosotros/as
ataquen — ellos/ellas/ustedes

FORMAS NO PERSONALES

FORMAS SIMPLES

INFINITIVO	GERUNDIO	PARTICIPIO
atacar	atac ando	atac ado

FORMAS COMPUESTAS

INFINITIVO	GERUNDIO
haber atacado	habiendo atacado

(1) o Perfecto simple. (2), (3) muy poco usados.

29

Conjugar es fácil

tablas de verbos

8. CRUZAR VERBO CON MODIFICACIÓN ORTOGRÁFICA

MODO INDICATIVO

PRESENTE	PRETÉRITO IMPERFECTO	PRETÉRITO INDEFINIDO (1)	FUTURO IMPERFECTO
cruz o	**cruz** aba	**cruz** é	**cruzar** é
cruz as	**cruz** abas	**cruz** aste	**cruzar** ás
cruz a	**cruz** aba	**cruz** ó	**cruzar** á
cruz amos	**cruz** ábamos	**cruz** amos	**cruzar** emos
cruz áis	**cruz** abais	**cruz** asteis	**cruzar** éis
cruz an	**cruz** aban	**cruz** aron	**cruzar** án

PRETÉRITO PERFECTO	PRETÉRITO PLUSCUAMPERFECTO	PRETÉRITO ANTERIOR	FUTURO PERFECTO
he cruzado	había cruzado	hube cruzado	habré cruzado
has cruzado	habías cruzado	hubiste cruzado	habrás cruzado
ha cruzado	había cruzado	hubo cruzado	habrá cruzado
hemos cruzado	habíamos cruzado	hubimos cruzado	habremos cruzado
habéis cruzado	habíais cruzado	hubisteis cruzado	habréis cruzado
han cruzado	habían cruzado	hubieron cruzado	habrán cruzado

CONDICIONAL SIMPLE	CONDICIONAL COMPUESTO
cruzar ía	habría cruzado
cruzar ías	habrías cruzado
cruzar ía	habría cruzado
cruzar íamos	habríamos cruzado
cruzar íais	habríais cruzado
cruzar ían	habrían cruzado

MODO SUBJUNTIVO

PRESENTE	PRETÉRITO IMPERFECTO		FUTURO IMPERFECTO (2)
cruce	**cruz** ara	o **cruz** ase	**cruz** are
cruces	**cruz** aras	o **cruz** ases	**cruz** ares
cruce	**cruz** ara	o **cruz** ase	**cruz** are
crucemos	**cruz** áramos	o **cruz** ásemos	**cruz** áremos
crucéis	**cruz** arais	o **cruz** aseis	**cruz** areis
crucen	**cruz** aran	o **cruz** asen	**cruz** aren

PRETÉRITO PERFECTO	PRETÉRITO PLUSCUAMPERFECTO		FUTURO PERFECTO (3)
haya cruzado	hubiera	o hubiese cruzado	hubiere cruzado
hayas cruzado	hubieras	o hubieses cruzado	hubieres cruzado
haya cruzado	hubiera	o hubiese cruzado	hubiere cruzado
hayamos cruzado	hubiéramos	o hubiésemos cruzado	hubiéremos cruzado
hayáis cruzado	hubierais	o hubieseis cruzado	hubiereis cruzado
hayan cruzado	hubieran	o hubiesen cruzado	hubieren cruzado

MODO IMPERATIVO

FORMAS NO PERSONALES

PRESENTE

cruz a	tú
cruce	él/ella/usted
crucemos	nosotros/as
cruz ad	vosotros/as
crucen	ellos/ellas/ustedes

FORMAS SIMPLES

INFINITIVO	GERUNDIO	PARTICIPIO
cruzar	**cruz** ando	**cruz** ado

FORMAS COMPUESTAS

INFINITIVO	GERUNDIO
haber cruzado	habiendo cruzado

(1) o Perfecto simple. (2), (3) muy poco usados.

Conjugar es fácil

tablas de verbos

9. DESVIAR VERBO CON ALTERACIÓN DEL ACENTO

MODO INDICATIVO

PRESENTE	PRETÉRITO IMPERFECTO	PRETÉRITO INDEFINIDO (1)	FUTURO IMPERFECTO
desvío	desvi aba	desvi é	desviar é
desvías	desvi abas	desvi aste	desviar ás
desvía	desvi aba	desvi ó	desviar á
desvi amos	desvi ábamos	desvi amos	desviar emos
desvi áis	desvi abais	desvi asteis	desviar éis
desvían	desvi aban	desvi aron	desviar án

PRETÉRITO PERFECTO	PRETÉRITO PLUSCUAMPERFECTO	PRETÉRITO ANTERIOR	FUTURO PERFECTO
he desviado	había desviado	hube desviado	habré desviado
has desviado	habías desviado	hubiste desviado	habrás desviado
ha desviado	había desviado	hubo desviado	habrá desviado
hemos desviado	habíamos desviado	hubimos desviado	habremos desviado
habéis desviado	habíais desviado	hubisteis desviado	habréis desviado
han desviado	habían desviado	hubieron desviado	habrán desviado

CONDICIONAL SIMPLE	CONDICIONAL COMPUESTO
desviar ía	habría desviado
desviar ías	habrías desviado
desviar ía	habría desviado
desviar íamos	habríamos desviado
desviar íais	habríais desviado
desviar ían	habrían desviado

MODO SUBJUNTIVO

PRESENTE	PRETÉRITO IMPERFECTO	FUTURO IMPERFECTO (2)
desvíe	desvi ara o desvi ase	desvi are
desvíes	desvi aras o desvi ases	desvi ares
desvíe	desvi ara o desvi ase	desvi are
desvi emos	desvi áramos o desvi ásemos	desvi áremos
desvi éis	desvi arais o desvi aseis	desvi areis
desvíen	desvi aran o desvi asen	desvi aren

PRETÉRITO PERFECTO	PRETÉRITO PLUSCUAMPERFECTO	FUTURO PERFECTO (3)
haya desviado	hubiera o hubiese desviado	hubiere desviado
hayas desviado	hubieras o hubieses desviado	hubieres desviado
haya desviado	hubiera o hubiese desviado	hubiere desviado
hayamos desviado	hubiéramos o hubiésemos desviado	hubiéremos desviado
hayáis desviado	hubierais o hubieseis desviado	hubiereis desviado
hayan desviado	hubieran o hubiesen desviado	hubieren desviado

MODO IMPERATIVO	FORMAS NO PERSONALES

PRESENTE

desvía	tú
desvíe	él/ella/usted
desvi emos	nosotros/as
desvi ad	vosotros/as
desvíen	ellos/ellas/ustedes

FORMAS SIMPLES

INFINITIVO	GERUNDIO	PARTICIPIO
desviar	desvi ando	desvi ado

FORMAS COMPUESTAS

INFINITIVO	GERUNDIO
haber desviado	habiendo desviado

(1) o Perfecto simple. (2), (3) muy poco usados.

31

Conjugar es fácil

tablas de verbos

10. ACTUAR VERBO CON ALTERACIÓN DEL ACENTO

MODO INDICATIVO

PRESENTE	PRETÉRITO IMPERFECTO	PRETÉRITO INDEFINIDO (1)	FUTURO IMPERFECTO
actúo	actu aba	actu é	actuar é
actúas	actu abas	actu aste	actuar ás
actúa	actu aba	actu ó	actuar á
actu amos	actu ábamos	actu amos	actuar emos
actu áis	actu abais	actu asteis	actuar éis
actúan	actu aban	actu aron	actuar án

PRETÉRITO PERFECTO		PRETÉRITO PLUSCUAMPERFECTO		PRETÉRITO ANTERIOR		FUTURO PERFECTO	
he	actuado	había	actuado	hube	actuado	habré	actuado
has	actuado	habías	actuado	hubiste	actuado	habrás	actuado
ha	actuado	había	actuado	hubo	actuado	habrá	actuado
hemos	actuado	habíamos	actuado	hubimos	actuado	habremos	actuado
habéis	actuado	habíais	actuado	hubisteis	actuado	habréis	actuado
han	actuado	habían	actuado	hubieron	actuado	habrán	actuado

CONDICIONAL SIMPLE

	CONDICIONAL COMPUESTO	
actuar ía	habría	actuado
actuar ías	habrías	actuado
actuar ía	habría	actuado
actuar íamos	habríamos	actuado
actuar íais	habríais	actuado
actuar ían	habrían	actuado

MODO SUBJUNTIVO

PRESENTE	PRETÉRITO IMPERFECTO			FUTURO IMPERFECTO (2)
actúe	actu ara	o	actu ase	actu are
actúes	actu aras	o	actu ases	actu ares
actúe	actu ara	o	actu ase	actu are
actu emos	actu áramos	o	actu ásemos	actu áremos
actu éis	actu arais	o	actu aseis	actu areis
actúen	actu aran	o	actu asen	actu aren

PRETÉRITO PERFECTO		PRETÉRITO PLUSCUAMPERFECTO				FUTURO PERFECTO (3)	
haya	actuado	hubiera	o	hubiese	actuado	hubiere	actuado
hayas	actuado	hubieras	o	hubieses	actuado	hubieres	actuado
haya	actuado	hubiera	o	hubiese	actuado	hubiere	actuado
hayamos	actuado	hubiéramos	o	hubiésemos	actuado	hubiéremos	actuado
hayáis	actuado	hubierais	o	hubieseis	actuado	hubiereis	actuado
hayan	actuado	hubieran	o	hubiesen	actuado	hubieren	actuado

MODO IMPERATIVO

FORMAS NO PERSONALES

PRESENTE

actúa	tú
actúe	él/ella/usted
actu emos	nosotros/as
actu ad	vosotros/as
actúen	ellos/ellas/ustedes

FORMAS SIMPLES

INFINITIVO	GERUNDIO	PARTICIPIO
actuar	actu ando	actu ado

FORMAS COMPUESTAS

INFINITIVO	GERUNDIO
haber actuado	habiendo actuado

(1) o Perfecto simple. (2), (3) muy poco usados.

11. AVERIGUAR VERBO CON MODIFICACIÓN ORTOGRÁFICA

MODO INDICATIVO

PRESENTE	PRETÉRITO IMPERFECTO	PRETÉRITO INDEFINIDO (1)	FUTURO IMPERFECTO
averigu o	averigu aba	averigüé	averiguar é
averigu as	averigu abas	averigu aste	averiguar ás
averigu a	averigu aba	averigu ó	averiguar á
averigu amos	averigu ábamos	averigu amos	averiguar emos
averigu áis	averigu abais	averigu asteis	averiguar éis
averigu an	averigu aban	averigu aron	averiguar án

PRETÉRITO PERFECTO		PRETÉRITO PLUSCUAMPERFECTO		PRETÉRITO ANTERIOR		FUTURO PERFECTO	
he	averiguado	había	averiguado	hube	averiguado	habré	averiguado
has	averiguado	habías	averiguado	hubiste	averiguado	habrás	averiguado
ha	averiguado	había	averiguado	hubo	averiguado	habrá	averiguado
hemos	averiguado	habíamos	averiguado	hubimos	averiguado	habremos	averiguado
habéis	averiguado	habíais	averiguado	hubisteis	averiguado	habréis	averiguado
han	averiguado	habían	averiguado	hubieron	averiguado	habrán	averiguado

CONDICIONAL SIMPLE	CONDICIONAL COMPUESTO	
averiguar ía	habría	averiguado
averiguar ías	habrías	averiguado
averiguar ía	habría	averiguado
averiguar íamos	habríamos	averiguado
averiguar íais	habríais	averiguado
averiguar ían	habrían	averiguado

MODO SUBJUNTIVO

PRESENTE	PRETÉRITO IMPERFECTO		FUTURO IMPERFECTO (2)
averigüe	averigu ara	o averigu ase	averigu are
averigües	averigu aras	o averigu ases	averigu ares
averigüe	averigu ara	o averigu ase	averigu are
averigüemos	averigu áramos	o averigu ásemos	averigu áremos
averigüéis	averigu arais	o averigu aseis	averigu areis
averigüen	averigu aran	o averigu asen	averigu aren

PRETÉRITO PERFECTO		PRETÉRITO PLUSCUAMPERFECTO			FUTURO PERFECTO (3)	
haya	averiguado	hubiera	o hubiese	averiguado	hubiere	averiguado
hayas	averiguado	hubieras	o hubieses	averiguado	hubieres	averiguado
haya	averiguado	hubiera	o hubiese	averiguado	hubiere	averiguado
hayamos	averiguado	hubiéramos	o hubiésemos	averiguado	hubiéremos	averiguado
hayáis	averiguado	hubierais	o hubieseis	averiguado	hubiereis	averiguado
hayan	averiguado	hubieran	o hubiesen	averiguado	hubieren	averiguado

MODO IMPERATIVO

FORMAS NO PERSONALES

PRESENTE

averigua	tú
averigüe	él/ella/usted
averigüemos	nosotros/as
averigu ad	vosotros/as
averigüen	ellos/ellas/ustedes

FORMAS SIMPLES

INFINITIVO	GERUNDIO	PARTICIPIO
averiguar	averigu ando	averigu ado

FORMAS COMPUESTAS

INFINITIVO	GERUNDIO
haber averiguado	habiendo averiguado

(1) o Perfecto simple. (2), (3) muy poco usados.

Conjugar es fácil

tablas de verbos

12. MAULLAR VERBO CON ALTERACIÓN DEL ACENTO

MODO INDICATIVO

PRESENTE	PRETÉRITO IMPERFECTO	PRETÉRITO INDEFINIDO (1)	FUTURO IMPERFECTO
maúllo	maull aba	maull é	maullar é
maúllas	maull abas	maull aste	maullar ás
maúlla	maull aba	maull ó	maullar á
maull amos	maull ábamos	maull amos	maullar emos
maull áis	maull abais	maull asteis	maullar éis
maúllan	maull aban	maull aron	maullar án

PRETÉRITO PERFECTO		PRETÉRITO PLUSCUAMPERFECTO		PRETÉRITO ANTERIOR		FUTURO PERFECTO	
he	maullado	había	maullado	hube	maullado	habré	maullado
has	maullado	habías	maullado	hubiste	maullado	habrás	maullado
ha	maullado	había	maullado	hubo	maullado	habrá	maullado
hemos	maullado	habíamos	maullado	hubimos	maullado	habremos	maullado
habéis	maullado	habíais	maullado	hubisteis	maullado	habréis	maullado
han	maullado	habían	maullado	hubieron	maullado	habrán	maullado

CONDICIONAL SIMPLE

maullar ía	
maullar ías	
maullar ía	
maullar íamos	
maullar íais	
maullar ían	

CONDICIONAL COMPUESTO

habría	maullado
habrías	maullado
habría	maullado
habríamos	maullado
habríais	maullado
habrían	maullado

MODO SUBJUNTIVO

PRESENTE	PRETÉRITO IMPERFECTO			FUTURO IMPERFECTO (2)
maúlle	maull ara	o	maull ase	maull are
maúlles	maull aras	o	maull ases	maull ares
maúlle	maull ara	o	maull ase	maull are
maull emos	maull áramos	o ·	maull ásemos	maull áremos
maull éis	maull arais	o	maull aseis	maull areis
maúllen	maull aran	o	maull asen	maull aren

PRETÉRITO PERFECTO		PRETÉRITO PLUSCUAMPERFECTO				FUTURO PERFECTO (3)	
haya	maullado	hubiera	o	hubiese	maullado	hubiere	maullado
hayas	maullado	hubieras	o	hubieses	maullado	hubieres	maullado
haya	maullado	hubiera	o	hubiese	maullado	hubiere	maullado
hayamos	maullado	hubiéramos	o	hubiésemos	maullado	hubiéremos	maullado
hayáis	maullado	hubierais	o	hubieseis	maullado	hubiereis	maullado
hayan	maullado	hubieran	o	hubiesen	maullado	hubieren	maullado

MODO IMPERATIVO

FORMAS NO PERSONALES

PRESENTE

maúlla	tú
maúlle	él/ella/usted
maull emos	nosotros/as
maull ad	vosotros/as
maúllen	ellos/ellas/ustedes

FORMAS SIMPLES

INFINITIVO	GERUNDIO	PARTICIPIO
maullar	maull ando	maull ado

FORMAS COMPUESTAS

INFINITIVO	GERUNDIO
haber maullado	habiendo maullado

(1) o Perfecto simple. (2), (3) muy poco usados.

13. PENSAR VERBO IRREGULAR

MODO INDICATIVO

PRESENTE	PRETÉRITO IMPERFECTO	PRETÉRITO INDEFINIDO (1)	FUTURO IMPERFECTO
pienso	pens aba	pens é	pensar é
piensas	pens abas	pens aste	pensar ás
piensa	pens aba	pens ó	pensar á
pens amos	pens ábamos	pens amos	pensar emos
pens áis	pens abais	pens asteis	pensar éis
piensan	pens aban	pens aron	pensar án

PRETÉRITO PERFECTO		PRETÉRITO PLUSCUAMPERFECTO		PRETÉRITO ANTERIOR		FUTURO PERFECTO	
he	pensado	había	pensado	hube	pensado	habré	pensado
has	pensado	habías	pensado	hubiste	pensado	habrás	pensado
ha	pensado	había	pensado	hubo	pensado	habrá	pensado
hemos	pensado	habíamos	pensado	hubimos	pensado	habremos	pensado
habéis	pensado	habíais	pensado	hubisteis	pensado	habréis	pensado
han	pensado	habían	pensado	hubieron	pensado	habrán	pensado

CONDICIONAL SIMPLE

pensar ía	
pensar ías	
pensar ía	
pensar íamos	
pensar íais	
pensar ían	

CONDICIONAL COMPUESTO

habría	pensado
habrías	pensado
habría	pensado
habríamos	pensado
habríais	pensado
habrían	pensado

MODO SUBJUNTIVO

PRESENTE	PRETÉRITO IMPERFECTO			FUTURO IMPERFECTO (2)
piense	pens ara	o	pens ase	pens are
pienses	pens aras	o	pens ases	pens ares
piense	pens ara	o	pens ase	pens are
pens emos	pens áramos	o	pens ásemos	pens áremos
pens éis	pens arais	o	pens aseis	pens areis
piensen	pens aran	o	pens asen	pens aren

PRETÉRITO PERFECTO		PRETÉRITO PLUSCUAMPERFECTO				FUTURO PERFECTO (3)	
haya	pensado	hubiera	o	hubiese	pensado	hubiere	pensado
hayas	pensado	hubieras	o	hubieses	pensado	hubieres	pensado
haya	pensado	hubiera	o	hubiese	pensado	hubiere	pensado
hayamos	pensado	hubiéramos	o	hubiésemos	pensado	hubiéremos	pensado
hayáis	pensado	hubierais	o	hubieseis	pensado	hubiereis	pensado
hayan	pensado	hubieran	o	hubiesen	pensado	hubieren	pensado

MODO IMPERATIVO

PRESENTE

piensa	tú
piense	él/ella/usted
pens emos	nosotros/as
pens ad	vosotros/as
piensen	ellos/ellas/ustedes

FORMAS NO PERSONALES

FORMAS SIMPLES

INFINITIVO	GERUNDIO	PARTICIPIO
pensar	pens ando	pens ado

FORMAS COMPUESTAS

INFINITIVO	GERUNDIO
haber pensado	habiendo pensado

(1) o Perfecto simple. (2), (3) muy poco usados.

tablas de verbos

14. NEGAR VERBO IRREGULAR

MODO INDICATIVO

PRESENTE	PRETÉRITO IMPERFECTO	PRETÉRITO INDEFINIDO (1)	FUTURO IMPERFECTO
niego	neg aba	negué	negar é
niegas	neg abas	neg aste	negar ás
niega	neg aba	neg ó	negar á
neg amos	neg ábamos	neg amos	negar emos
neg áis	neg abais	neg asteis	negar éis
niegan	neg aban	neg aron	negar án

PRETÉRITO PERFECTO	PRETÉRITO PLUSCUAMPERFECTO	PRETÉRITO ANTERIOR	FUTURO PERFECTO
he negado	había negado	hube negado	habré negado
has negado	habías negado	hubiste negado	habrás negado
ha negado	había negado	hubo negado	habrá negado
hemos negado	habíamos negado	hubimos negado	habremos negado
habéis negado	habíais negado	hubisteis negado	habréis negado
han negado	habían negado	hubieron negado	habrán negado

CONDICIONAL SIMPLE	CONDICIONAL COMPUESTO	
negar ía	habría	negado
negar ías	habrías	negado
negar ía	habría	negado
negar íamos	habríamos	negado
negar íais	habríais	negado
negar ían	habrían	negado

MODO SUBJUNTIVO

PRESENTE	PRETÉRITO IMPERFECTO		FUTURO IMPERFECTO (2)
niegue	neg ara	o neg ase	neg are
niegues	neg aras	o neg ases	neg ares
niegue	neg ara	o neg ase	neg are
neguemos	neg áramos	o neg ásemos	neg áremos
neguéis	neg arais	o neg aseis	neg areis
nieguen	neg aran	o neg asen	neg aren

PRETÉRITO PERFECTO	PRETÉRITO PLUSCUAMPERFECTO		FUTURO PERFECTO (3)
haya negado	hubiera	o hubiese negado	hubiere negado
hayas negado	hubieras	o hubieses negado	hubieres negado
haya negado	hubiera	o hubiese negado	hubiere negado
hayamos negado	hubiéramos	o hubiésemos negado	hubiéremos negado
hayáis negado	hubierais	o hubieseis negado	hubiereis negado
hayan negado	hubieran	o hubiesen negado	hubieren negado

MODO IMPERATIVO

PRESENTE

niega	tú
niegue	él/ella/usted
neguemos	nosotros/as
neg ad	vosotros/as
nieguen	ellos/ellas/ustedes

FORMAS NO PERSONALES

FORMAS SIMPLES

INFINITIVO	GERUNDIO	PARTICIPIO
negar	neg ando	neg ado

FORMAS COMPUESTAS

INFINITIVO	GERUNDIO
haber negado	habiendo negado

(1) o Perfecto simple. (2), (3) muy poco usados.

15. EMPEZAR VERBO IRREGULAR

MODO INDICATIVO

PRESENTE	PRETÉRITO IMPERFECTO	PRETÉRITO INDEFINIDO (1)	FUTURO IMPERFECTO
empiezo	empez aba	empecé	empezar é
empiezas	empez abas	empez aste	empezar ás
empieza	empez aba	empez ó	empezar á
empez amos	empez ábamos	empez amos	empezar emos
empez áis	empez abais	empez asteis	empezar éis
empiezan	empez aban	empez aron	empezar án

PRETÉRITO PERFECTO		PRETÉRITO PLUSCUAMPERFECTO		PRETÉRITO ANTERIOR		FUTURO PERFECTO	
he	empezado	había	empezado	hube	empezado	habré	empezado
has	empezado	habías	empezado	hubiste	empezado	habrás	empezado
ha	empezado	había	empezado	hubo	empezado	habrá	empezado
hemos	empezado	habíamos	empezado	hubimos	empezado	habremos	empezado
habéis	empezado	habíais	empezado	hubisteis	empezado	habréis	empezado
han	empezado	habían	empezado	hubieron	empezado	habrán	empezado

CONDICIONAL SIMPLE	CONDICIONAL COMPUESTO	
empezar ía	habría	empezado
empezar ías	habrías	empezado
empezar ía	habría	empezado
empezar íamos	habríamos	empezado
empezar íais	habríais	empezado
empezar ían	habrían	empezado

MODO SUBJUNTIVO

PRESENTE	PRETÉRITO IMPERFECTO		FUTURO IMPERFECTO (2)
empiece	empez ara	o empez ase	empez are
empieces	empez aras	o empez ases	empez ares
empiece	empez ara	o empez ase	empez are
empecemos	empez áramos	o empez ásemos	empez áremos
empecéis	empez arais	o empez aseis	empez areis
empiecen	empez aran	o empez asen	empez aren

PRETÉRITO PERFECTO		PRETÉRITO PLUSCUAMPERFECTO			FUTURO PERFECTO (3)	
haya	empezado	hubiera	o hubiese	empezado	hubiere	empezado
hayas	empezado	hubieras	o hubieses	empezado	hubieres	empezado
haya	empezado	hubiera	o hubiese	empezado	hubiere	empezado
hayamos	empezado	hubiéramos	o hubiésemos	empezado	hubiéremos	empezado
hayáis	empezado	hubierais	o hubieseis	empezado	hubiereis	empezado
hayan	empezado	hubieran	o hubiesen	empezado	hubieren	empezado

MODO IMPERATIVO

PRESENTE	
empieza	tú
empiece	él/ella/usted
empecemos	nosotros/as
empez ad	vosotros/as
empiecen	ellos/ellas/ustedes

FORMAS NO PERSONALES

FORMAS SIMPLES

INFINITIVO	GERUNDIO	PARTICIPIO
empezar	empez ando	empez ado

FORMAS COMPUESTAS

INFINITIVO	GERUNDIO
haber empezado	habiendo empezado

(1) o Perfecto simple. (2), (3) muy poco usados.

Conjugar es fácil

tablas de verbos

16. CONTAR VERBO IRREGULAR

MODO INDICATIVO			
PRESENTE	**PRETÉRITO IMPERFECTO**	**PRETÉRITO INDEFINIDO (1)**	**FUTURO IMPERFECTO**
cuento	cont aba	cont é	contar é
cuentas	cont abas	cont aste	contar ás
cuenta	cont aba	cont ó	contar á
cont amos	cont ábamos	cont amos	contar emos
cont áis	cont abais	cont asteis	contar éis
cuentan	cont aban	cont aron	contar án

PRETÉRITO PERFECTO		**PRETÉRITO PLUSCUAMPERFECTO**		**PRETÉRITO ANTERIOR**		**FUTURO PERFECTO**	
he	contado	había	contado	hube	contado	habré	contado
has	contado	habías	contado	hubiste	contado	habrás	contado
ha	contado	había	contado	hubo	contado	habrá	contado
hemos	contado	habíamos	contado	hubimos	contado	habremos	contado
habéis	contado	habíais	contado	hubisteis	contado	habréis	contado
han	contado	habían	contado	hubieron	contado	habrán	contado

CONDICIONAL SIMPLE	**CONDICIONAL COMPUESTO**	
contar ía	habría	contado
contar ías	habrías	contado
contar ía	habría	contado
contar íamos	habríamos	contado
contar íais	habríais	contado
contar ían	habrían	contado

MODO SUBJUNTIVO		
PRESENTE	**PRETÉRITO IMPERFECTO**	**FUTURO IMPERFECTO (2)**
cuente	cont ara o cont ase	cont are
cuentes	cont aras o cont ases	cont ares
cuente	cont ara o cont ase	cont are
cont emos	cont áramos o cont ásemos	cont áremos
cont éis	cont arais o cont aseis	cont areis
cuenten	cont aran o cont asen	cont aren

PRETÉRITO PERFECTO		**PRETÉRITO PLUSCUAMPERFECTO**			**FUTURO PERFECTO (3)**	
haya	contado	hubiera	o hubiese	contado	hubiere	contado
hayas	contado	hubieras	o hubieses	contado	hubieres	contado
haya	contado	hubiera	o hubiese	contado	hubiere	contado
hayamos	contado	hubiéramos	o hubiésemos	contado	hubiéremos	contado
hayáis	contado	hubierais	o hubieseis	contado	hubiereis	contado
hayan	contado	hubieran	o hubiesen	contado	hubieren	contado

MODO IMPERATIVO	FORMAS NO PERSONALES

PRESENTE

cuenta	tú
cuente	él/ella/usted
cont emos	nosotros/as
cont ad	vosotros/as
cuenten	ellos/ellas/ustedes

FORMAS NO PERSONALES

FORMAS SIMPLES

INFINITIVO	GERUNDIO	PARTICIPIO
contar	cont ando	cont ado

FORMAS COMPUESTAS

INFINITIVO	GERUNDIO
haber contado	habiendo contado

(1) o Perfecto simple. (2), (3) muy poco usados.

tablas de verbos

MODO INDICATIVO

PRESENTE	PRETÉRITO IMPERFECTO	PRETÉRITO INDEFINIDO (1)	FUTURO IMPERFECTO
trueco	troc aba	troqué	trocar é
truecas	troc abas	troc aste	trocar ás
trueca	troc aba	troc ó	trocar á
troc amos	troc ábamos	troc amos	trocar emos
troc áis	troc abais	troc asteis	trocar éis
truecan	troc aban	troc aron	trocar án

PRETÉRITO PERFECTO	PRETÉRITO PLUSCUAMPERFECTO	PRETÉRITO ANTERIOR	FUTURO PERFECTO
he trocado	había trocado	hube trocado	habré trocado
has trocado	habías trocado	hubiste trocado	habrás trocado
ha trocado	había trocado	hubo trocado	habrá trocado
hemos trocado	habíamos trocado	hubimos trocado	habremos trocado
habéis trocado	habíais trocado	hubisteis trocado	habréis trocado
han trocado	habían trocado	hubieron trocado	habrán trocado

CONDICIONAL SIMPLE	CONDICIONAL COMPUESTO	
trocar ía	habría trocado	
trocar ías	habrías trocado	
trocar ía	habría trocado	
trocar íamos	habríamos trocado	
trocar íais	habríais trocado	
trocar ían	habrían trocado	

MODO SUBJUNTIVO

PRESENTE	PRETÉRITO IMPERFECTO		FUTURO IMPERFECTO (2)
trueque	troc ara	o troc ase	troc are
trueques	troc aras	o troc ases	troc ares
trueque	troc ara	o troc ase	troc are
troquemos	troc áramos	o troc ásemos	troc áremos
troquéis	troc arais	o troc aseis	troc areis
truequen	troc aran	o troc asen	troc aren

PRETÉRITO PERFECTO	PRETÉRITO PLUSCUAMPERFECTO		FUTURO PERFECTO (3)
haya trocado	hubiera	o hubiese trocado	hubiere trocado
hayas trocado	hubieras	o hubieses trocado	hubieres trocado
haya trocado	hubiera	o hubiese trocado	hubiere trocado
hayamos trocado	hubiéramos	o hubiésemos trocado	hubiéremos trocado
hayáis trocado	hubierais	o hubieseis trocado	hubiereis trocado
hayan trocado	hubieran	o hubiesen trocado	hubieren trocado

MODO IMPERATIVO

PRESENTE

trueca	tú
trueque	él/ella/usted
troquemos	nosotros/as
troc ad	vosotros/as
truequen	ellos/ellas/ustedes

FORMAS NO PERSONALES

FORMAS SIMPLES

INFINITIVO	GERUNDIO	PARTICIPIO
trocar	troc ando	troc ado

FORMAS COMPUESTAS

INFINITIVO	GERUNDIO
haber trocado	habiendo trocado

(1) o Perfecto simple. (2), (3) muy poco usados.

Conjugar es fácil

tablas de verbos

18. ROGAR VERBO IRREGULAR

MODO INDICATIVO

PRESENTE	PRETÉRITO IMPERFECTO	PRETÉRITO INDEFINIDO (1)	FUTURO IMPERFECTO
ruego	rog aba	rogué	rogar é
ruegas	rog abas	rog aste	rogar ás
ruega	rog aba	rog ó	rogar á
rog amos	rog ábamos	rog amos	rogar emos
rog áis	rog abais	rog asteis	rogar éis
ruegan	rog aban	rog aron	rogar án

PRETÉRITO PERFECTO		PRETÉRITO PLUSCUAMPERFECTO		PRETÉRITO ANTERIOR		FUTURO PERFECTO	
he	rogado	había	rogado	hube	rogado	habré	rogado
has	rogado	habías	rogado	hubiste	rogado	habrás	rogado
ha	rogado	había	rogado	hubo	rogado	habrá	rogado
hemos	rogado	habíamos	rogado	hubimos	rogado	habremos	rogado
habéis	rogado	habíais	rogado	hubisteis	rogado	habréis	rogado
han	rogado	habían	rogado	hubieron	rogado	habrán	rogado

CONDICIONAL SIMPLE

rogar ía	
rogar ías	
rogar ía	
rogar íamos	
rogar íais	
rogar ían	

CONDICIONAL COMPUESTO

habría	rogado
habrías	rogado
habría	rogado
habríamos	rogado
habríais	rogado
habrían	rogado

MODO SUBJUNTIVO

PRESENTE	PRETÉRITO IMPERFECTO			FUTURO IMPERFECTO (2)
ruegue	rog ara	o	rog ase	rog are
ruegues	rog aras	o	rog ases	rog ares
ruegue	rog ara	o	rog ase	rog are
roguemos	rog áramos	o	rog ásemos	rog áremos
roguéis	rog arais	o	rog aseis	rog areis
rueguen	rog aran	o	rog asen	rog aren

PRETÉRITO PERFECTO		PRETÉRITO PLUSCUAMPERFECTO				FUTURO PERFECTO (3)	
haya	rogado	hubiera	o	hubiese	rogado	hubiere	rogado
hayas	rogado	hubieras	o	hubieses	rogado	hubieres	rogado
haya	rogado	hubiera	o	hubiese	rogado	hubiere	rogado
hayamos	rogado	hubiéramos	o	hubiésemos	rogado	hubiéremos	rogado
hayáis	rogado	hubierais	o	hubieseis	rogado	hubiereis	rogado
hayan	rogado	hubieran	o	hubiesen	rogado	hubieren	rogado

MODO IMPERATIVO

PRESENTE

ruega	tú
ruegue	él/ella/usted
roguemos	nosotros/as
rog ad	vosotros/as
rueguen	ellos/ellas/ustedes

FORMAS NO PERSONALES

FORMAS SIMPLES

INFINITIVO	GERUNDIO	PARTICIPIO
rogar	rog ando	rog ado

FORMAS COMPUESTAS

INFINITIVO	GERUNDIO
haber rogado	habiendo rogado

(1) o Perfecto simple. (2), (3) muy poco usados.

Conjugar es fácil

tablas de verbos

19. FORZAR VERBO IRREGULAR

MODO INDICATIVO

PRESENTE	PRETÉRITO IMPERFECTO	PRETÉRITO INDEFINIDO (1)	FUTURO IMPERFECTO
fuerzo	forz aba	forcé	forzar é
fuerzas	forz abas	forz aste	forzar ás
fuerza	forz aba	forz ó	forzar á
forz amos	forz ábamos	forz amos	forzar emos
forz áis	forz abais	forz asteis	forzar éis
fuerzan	forz aban	forz aron	forzar án

PRETÉRITO PERFECTO	PRETÉRITO PLUSCUAMPERFECTO	PRETÉRITO ANTERIOR	FUTURO PERFECTO
he forzado	había forzado	hube forzado	habré forzado
has forzado	habías forzado	hubiste forzado	habrás forzado
ha forzado	había forzado	hubo forzado	habrá forzado
hemos forzado	habíamos forzado	hubimos forzado	habremos forzado
habéis forzado	habíais forzado	hubisteis forzado	habréis forzado
han forzado	habían forzado	hubieron forzado	habrán forzado

CONDICIONAL SIMPLE	CONDICIONAL COMPUESTO	
forzar ía	habría	forzado
forzar ías	habrías	forzado
forzar ía	habría	forzado
forzar íamos	habríamos	forzado
forzar íais	habríais	forzado
forzar ían	habrían	forzado

MODO SUBJUNTIVO

PRESENTE	PRETÉRITO IMPERFECTO		FUTURO IMPERFECTO (2)
fuerce	forz ara	o forz ase	forz are
fuerces	forz aras	o forz ases	forz ares
fuerce	forz ara	o forz ase	forz are
forcemos	forz áramos	o forz ásemos	forz áremos
forcéis	forz arais	o forz aseis	forz areis
fuercen	forz aran	o forz asen	forz aren

PRETÉRITO PERFECTO	PRETÉRITO PLUSCUAMPERFECTO		FUTURO PERFECTO (3)
haya forzado	hubiera	o hubiese forzado	hubiere forzado
hayas forzado	hubieras	o hubieses forzado	hubieres forzado
haya forzado	hubiera	o hubiese forzado	hubiere forzado
hayamos forzado	hubiéramos	o hubiésemos forzado	hubiéremos forzado
hayáis forzado	hubierais	o hubieseis forzado	hubiereis forzado
hayan forzado	hubieran	o hubiesen forzado	hubieren forzado

MODO IMPERATIVO	FORMAS NO PERSONALES

PRESENTE

fuerza	tú
fuerce	él/ella/usted
forcemos	nosotros/as
forz ad	vosotros/as
fuercen	ellos/ellas/ustedes

FORMAS SIMPLES

INFINITIVO	GERUNDIO	PARTICIPIO
forzar	forz ando	forz ado

FORMAS COMPUESTAS

INFINITIVO	GERUNDIO
haber forzado	habiendo forzado

(1) o Perfecto simple. (2), (3) muy poco usados.

Conjugar es fácil

tablas de verbos

20. AVERGONZAR VERBO IRREGULAR

MODO INDICATIVO

PRESENTE	PRETÉRITO IMPERFECTO	PRETÉRITO INDEFINIDO (1)	FUTURO IMPERFECTO
avergüenzo	avergonz aba	avergoncé	avergonzar é
avergüenzas	avergonz abas	avergonz aste	avergonzar ás
avergüenza	avergonz aba	avergonz ó	avergonzar á
avergonz amos	avergonz ábamos	avergonz amos	avergonzar emos
avergonz áis	avergonz abais	avergonz asteis	avergonzar éis
avergüenzan	avergonz aban	avergonz aron	avergonzar án

PRETÉRITO PERFECTO		PRETÉRITO PLUSCUAMPERFECTO		PRETÉRITO ANTERIOR		FUTURO PERFECTO	
he	avergonzado	había	avergonzado	hube	avergonzado	habré	avergonzado
has	avergonzado	habías	avergonzado	hubiste	avergonzado	habrás	avergonzado
ha	avergonzado	había	avergonzado	hubo	avergonzado	habrá	avergonzado
hemos	avergonzado	habíamos	avergonzado	hubimos	avergonzado	habremos	avergonzado
habéis	avergonzado	habíais	avergonzado	hubisteis	avergonzado	habréis	avergonzado
han	avergonzado	habían	avergonzado	hubieron	avergonzado	habrán	avergonzado

CONDICIONAL SIMPLE

avergonzar ía
avergonzar ías
avergonzar ía
avergonzar íamos
avergonzar íais
avergonzar ían

CONDICIONAL COMPUESTO

habría	avergonzado
habrías	avergonzado
habría	avergonzado
habríamos	avergonzado
habríais	avergonzado
habrían	avergonzado

MODO SUBJUNTIVO

PRESENTE	PRETÉRITO IMPERFECTO		FUTURO IMPERFECTO (2)
avergüence	avergonz ara	o avergonz ase	avergonz are
avergüences	avergonz aras	o avergonz ases	avergonz ares
avergüence	avergonz ara	o avergonz ase	avergonz are
avergoncemos	avergonz áramos	o avergonz ásemos	avergonz áremos
avergoncéis	avergonz arais	o avergonz aseis	avergonz areis
avergüencen	avergonz aran	o avergonz asen	avergonz aren

PRETÉRITO PERFECTO		PRETÉRITO PLUSCUAMPERFECTO				FUTURO PERFECTO (3)	
haya	avergonzado	hubiera	o hubiese	avergonzado		hubiere	avergonzado
hayas	avergonzado	hubieras	o hubieses	avergonzado		hubieres	avergonzado
haya	avergonzado	hubiera	o hubiese	avergonzado		hubiere	avergonzado
hayamos	avergonzado	hubiéramos	o hubiésemos	avergonzado		hubiéremos	avergonzado
hayáis	avergonzado	hubierais	o hubieseis	avergonzado		hubiereis	avergonzado
hayan	avergonzado	hubieran	o hubiesen	avergonzado		hubieren	avergonzado

MODO IMPERATIVO

PRESENTE

avergüenza	tú
avergüence	él/ella/usted
avergoncemos	nosotros/as
avergonz ad	vosotros/as
avergüencen	ellos/ellas/ustedes

FORMAS NO PERSONALES

FORMAS SIMPLES

INFINITIVO	GERUNDIO	PARTICIPIO
avergonzar	avergonz ando	avergonz ado

FORMAS COMPUESTAS

INFINITIVO	GERUNDIO
haber avergonzado	habiendo avergonzado

(1) o Perfecto simple. (2), (3) muy poco usados.

21. JUGAR VERBO IRREGULAR

MODO INDICATIVO

PRESENTE	PRETÉRITO IMPERFECTO	PRETÉRITO INDEFINIDO (1)	FUTURO IMPERFECTO
juego	**jug** aba	jugué	**jugar** é
juegas	**jug** abas	**jug** aste	**jugar** ás
juega	**jug** aba	**jug** ó	**jugar** á
jug amos	**jug** ábamos	**jug** amos	**jugar** emos
jug áis	**jug** abais	**jug** asteis	**jugar** éis
juegan	**jug** aban	**jug** aron	**jugar** án

PRETÉRITO PERFECTO	PRETÉRITO PLUSCUAMPERFECTO	PRETÉRITO ANTERIOR	FUTURO PERFECTO
he jugado	había jugado	hube jugado	habré jugado
has jugado	habías jugado	hubiste jugado	habrás jugado
ha jugado	había jugado	hubo jugado	habrá jugado
hemos jugado	habíamos jugado	hubimos jugado	habremos jugado
habéis jugado	habíais jugado	hubisteis jugado	habréis jugado
han jugado	habían jugado	hubieron jugado	habrán jugado

CONDICIONAL SIMPLE	CONDICIONAL COMPUESTO	
jugar ía	habría	jugado
jugar ías	habrías	jugado
jugar ía	habría	jugado
jugar íamos	habríamos	jugado
jugar íais	habríais	jugado
jugar ían	habrían	jugado

MODO SUBJUNTIVO

PRESENTE	PRETÉRITO IMPERFECTO		FUTURO IMPERFECTO (2)
juegue	**jug** ara	o **jug** ase	**jug** are
juegues	**jug** aras	o **jug** ases	**jug** ares
juegue	**jug** ara	o **jug** ase	**jug** are
juguemos	**jug** áramos	o **jug** ásemos	**jug** áremos
juguéis	**jug** arais	o **jug** aseis	**jug** areis
jueguen	**jug** aran	o **jug** asen	**jug** aren

PRETÉRITO PERFECTO	PRETÉRITO PLUSCUAMPERFECTO		FUTURO PERFECTO (3)
haya jugado	hubiera o hubiese jugado		hubiere jugado
hayas jugado	hubieras o hubieses jugado		hubieres jugado
haya jugado	hubiera o hubiese jugado		hubiere jugado
hayamos jugado	hubiéramos o hubiésemos jugado		hubiéremos jugado
hayáis jugado	hubierais o hubieseis jugado		hubiereis jugado
hayan jugado	hubieran o hubiesen jugado		hubieren jugado

MODO IMPERATIVO

PRESENTE

juega	tú
juegue	él/ella/usted
juguemos	nosotros/as
jug ad	vosotros/as
jueguen	ellos/ellas/ustedes

FORMAS NO PERSONALES

FORMAS SIMPLES

INFINITIVO	GERUNDIO	PARTICIPIO
jugar	**jug** ando	**jug** ado

FORMAS COMPUESTAS

INFINITIVO	GERUNDIO
haber jugado	habiendo jugado

(1) o Perfecto simple. (2), (3) muy poco usados.

43

tablas de verbos

22. ANDAR VERBO IRREGULAR

MODO INDICATIVO

PRESENTE	PRETÉRITO IMPERFECTO	PRETÉRITO INDEFINIDO (1)	FUTURO IMPERFECTO
and o	and aba	anduve	andar é
and as	and abas	anduviste	andar ás
and a	and aba	anduvo	andar á
and amos	and ábamos	anduvimos	andar emos
and áis	and abais	anduvisteis	andar éis
and an	and aban	anduvieron	andar án

PRETÉRITO PERFECTO		PRETÉRITO PLUSCUAMPERFECTO		PRETÉRITO ANTERIOR		FUTURO PERFECTO	
he	andado	había	andado	hube	andado	habré	andado
has	andado	habías	andado	hubiste	andado	habrás	andado
ha	andado	había	andado	hubo	andado	habrá	andado
hemos	andado	habíamos	andado	hubimos	andado	habremos	andado
habéis	andado	habíais	andado	hubisteis	andado	habréis	andado
han	andado	habían	andado	hubieron	andado	habrán	andado

CONDICIONAL SIMPLE	CONDICIONAL COMPUESTO	
andar ía	habría	andado
andar ías	habrías	andado
andar ía	habría	andado
andar íamos	habríamos	andado
andar íais	habríais	andado
andar ían	habrían	andado

MODO SUBJUNTIVO

PRESENTE	PRETÉRITO IMPERFECTO			FUTURO IMPERFECTO (2)
and e	anduviera	o	anduviese	anduviere
and es	anduvieras	o	anduvieses	anduvieres
and e	anduviera	o	anduviese	anduviere
and emos	anduviéramos	o	anduviésemos	anduviéremos
and éis	anduvierais	o	anduvieseis	anduviereis
and en	anduvieran	o	anduviesen	anduvieren

PRETÉRITO PERFECTO		PRETÉRITO PLUSCUAMPERFECTO				FUTURO PERFECTO (3)	
haya	andado	hubiera	o	hubiese	andado	hubiere	andado
hayas	andado	hubieras	o	hubieses	andado	hubieres	andado
haya	andado	hubiera	o	hubiese	andado	hubiere	andado
hayamos	andado	hubiéramos	o	hubiésemos	andado	hubiéremos	andado
hayáis	andado	hubierais	o	hubieseis	andado	hubiereis	andado
hayan	andado	hubieran	o	hubiesen	andado	hubieren	andado

MODO IMPERATIVO	FORMAS NO PERSONALES

PRESENTE

and a	tú
and e	él/ella/usted
and emos	nosotros/as
and ad	vosotros/as
and en	ellos/ellas/ustedes

FORMAS NO PERSONALES

FORMAS SIMPLES

INFINITIVO	GERUNDIO	PARTICIPIO
andar	and ando	and ado

FORMAS COMPUESTAS

INFINITIVO	GERUNDIO
haber andado	habiendo andado

(1) o Perfecto simple. (2), (3) muy poco usados.

Conjugar es fácil

23. DAR VERBO IRREGULAR

MODO INDICATIVO

PRESENTE	PRETÉRITO IMPERFECTO	PRETÉRITO INDEFINIDO (1)	FUTURO IMPERFECTO
doy	d aba	di	dar é
d as	d abas	diste	dar ás
d a	d aba	dio	dar á
d amos	d ábamos	dimos	dar emos
d ais	d abais	disteis	dar éis
d an	d aban	dieron	dar án

PRETÉRITO PERFECTO	PRETÉRITO PLUSCUAMPERFECTO	PRETÉRITO ANTERIOR	FUTURO PERFECTO
he dado	había dado	hube dado	habré dado
has dado	habías dado	hubiste dado	habrás dado
ha dado	había dado	hubo dado	habrá dado
hemos dado	habíamos dado	hubimos dado	habremos dado
habéis dado	habíais dado	hubisteis dado	habréis dado
han dado	habían dado	hubieron dado	habrán dado

CONDICIONAL SIMPLE	CONDICIONAL COMPUESTO
dar ía	habría dado
dar ías	habrías dado
dar ía	habría dado
dar íamos	habríamos dado
dar íais	habríais dado
dar ían	habrían dado

MODO SUBJUNTIVO

PRESENTE	PRETÉRITO IMPERFECTO	FUTURO IMPERFECTO (2)
dé	diera o diese	diere
d es	dieras o dieses	dieres
dé	diera o diese	diere
d emos	diéramos o diésemos	diéremos
d eis	dierais o dieseis	diereis
d en	dieran o diesen	dieren

PRETÉRITO PERFECTO	PRETÉRITO PLUSCUAMPERFECTO	FUTURO PERFECTO (3)
haya dado	hubiera o hubiese dado	hubiere dado
hayas dado	hubieras o hubieses dado	hubieres dado
haya dado	hubiera o hubiese dado	hubiere dado
hayamos dado	hubiéramos o hubiésemos dado	hubiéremos dado
hayáis dado	hubierais o hubieseis dado	hubiereis dado
hayan dado	hubieran o hubiesen dado	hubieren dado

MODO IMPERATIVO

FORMAS NO PERSONALES

PRESENTE

d a	tú
dé	él/ella/usted
d emos	nosotros/as
d ad	vosotros/as
d en	ellos/ellas/ustedes

FORMAS SIMPLES

INFINITIVO	GERUNDIO	PARTICIPIO
dar	d ando	d ado

FORMAS COMPUESTAS

INFINITIVO	GERUNDIO
haber dado	habiendo dado

(1) o Perfecto simple. (2), (3) muy poco usados.

Conjugar es fácil

– er

24. BEBER
25. coger
26. vencer
27. tañer (tanger, tocar)
28. leer
29. perder
30. mover
31. nacer
32. conocer
33. obedecer
34. cocer (cozinhar)
35. caber
36. caer
37. hacer
38. oler
39. placer (agradar)
40. poder
41. poner
42. querer
43. roer
44. saber
45. satisfacer
46. soler
47. traer
48. valer
49. ver
50. yacer (jazer, estar morto)

24. BEBER VERBO REGULAR

MODO INDICATIVO

PRESENTE	PRETÉRITO IMPERFECTO	PRETÉRITO INDEFINIDO (1)	FUTURO IMPERFECTO
beb o	beb ía	beb í	beber é
beb es	beb ías	beb iste	beber ás
beb e	beb ía	beb ió	beber á
beb emos	beb íamos	beb imos	beber emos
beb éis	beb íais	beb isteis	beber éis
beb en	beb ían	beb ieron	beber án

PRETÉRITO PERFECTO	PRETÉRITO PLUSCUAMPERFECTO	PRETÉRITO ANTERIOR	FUTURO PERFECTO
he bebido	había bebido	hube bebido	habré bebido
has bebido	habías bebido	hubiste bebido	habrás bebido
ha bebido	había bebido	hubo bebido	habrá bebido
hemos bebido	habíamos bebido	hubimos bebido	habremos bebido
habéis bebido	habíais bebido	hubisteis bebido	habréis bebido
han bebido	habían bebido	hubieron bebido	habrán bebido

CONDICIONAL SIMPLE	CONDICIONAL COMPUESTO	
beber ía	habría	bebido
beber ías	habrías	bebido
beber ía	habría	bebido
beber íamos	habríamos	bebido
beber íais	habríais	bebido
beber ían	habrían	bebido

MODO SUBJUNTIVO

PRESENTE	PRETÉRITO IMPERFECTO		FUTURO IMPERFECTO (2)
beb a	beb iera	o beb iese	beb iere
beb as	beb ieras	o beb ieses	beb ieres
beb a	beb iera	o beb iese	beb iere
beb amos	beb iéramos	o beb iésemos	beb iéremos
beb áis	beb ierais	o beb ieseis	beb iereis
beb an	beb ieran	o beb iesen	beb ieren

PRETÉRITO PERFECTO	PRETÉRITO PLUSCUAMPERFECTO		FUTURO PERFECTO (3)
haya bebido	hubiera o hubiese bebido		hubiere bebido
hayas bebido	hubieras o hubieses bebido		hubieres bebido
haya bebido	hubiera o hubiese bebido		hubiere bebido
hayamos bebido	hubiéramos o hubiésemos bebido		hubiéremos bebido
hayáis bebido	hubierais o hubieseis bebido		hubiereis bebido
hayan bebido	hubieran o hubiesen bebido		hubieren bebido

MODO IMPERATIVO

FORMAS NO PERSONALES

PRESENTE

beb e	tú
beb a	él/ella/usted
beb amos	nosotros/as
beb ed	vosotros/as
beb an	ellos/ellas/ustedes

FORMAS SIMPLES

INFINITIVO	GERUNDIO	PARTICIPIO
beber	beb iendo	beb ido

FORMAS COMPUESTAS

INFINITIVO	GERUNDIO
haber bebido	habiendo bebido

(1) o Perfecto simple. (2), (3) muy poco usados.

tablas de verbos

25. COGER VERBO CON MODIFICACIÓN ORTOGRÁFICA

MODO INDICATIVO

PRESENTE	PRETÉRITO IMPERFECTO	PRETÉRITO INDEFINIDO (1)	FUTURO IMPERFECTO
cojo	cog ía	cog í	coger é
cog es	cog ías	cog iste	coger ás
cog e	cog ía	cog ió	coger á
cog emos	cog íamos	cog imos	coger emos
cog éis	cog íais	cog isteis	coger éis
cog en	cog ían	cog ieron	coger án

PRETÉRITO PERFECTO	PRETÉRITO PLUSCUAMPERFECTO	PRETÉRITO ANTERIOR	FUTURO PERFECTO
he cogido	había cogido	hube cogido	habré cogido
has cogido	habías cogido	hubiste cogido	habrás cogido
ha cogido	había cogido	hubo cogido	habrá cogido
hemos cogido	habíamos cogido	hubimos cogido	habremos cogido
habéis cogido	habíais cogido	hubisteis cogido	habréis cogido
han cogido	habían cogido	hubieron cogido	habrán cogido

CONDICIONAL SIMPLE	CONDICIONAL COMPUESTO	
coger ía	habría	cogido
coger ías	habrías	cogido
coger ía	habría	cogido
coger íamos	habríamos	cogido
coger íais	habríais	cogido
coger ían	habrían	cogido

MODO SUBJUNTIVO

PRESENTE	PRETÉRITO IMPERFECTO		FUTURO IMPERFECTO (2)
coja	cog iera	o cog iese	cog iere
cojas	cog ieras	o cog ieses	cog ieres
coja	cog iera	o cog iese	cog iere
cojamos	cog iéramos	o cog iésemos	cog iéremos
cojáis	cog ierais	o cog ieseis	cog iereis
cojan	cog ieran	o cog iesen	cog ieren

PRETÉRITO PERFECTO	PRETÉRITO PLUSCUAMPERFECTO		FUTURO PERFECTO (3)
haya cogido	hubiera o hubiese cogido		hubiere cogido
hayas cogido	hubieras o hubieses cogido		hubieres cogido
haya cogido	hubiera o hubiese cogido		hubiere cogido
hayamos cogido	hubiéramos o hubiésemos cogido		hubiéremos cogido
hayáis cogido	hubierais o hubieseis cogido		hubiereis cogido
hayan cogido	hubieran o hubiesen cogido		hubieren cogido

MODO IMPERATIVO

PRESENTE

cog e	tú
coja	él/ella/usted
cojamos	nosotros/as
cog ed	vosotros/as
cojan	ellos/ellas/ustedes

FORMAS NO PERSONALES

FORMAS SIMPLES

INFINITIVO	GERUNDIO	PARTICIPIO
coger	cog iendo	cog ido

FORMAS COMPUESTAS

INFINITIVO	GERUNDIO
haber cogido	habiendo cogido

(1) o Perfecto simple. (2), (3) muy poco usados.

Conjugar es fácil

26. VENCER VERBO CON MODIFICACIÓN ORTOGRÁFICA

MODO INDICATIVO

PRESENTE	PRETÉRITO IMPERFECTO	PRETÉRITO INDEFINIDO (1)	FUTURO IMPERFECTO
venzo	venc ía	venc í	vencer é
venc es	venc ías	venc iste	vencer ás
venc e	venc ía	venc ió	vencer á
venc emos	venc íamos	venc imos	vencer emos
venc éis	venc íais	venc isteis	vencer éis
venc en	venc ían	venc ieron	vencer án

PRETÉRITO PERFECTO		PRETÉRITO PLUSCUAMPERFECTO		PRETÉRITO ANTERIOR		FUTURO PERFECTO	
he	vencido	había	vencido	hube	vencido	habré	vencido
has	vencido	habías	vencido	hubiste	vencido	habrás	vencido
ha	vencido	había	vencido	hubo	vencido	habrá	vencido
hemos	vencido	habíamos	vencido	hubimos	vencido	habremos	vencido
habéis	vencido	habíais	vencido	hubisteis	vencido	habréis	vencido
han	vencido	habían	vencido	hubieron	vencido	habrán	vencido

CONDICIONAL SIMPLE		CONDICIONAL COMPUESTO	
vencer ía		habría	vencido
vencer ías		habrías	vencido
vencer ía		habría	vencido
vencer íamos		habríamos	vencido
vencer íais		habríais	vencido
vencer ían		habrían	vencido

MODO SUBJUNTIVO

PRESENTE	PRETÉRITO IMPERFECTO			FUTURO IMPERFECTO (2)
venza	venc iera	o	venc iese	venc iere
venzas	venc ieras	o	venc ieses	venc ieres
venza	venc iera	o	venc iese	venc iere
venzamos	venc iéramos	o	venc iésemos	venc iéremos
venzáis	venc ierais	o	venc ieseis	venc iereis
venzan	venc ieran	o	venc iesen	venc ieren

PRETÉRITO PERFECTO		PRETÉRITO PLUSCUAMPERFECTO				FUTURO PERFECTO (3)	
haya	vencido	hubiera	o	hubiese	vencido	hubiere	vencido
hayas	vencido	hubieras	o	hubieses	vencido	hubieres	vencido
haya	vencido	hubiera	o	hubiese	vencido	hubiere	vencido
hayamos	vencido	hubiéramos	o	hubiésemos	vencido	hubiéremos	vencido
hayáis	vencido	hubierais	o	hubieseis	vencido	hubiereis	vencido
hayan	vencido	hubieran	o	hubiesen	vencido	hubieren	vencido

MODO IMPERATIVO		FORMAS NO PERSONALES

PRESENTE

venc e	tú
venza	él/ella/usted
venzamos	nosotros/as
venc ed	vosotros/as
venzan	ellos/ellas/ustedes

FORMAS SIMPLES

INFINITIVO	GERUNDIO	PARTICIPIO
vencer	venc iendo	venc ido

FORMAS COMPUESTAS

INFINITIVO	GERUNDIO
haber vencido	habiendo vencido

(1) o Perfecto simple. (2), (3) muy poco usados.

Conjugar es fácil

tablas de verbos

27. TAÑER VERBO CON MODIFICACIÓN ORTOGRÁFICA

MODO INDICATIVO

PRESENTE	PRETÉRITO IMPERFECTO	PRETÉRITO INDEFINIDO (1)	FUTURO IMPERFECTO
tañ o	tañ ía	tañ í	tañer é
tañ es	tañ ías	tañ iste	tañer ás
tañ e	tañ ía	tañó	tañer á
tañ emos	tañ íamos	tañ imos	tañer emos
tañ éis	tañ íais	tañ isteis	tañer éis
tañ en	tañ ían	tañeron	tañer án

PRETÉRITO PERFECTO		PRETÉRITO PLUSCUAMPERFECTO		PRETÉRITO ANTERIOR		FUTURO PERFECTO	
he	tañido	había	tañido	hube	tañido	habré	tañido
has	tañido	habías	tañido	hubiste	tañido	habrás	tañido
ha	tañido	había	tañido	hubo	tañido	habrá	tañido
hemos	tañido	habíamos	tañido	hubimos	tañido	habremos	tañido
habéis	tañido	habíais	tañido	hubisteis	tañido	habréis	tañido
han	tañido	habían	tañido	hubieron	tañido	habrán	tañido

CONDICIONAL SIMPLE

tañer ía	
tañer ías	
tañer ía	
tañer íamos	
tañer íais	
tañer ían	

CONDICIONAL COMPUESTO

habría	tañido
habrías	tañido
habría	tañido
habríamos	tañido
habríais	tañido
habrían	tañido

MODO SUBJUNTIVO

PRESENTE	PRETÉRITO IMPERFECTO			FUTURO IMPERFECTO (2)
tañ a	tañera	o	tañese	tañere
tañ as	tañeras	o	tañeses	tañeres
tañ a	tañera	o	tañese	tañere
tañ amos	tañéramos	o	tañésemos	tañéremos
tañ áis	tañerais	o	tañeseis	tañereis
tañ an	tañeran	o	tañesen	tañeren

PRETÉRITO PERFECTO		PRETÉRITO PLUSCUAMPERFECTO				FUTURO PERFECTO (3)	
haya	tañido	hubiera	o	hubiese	tañido	hubiere	tañido
hayas	tañido	hubieras	o	hubieses	tañido	hubieres	tañido
haya	tañido	hubiera	o	hubiese	tañido	hubiere	tañido
hayamos	tañido	hubiéramos	o	hubiésemos	tañido	hubiéremos	tañido
hayáis	tañido	hubierais	o	hubieseis	tañido	hubiereis	tañido
hayan	tañido	hubieran	o	hubiesen	tañido	hubieren	tañido

MODO IMPERATIVO

PRESENTE

tañ e	tú
tañ a	él/ella/usted
tañ amos	nosotros/as
tañ ed	vosotros/as
tañ an	ellos/ellas/ustedes

FORMAS NO PERSONALES

FORMAS SIMPLES

INFINITIVO	GERUNDIO	PARTICIPIO
tañer	tañendo	tañ ido

FORMAS COMPUESTAS

INFINITIVO	GERUNDIO
haber tañido	habiendo tañido

(1) o Perfecto simple. (2), (3) muy poco usados.

tablas de verbos

28. LEER VERBO IRREGULAR

MODO INDICATIVO

PRESENTE	PRETÉRITO IMPERFECTO	PRETÉRITO INDEFINIDO (1)	FUTURO IMPERFECTO
le o	le ía	le í	leer é
le es	le ías	leíste	leer ás
le e	le ía	leyó	leer á
le emos	le íamos	leímos	leer emos
le éis	le íais	leísteis	leer éis
le en	le ían	leyeron	leer án

PRETÉRITO PERFECTO	PRETÉRITO PLUSCUAMPERFECTO	PRETÉRITO ANTERIOR	FUTURO PERFECTO
he leído	había leído	hube leído	habré leído
has leído	habías leído	hubiste leído	habrás leído
ha leído	había leído	hubo leído	habrá leído
hemos leído	habíamos leído	hubimos leído	habremos leído
habéis leído	habíais leído	hubisteis leído	habréis leído
han leído	habían leído	hubieron leído	habrán leído

CONDICIONAL SIMPLE

leer ía
leer ías
leer ía
leer íamos
leer íais
leer ían

CONDICIONAL COMPUESTO

habría leído
habrías leído
habría leído
habríamos leído
habríais leído
habrían leído

MODO SUBJUNTIVO

PRESENTE	PRETÉRITO IMPERFECTO		FUTURO IMPERFECTO (2)
le a	leyera	o leyese	leyere
le as	leyeras	o leyeses	leyeres
le a	leyera	o leyese	leyere
le amos	leyéramos	o leyésemos	leyéremos
le áis	leyerais	o leyeseis	leyereis
le an	leyeran	o leyesen	leyeren

PRETÉRITO PERFECTO	PRETÉRITO PLUSCUAMPERFECTO		FUTURO PERFECTO (3)
haya leído	hubiera o hubiese leído		hubiere leído
hayas leído	hubieras o hubieses leído		hubieres leído
haya leído	hubiera o hubiese leído		hubiere leído
hayamos leído	hubiéramos o hubiésemos leído		hubiéremos leído
hayáis leído	hubierais o hubieseis leído		hubiereis leído
hayan leído	hubieran o hubiesen leído		hubieren leído

MODO IMPERATIVO

PRESENTE

le e	tú
le a	él/ella/usted
le amos	nosotros/as
le ed	vosotros/as
le an	ellos/ellas/ustedes

FORMAS NO PERSONALES

FORMAS SIMPLES

INFINITIVO	GERUNDIO	PARTICIPIO
leer	leyendo	leído

FORMAS COMPUESTAS

INFINITIVO	GERUNDIO
haber leído	habiendo leído

(1) o Perfecto simple. (2), (3) muy poco usados.

51

Conjugar es fácil

tablas de verbos

29. PERDER VERBO IRREGULAR

MODO INDICATIVO

PRESENTE	PRETÉRITO IMPERFECTO	PRETÉRITO INDEFINIDO (1)	FUTURO IMPERFECTO
pierdo	perd ía	perd í	perder é
pierdes	perd ías	perd iste	perder ás
pierde	perd ía	perd ió	perder á
perd emos	perd íamos	perd imos	perder emos
perd éis	perd íais	perd isteis	perder éis
pierden	perd ían	perd ieron	perder án

PRETÉRITO PERFECTO	PRETÉRITO PLUSCUAMPERFECTO	PRETÉRITO ANTERIOR	FUTURO PERFECTO
he perdido	había perdido	hube perdido	habré perdido
has perdido	habías perdido	hubiste perdido	habrás perdido
ha perdido	había perdido	hubo perdido	habrá perdido
hemos perdido	habíamos perdido	hubimos perdido	habremos perdido
habéis perdido	habíais perdido	hubisteis perdido	habréis perdido
han perdido	habían perdido	hubieron perdido	habrán perdido

CONDICIONAL SIMPLE	CONDICIONAL COMPUESTO
perder ía	habría perdido
perder ías	habrías perdido
perder ía	habría perdido
perder íamos	habríamos perdido
perder íais	habríais perdido
perder ían	habrían perdido

MODO SUBJUNTIVO

PRESENTE	PRETÉRITO IMPERFECTO	FUTURO IMPERFECTO (2)
pierda	perd iera o perd iese	perd iere
pierdas	perd ieras o perd ieses	perd ieres
pierda	perd iera o perd iese	perd iere
perd amos	perd iéramos o perd iésemos	perd iéremos
perd áis	perd ierais o perd ieseis	perd iereis
pierdan	perd ieran o perd iesen	perd ieren

PRETÉRITO PERFECTO	PRETÉRITO PLUSCUAMPERFECTO	FUTURO PERFECTO (3)
haya perdido	hubiera o hubiese perdido	hubiere perdido
hayas perdido	hubieras o hubieses perdido	hubieres perdido
haya perdido	hubiera o hubiese perdido	hubiere perdido
hayamos perdido	hubiéramos o hubiésemos perdido	hubiéremos perdido
hayáis perdido	hubierais o hubieseis perdido	hubiereis perdido
hayan perdido	hubieran o hubiesen perdido	hubieren perdido

MODO IMPERATIVO

PRESENTE

pierde	tú
pierda	él/ella/usted
perd amos	nosotros/as
perd ed	vosotros/as
pierdan	ellos/ellas/ustedes

FORMAS NO PERSONALES

FORMAS SIMPLES

INFINITIVO	GERUNDIO	PARTICIPIO
perder	perd iendo	perd ido

FORMAS COMPUESTAS

INFINITIVO	GERUNDIO
haber perdido	habiendo perdido

(1) o Perfecto simple. (2), (3) muy poco usados.

Conjugar es fácil

52

30. MOVER VERBO IRREGULAR

MODO INDICATIVO

PRESENTE	PRETÉRITO IMPERFECTO	PRETÉRITO INDEFINIDO (1)	FUTURO IMPERFECTO
muevo	mov ía	mov í	mover é
mueves	mov ías	mov iste	mover ás
mueve	mov ía	mov ió	mover á
mov emos	mov íamos	mov imos	mover emos
mov éis	mov íais	mov isteis	mover éis
mueven	mov ían	mov ieron	mover án

PRETÉRITO PERFECTO	PRETÉRITO PLUSCUAMPERFECTO	PRETÉRITO ANTERIOR	FUTURO PERFECTO
he movido	había movido	hube movido	habré movido
has movido	habías movido	hubiste movido	habrás movido
ha movido	había movido	hubo movido	habrá movido
hemos movido	habíamos movido	hubimos movido	habremos movido
habéis movido	habíais movido	hubisteis movido	habréis movido
han movido	habían movido	hubieron movido	habrán movido

CONDICIONAL SIMPLE

mover ía
mover ías
mover ía
mover íamos
mover íais
mover ían

CONDICIONAL COMPUESTO

habría movido
habrías movido
habría movido
habríamos movido
habríais movido
habrían movido

MODO SUBJUNTIVO

PRESENTE	PRETÉRITO IMPERFECTO		FUTURO IMPERFECTO (2)
mueva	mov iera	o mov iese	mov iere
muevas	mov ieras	o mov ieses	mov ieres
mueva	mov iera	o mov iese	mov iere
mov amos	mov iéramos	o mov iésemos	mov iéremos
mov áis	mov ierais	o mov ieseis	mov iereis
muevan	mov ieran	o mov iesen	mov ieren

PRETÉRITO PERFECTO	PRETÉRITO PLUSCUAMPERFECTO		FUTURO PERFECTO (3)
haya movido	hubiera o hubiese movido		hubiere movido
hayas movido	hubieras o hubieses movido		hubieres movido
haya movido	hubiera o hubiese movido		hubiere movido
hayamos movido	hubiéramos o hubiésemos movido		hubiéremos movido
hayáis movido	hubierais o hubieseis movido		hubiereis movido
hayan movido	hubieran o hubiesen movido		hubieren movido

MODO IMPERATIVO

PRESENTE

mueve	tú
mueva	él/ella/usted
mov amos	nosotros/as
mov ed	vosotros/as
muevan	ellos/ellas/ustedes

FORMAS NO PERSONALES

FORMAS SIMPLES

INFINITIVO	GERUNDIO	PARTICIPIO
mover	mov iendo	mov ido

FORMAS COMPUESTAS

INFINITIVO	GERUNDIO
haber movido	habiendo movido

(1) o Perfecto simple. (2), (3) muy poco usados.

Conjugar es fácil

tablas de verbos

MODO INDICATIVO

PRESENTE	PRETÉRITO IMPERFECTO	PRETÉRITO INDEFINIDO (1)	FUTURO IMPERFECTO
nazco	nac ía	nac í	nacer é
nac es	nac ías	nac iste	nacer ás
nac e	nac ía	nac ió	nacer á
nac emos	nac íamos	nac imos	nacer emos
nac éis	nac íais	nac isteis	nacer éis
nac en	nac ían	nac ieron	nacer án

PRETÉRITO PERFECTO	PRETÉRITO PLUSCUAMPERFECTO	PRETÉRITO ANTERIOR	FUTURO PERFECTO
he nacido	había nacido	hube nacido	habré nacido
has nacido	habías nacido	hubiste nacido	habrás nacido
ha nacido	había nacido	hubo nacido	habrá nacido
hemos nacido	habíamos nacido	hubimos nacido	habremos nacido
habéis nacido	habíais nacido	hubisteis nacido	habréis nacido
han nacido	habían nacido	hubieron nacido	habrán nacido

CONDICIONAL SIMPLE	CONDICIONAL COMPUESTO
nacer ía	habría nacido
nacer ías	habrías nacido
nacer ía	habría nacido
nacer íamos	habríamos nacido
nacer íais	habríais nacido
nacer ían	habrían nacido

MODO SUBJUNTIVO

PRESENTE	PRETÉRITO IMPERFECTO	FUTURO IMPERFECTO (2)
nazca	nac iera o nac iese	nac iere
nazcas	nac ieras o nac ieses	nac ieres
nazca	nac iera o nac iese	nac iere
nazcamos	nac iéramos o nac iésemos	nac iéremos
nazcáis	nac ierais o nac ieseis	nac iereis
nazcan	nac ieran o nac iesen	nac ieren

PRETÉRITO PERFECTO	PRETÉRITO PLUSCUAMPERFECTO	FUTURO PERFECTO (3)
haya nacido	hubiera o hubiese nacido	hubiere nacido
hayas nacido	hubieras o hubieses nacido	hubieres nacido
haya nacido	hubiera o hubiese nacido	hubiere nacido
hayamos nacido	hubiéramos o hubiésemos nacido	hubiéremos nacido
hayáis nacido	hubierais o hubieseis nacido	hubiereis nacido
hayan nacido	hubieran o hubiesen nacido	hubieren nacido

MODO IMPERATIVO

PRESENTE

nac e	tú
nazca	él/ella/usted
nazcamos	nosotros/as
nac ed	vosotros/as
nazcan	ellos/ellas/ustedes

FORMAS NO PERSONALES

FORMAS SIMPLES

INFINITIVO	GERUNDIO	PARTICIPIO
nacer	nac iendo	nac ido

FORMAS COMPUESTAS

INFINITIVO	GERUNDIO
haber nacido	habiendo nacido

(1) o Perfecto simple. (2), (3) muy poco usados.

32. CONOCER VERBO IRREGULAR

MODO INDICATIVO

PRESENTE	PRETÉRITO IMPERFECTO	PRETÉRITO INDEFINIDO (1)	FUTURO IMPERFECTO
conozco	conoc ía	conoc í	conocer é
conoc es	conoc ías	conoc iste	conocer ás
conoc e	conoc ía	conoc ió	conocer á
conoc emos	conoc íamos	conoc imos	conocer emos
conoc éis	conoc íais	conoc isteis	conocer éis
conoc en	conoc ían	conoc ieron	conocer án

PRETÉRITO PERFECTO		PRETÉRITO PLUSCUAMPERFECTO		PRETÉRITO ANTERIOR		FUTURO PERFECTO	
he	conocido	había	conocido	hube	conocido	habré	conocido
has	conocido	habías	conocido	hubiste	conocido	habrás	conocido
ha	conocido	había	conocido	hubo	conocido	habrá	conocido
hemos	conocido	habíamos	conocido	hubimos	conocido	habremos	conocido
habéis	conocido	habíais	conocido	hubisteis	conocido	habréis	conocido
han	conocido	habían	conocido	hubieron	conocido	habrán	conocido

CONDICIONAL SIMPLE	CONDICIONAL COMPUESTO	
conoce ría	habría	conocido
conoce rías	habrías	conocido
conoce ría	habría	conocido
conoce ríamos	habríamos	conocido
conoce ríais	habríais	conocido
conoce rían	habrían	conocido

MODO SUBJUNTIVO

PRESENTE	PRETÉRITO IMPERFECTO		FUTURO IMPERFECTO (2)
conozca	conoc iera	o conoc iese	conoc iere
conozcas	conoc ieras	o conoc ieses	conoc ieres
conozca	conoc iera	o conoc iese	conoc iere
conozcamos	conoc iéramos	o conoc iésemos	conoc iéremos
conozcáis	conoc ierais	o conoc ieseis	conoc iereis
conozcan	conoc ieran	o conoc iesen	conoc ieren

PRETÉRITO PERFECTO		PRETÉRITO PLUSCUAMPERFECTO			FUTURO PERFECTO (3)	
haya	conocido	hubiera	o hubiese	conocido	hubiere	conocido
hayas	conocido	hubieras	o hubieses	conocido	hubieres	conocido
haya	conocido	hubiera	o hubiese	conocido	hubiere	conocido
hayamos	conocido	hubiéramos	o hubiésemos	conocido	hubiéremos	conocido
hayáis	conocido	hubierais	o hubieseis	conocido	hubiereis	conocido
hayan	conocido	hubieran	o hubiesen	conocido	hubieren	conocido

MODO IMPERATIVO

PRESENTE

conoc e	tú
conozca	él/ella/usted
conozcamos	nosotros/as
conoc ed	vosotros/as
conozcan	ellos/ellas/ustedes

FORMAS NO PERSONALES

FORMAS SIMPLES

INFINITIVO	GERUNDIO	PARTICIPIO
conocer	conoc iendo	conoc ido

FORMAS COMPUESTAS

INFINITIVO	GERUNDIO
haber conocido	habiendo conocido

(1) o Perfecto simple. (2), (3) muy poco usados.

tablas de verbos

33. OBEDECER VERBO IRREGULAR

MODO INDICATIVO

PRESENTE	PRETÉRITO IMPERFECTO	PRETÉRITO INDEFINIDO (1)	FUTURO IMPERFECTO
obedezco	obedec ía	obedec í	obedecer é
obedec es	obedec ías	obedec iste	obedecer ás
obedec e	obedec ía	obedec ió	obedecer á
obedec emos	obedec íamos	obedec imos	obedecer emos
obedec éis	obedec íais	obedec isteis	obedecer éis
obedec en	obedec ían	obedec ieron	obedecer án

PRETÉRITO PERFECTO	PRETÉRITO PLUSCUAMPERFECTO	PRETÉRITO ANTERIOR	FUTURO PERFECTO
he obedecido	había obedecido	hube obedecido	habré obedecido
has obedecido	habías obedecido	hubiste obedecido	habrás obedecido
ha obedecido	había obedecido	hubo obedecido	habrá obedecido
hemos obedecido	habíamos obedecido	hubimos obedecido	habremos obedecido
habéis obedecido	habíais obedecido	hubisteis obedecido	habréis obedecido
han obedecido	habían obedecido	hubieron obedecido	habrán obedecido

CONDICIONAL SIMPLE	CONDICIONAL COMPUESTO
obedecer ía	habría obedecido
obedecer ías	habrías obedecido
obedecer ía	habría obedecido
obedecer íamos	habríamos obedecido
obedecer íais	habríais obedecido
obedecer ían	habrían obedecido

MODO SUBJUNTIVO

PRESENTE	PRETÉRITO IMPERFECTO		FUTURO IMPERFECTO (2)
obedezca	obedec iera	u obedec iese	obedec iere
obedezcas	obedec ieras	u obedec ieses	obedec ieres
obedezca	obedec iera	u obedec iese	obedec iere
obedezcamos	obedec iéramos	u obedec iésemos	obedec iéremos
obedezcáis	obedec ierais	u obedec ieseis	obedec iereis
obedezcan	obedec ieran	u obedec iesen	obedec ieren

PRETÉRITO PERFECTO	PRETÉRITO PLUSCUAMPERFECTO		FUTURO PERFECTO (3)
haya obedecido	hubiera o hubiese obedecido		hubiere obedecido
hayas obedecido	hubieras o hubieses obedecido		hubieres obedecido
haya obedecido	hubiera o hubiese obedecido		hubiere obedecido
hayamos obedecido	hubiéramos o hubiésemos obedecido		hubiéremos obedecido
hayáis obedecido	hubierais o hubieseis obedecido		hubiereis obedecido
hayan obedecido	hubieran o hubiesen obedecido		hubieren obedecido

---

MODO IMPERATIVO

FORMAS NO PERSONALES

PRESENTE

obedec e	tú
obedezca	él/ella/usted
obedezcamos	nosotros/as
obedec ed	vosotros/as
obedezcan	ellos/ellas/ustedes

FORMAS SIMPLES

INFINITIVO	GERUNDIO	PARTICIPIO
obedecer	obedec iendo	obedec ido

FORMAS COMPUESTAS

INFINITIVO	GERUNDIO
haber obedecido	habiendo obedecido

(1) o Perfecto simple. (2), (3) muy poco usados.

Conjugar es fácil

34. COCER VERBO IRREGULAR

MODO INDICATIVO			

PRESENTE	PRETÉRITO IMPERFECTO	PRETÉRITO INDEFINIDO (1)	FUTURO IMPERFECTO
cuezo	coc ía	coc í	cocer é
cueces	coc ías	coc iste	cocer ás
cuece	coc ía	coc ió	cocer á
coc emos	coc íamos	coc imos	cocer emos
coc éis	coc íais	coc isteis	cocer éis
cuecen	coc ían	coc ieron	cocer án

PRETÉRITO PERFECTO	PRETÉRITO PLUSCUAMPERFECTO	PRETÉRITO ANTERIOR	FUTURO PERFECTO
he cocido	había cocido	hube cocido	habré cocido
has cocido	habías cocido	hubiste cocido	habrás cocido
ha cocido	había cocido	hubo cocido	habrá cocido
hemos cocido	habíamos cocido	hubimos cocido	habremos cocido
habéis cocido	habíais cocido	hubisteis cocido	habréis cocido
han cocido	habían cocido	hubieron cocido	habrán cocido

CONDICIONAL SIMPLE	CONDICIONAL COMPUESTO	
cocer ía	habría	cocido
cocer ías	habrías	cocido
cocer ía	habría	cocido
cocer íamos	habríamos	cocido
cocer íais	habríais	cocido
cocer ían	habrían	cocido

MODO SUBJUNTIVO		

PRESENTE	PRETÉRITO IMPERFECTO	FUTURO IMPERFECTO (2)
cueza	coc iera o coc iese	coc iere
cuezas	coc ieras o coc ieses	coc ieres
cueza	coc iera o coc iese	coc iere
cozamos	coc iéramos o coc iésemos	coc iéremos
cozáis	coc ierais o coc ieseis	coc iereis
cuezan	coc ieran o coc iesen	coc ieren

PRETÉRITO PERFECTO	PRETÉRITO PLUSCUAMPERFECTO	FUTURO PERFECTO (3)
haya cocido	hubiera o hubiese cocido	hubiere cocido
hayas cocido	hubieras o hubieses cocido	hubieres cocido
haya cocido	hubiera o hubiese cocido	hubiere cocido
hayamos cocido	hubiéramos o hubiésemos cocido	hubiéremos cocido
hayáis cocido	hubierais o hubieseis cocido	hubiereis cocido
hayan cocido	hubieran o hubiesen cocido	hubieren cocido

MODO IMPERATIVO	FORMAS NO PERSONALES

PRESENTE	
cuece	tú
cueza	él/ella/usted
cozamos	nosotros/as
coc ed	vosotros/as
cuezan	ellos/ellas/ustedes

FORMAS NO PERSONALES

FORMAS SIMPLES

INFINITIVO	GERUNDIO	PARTICIPIO
cocer	coc iendo	coc ido

FORMAS COMPUESTAS

INFINITIVO	GERUNDIO
haber cocido	habiendo cocido

(1) o Perfecto simple. (2), (3) muy poco usados.

Conjugar es fácil

tablas de verbos

35. CABER VERBO IRREGULAR

MODO INDICATIVO

PRESENTE	PRETÉRITO IMPERFECTO	PRETÉRITO INDEFINIDO (1)	FUTURO IMPERFECTO
quepo	cab ía	cupe	cabré
cab es	cab ías	cupiste	cabrás
cab e	cab ía	cupo	cabrá
cab emos	cab íamos	cupimos	cabremos
cab éis	cab íais	cupisteis	cabréis
cab en	cab ían	cupieron	cabrán

PRETÉRITO PERFECTO	PRETÉRITO PLUSCUAMPERFECTO	PRETÉRITO ANTERIOR	FUTURO PERFECTO
he cabido	había cabido	hube cabido	habré cabido
has cabido	habías cabido	hubiste cabido	habrás cabido
ha cabido	había cabido	hubo cabido	habrá cabido
hemos cabido	habíamos cabido	hubimos cabido	habremos cabido
habéis cabido	habíais cabido	hubisteis cabido	habréis cabido
han cabido	habían cabido	hubieron cabido	habrán cabido

CONDICIONAL SIMPLE	CONDICIONAL COMPUESTO
cabría	habría cabido
cabrías	habrías cabido
cabría	habría cabido
cabríamos	habríamos cabido
cabríais	habríais cabido
cabrían	habrían cabido

MODO SUBJUNTIVO

PRESENTE	PRETÉRITO IMPERFECTO	FUTURO IMPERFECTO (2)
quepa	cupiera o cupiese	cupiere
quepas	cupieras o cupieses	cupieres
quepa	cupiera o cupiese	cupiere
quepamos	cupiéramos o cupiésemos	cupiéremos
quepáis	cupierais o cupieseis	cupiereis
quepan	cupieran o cupiesen	cupieren

PRETÉRITO PERFECTO	PRETÉRITO PLUSCUAMPERFECTO	FUTURO PERFECTO (3)
haya cabido	hubiera o hubiese cabido	hubiere cabido
hayas cabido	hubieras o hubieses cabido	hubieres cabido
haya cabido	hubiera o hubiese cabido	hubiere cabido
hayamos cabido	hubiéramos o hubiésemos cabido	hubiéremos cabido
hayáis cabido	hubierais o hubieseis cabido	hubiereis cabido
hayan cabido	hubieran o hubiesen cabido	hubieren cabido

MODO IMPERATIVO	FORMAS NO PERSONALES

PRESENTE

cab e	tú
quepa	él/ella/usted
quepamos	nosotros/as
cab ed	vosotros/as
quepan	ellos/ellas/ustedes

FORMAS SIMPLES

INFINITIVO	GERUNDIO	PARTICIPIO
caber	cab iendo	cab ido

FORMAS COMPUESTAS

INFINITIVO	GERUNDIO
haber cabido	habiendo cabido

(1) o Perfecto simple. (2), (3) muy poco usados.

Conjugar es fácil

tablas de verbos

36. CAER VERBO IRREGULAR

MODO INDICATIVO			
PRESENTE	**PRETÉRITO IMPERFECTO**	**PRETÉRITO INDEFINIDO (1)**	**FUTURO IMPERFECTO**
caigo	ca ía	ca í	caer é
ca es	ca ías	caíste	caer ás
ca e	ca ía	cayó	caer á
ca emos	ca íamos	caímos	caer emos
ca éis	ca íais	caísteis	caer éis
ca en	ca ían	cayeron	caer án

PRETÉRITO PERFECTO		**PRETÉRITO PLUSCUAMPERFECTO**		**PRETÉRITO ANTERIOR**		**FUTURO PERFECTO**	
he	caído	había	caído	hube	caído	habré	caído
has	caído	habías	caído	hubiste	caído	habrás	caído
ha	caído	había	caído	hubo	caído	habrá	caído
hemos	caído	habíamos	caído	hubimos	caído	habremos	caído
habéis	caído	habíais	caído	hubisteis	caído	habréis	caído
han	caído	habían	caído	hubieron	caído	habrán	caído

CONDICIONAL SIMPLE	**CONDICIONAL COMPUESTO**	
caer ía	habría	caído
caer ías	habrías	caído
caer ía	habría	caído
caer íamos	habríamos	caído
caer íais	habríais	caído
caer ían	habrían	caído

MODO SUBJUNTIVO				
PRESENTE	**PRETÉRITO IMPERFECTO**			**FUTURO IMPERFECTO (2)**
caiga	cayera	o	cayese	cayere
caigas	cayeras	o	cayeses	cayeres
caiga	cayera	o	cayese	cayere
caigamos	cayéramos	o	cayésemos	cayéremos
caigáis	cayerais	o	cayeseis	cayereis
caigan	cayeran	o	cayesen	cayeren

PRETÉRITO PERFECTO		**PRETÉRITO PLUSCUAMPERFECTO**				**FUTURO PERFECTO (3)**	
haya	caído	hubiera	o	hubiese	caído	hubiere	caído
hayas	caído	hubieras	o	hubieses	caído	hubieres	caído
haya	caído	hubiera	o	hubiese	caído	hubiere	caído
hayamos	caído	hubiéramos	o	hubiésemos	caído	hubiéremos	caído
hayáis	caído	hubierais	o	hubieseis	caído	hubiereis	caído
hayan	caído	hubieran	o	hubiesen	caído	hubieren	caído

MODO IMPERATIVO	FORMAS NO PERSONALES

PRESENTE

ca e	tú
caiga	él/ella/usted
caigamos	nosotros/as
ca ed	vosotros/as
caigan	ellos/ellas/ustedes

FORMAS SIMPLES

INFINITIVO	GERUNDIO	PARTICIPIO
caer	cayendo	caído

FORMAS COMPUESTAS

INFINITIVO	GERUNDIO
haber caído	habiendo caído

(1) o Perfecto simple. (2), (3) muy poco usados.

Conjugar es fácil

tablas de verbos

37. HACER VERBO IRREGULAR

MODO INDICATIVO

PRESENTE	PRETÉRITO IMPERFECTO	PRETÉRITO INDEFINIDO (1)	FUTURO IMPERFECTO
hago	hac ía	hice	haré
hac es	hac ías	hiciste	harás
hac e	hac ía	hizo	hará
hac emos	hac íamos	hicimos	haremos
hac éis	hac íais	hicisteis	haréis
hac en	hac ían	hicieron	harán

PRETÉRITO PERFECTO		PRETÉRITO PLUSCUAMPERFECTO		PRETÉRITO ANTERIOR		FUTURO PERFECTO	
he	hecho	había	hecho	hube	hecho	habré	hecho
has	hecho	habías	hecho	hubiste	hecho	habrás	hecho
ha	hecho	había	hecho	hubo	hecho	habrá	hecho
hemos	hecho	habíamos	hecho	hubimos	hecho	habremos	hecho
habéis	hecho	habíais	hecho	hubisteis	hecho	habréis	hecho
han	hecho	habían	hecho	hubieron	hecho	habrán	hecho

CONDICIONAL SIMPLE	CONDICIONAL COMPUESTO	
haría	habría	hecho
harías	habrías	hecho
haría	habría	hecho
haríamos	habríamos	hecho
haríais	habríais	hecho
harían	habrían	hecho

MODO SUBJUNTIVO

PRESENTE	PRETÉRITO IMPERFECTO			FUTURO IMPERFECTO (2)
haga	hiciera	o	hiciese	hiciere
hagas	hicieras	o	hicieses	hicieres
haga	hiciera	o	hiciese	hiciere
hagamos	hiciéramos	o	hiciésemos	hiciéremos
hagáis	hicierais	o	hicieseis	hiciereis
hagan	hicieran	o	hiciesen	hicieren

PRETÉRITO PERFECTO		PRETÉRITO PLUSCUAMPERFECTO				FUTURO PERFECTO (3)	
haya	hecho	hubiera	o	hubiese	hecho	hubiere	hecho
hayas	hecho	hubieras	o	hubieses	hecho	hubieres	hecho
haya	hecho	hubiera	o	hubiese	hecho	hubiere	hecho
hayamos	hecho	hubiéramos	o	hubiésemos	hecho	hubiéremos	hecho
hayáis	hecho	hubierais	o	hubieseis	hecho	hubiereis	hecho
hayan	hecho	hubieran	o	hubiesen	hecho	hubieren	hecho

MODO IMPERATIVO

PRESENTE

haz	tú
haga	él/ella/usted
hagamos	nosotros/as
hac ed	vosotros/as
hagan	ellos/ellas/ustedes

FORMAS NO PERSONALES

FORMAS SIMPLES

INFINITIVO	GERUNDIO	PARTICIPIO
hacer	hac iendo	hecho

FORMAS COMPUESTAS

INFINITIVO	GERUNDIO
haber hecho	habiendo hecho

(1) o Perfecto simple. (2), (3) muy poco usados.

Conjugar es fácil

tablas de verbos

MODO INDICATIVO

PRESENTE	PRETÉRITO IMPERFECTO	PRETÉRITO INDEFINIDO (1)	FUTURO IMPERFECTO
huelo	ol ía	ol í	oler é
hueles	ol ías	ol iste	oler ás
huele	ol ía	ol ió	oler á
ol emos	ol íamos	ol imos	oler emos
ol éis	ol íais	ol isteis	oler éis
huelen	ol ían	ol ieron	oler án

PRETÉRITO PERFECTO		PRETÉRITO PLUSCUAMPERFECTO		PRETÉRITO ANTERIOR		FUTURO PERFECTO	
he	olido	había	olido	hube	olido	habré	olido
has	olido	habías	olido	hubiste	olido	habrás	olido
ha	olido	había	olido	hubo	olido	habrá	olido
hemos	olido	habíamos	olido	hubimos	olido	habremos	olido
habéis	olido	habíais	olido	hubisteis	olido	habréis	olido
han	olido	habían	olido	hubieron	olido	habrán	olido

CONDICIONAL SIMPLE	CONDICIONAL COMPUESTO	
oler ía	habría	olido
oler ías	habrías	olido
oler ía	habría	olido
oler íamos	habríamos	olido
oler íais	habríais	olido
oler ían	habrían	olido

MODO SUBJUNTIVO

PRESENTE	PRETÉRITO IMPERFECTO			FUTURO IMPERFECTO (2)
huela	ol iera	u	ol iese	ol iere
huelas	ol ieras	u	ol ieses	ol ieres
huela	ol iera	u	ol iese	ol iere
ol amos	ol iéramos	u	ol iésemos	ol iéremos
ol áis	ol ierais	u	ol ieseis	ol iereis
huelan	ol ieran	u	ol iesen	ol ieren

PRETÉRITO PERFECTO		PRETÉRITO PLUSCUAMPERFECTO				FUTURO PERFECTO (3)	
haya	olido	hubiera	o	hubiese	olido	hubiere	olido
hayas	olido	hubieras	o	hubieses	olido	hubieres	olido
haya	olido	hubiera	o	hubiese	olido	hubiere	olido
hayamos	olido	hubiéramos	o	hubiésemos	olido	hubiéremos	olido
hayáis	olido	hubierais	o	hubieseis	olido	hubiereis	olido
hayan	olido	hubieran	o	hubiesen	olido	hubieren	olido

MODO IMPERATIVO	FORMAS NO PERSONALES

PRESENTE	
huele	tú
huela	él/ella/usted
ol amos	nosotros/as
ol ed	vosotros/as
huelan	ellos/ellas/ustedes

FORMAS SIMPLES

INFINITIVO	GERUNDIO	PARTICIPIO
oler	ol iendo	ol ido

FORMAS COMPUESTAS

INFINITIVO	GERUNDIO
haber olido	habiendo olido

(1) o Perfecto simple. (2), (3) muy poco usados.

Conjugar es fácil

tablas de verbos

39. PLACER VERBO IRREGULAR

MODO INDICATIVO

PRESENTE	PRETÉRITO IMPERFECTO	PRETÉRITO INDEFINIDO (1)	· FUTURO IMPERFECTO
plazco	plac ía	plac í	placer é
plac es	plac ías	plac iste	placer ás
plac e	plac ía	plac ió o plugo	placer á
plac emos	plac íamos	plac imos	placer emos
plac éis	plac íais	plac isteis	placer éis
plac en	plac ían	plac ieron o pluguieron	placer án

PRETÉRITO PERFECTO		PRETÉRITO PLUSCUAMPERFECTO		PRETÉRITO ANTERIOR		FUTURO PERFECTO	
he	placido	había	placido	hube	placido	habré	placido
has	placido	habías	placido	hubiste	placido	habrás	placido
ha	placido	había	placido	hubo	placido	habrá	placido
hemos	placido	habíamos	placido	hubimos	placido	habremos	placido
habéis	placido	habíais	placido	hubisteis	placido	habréis	placido
han	placido	habían	placido	hubieron	placido	habrán	placido

CONDICIONAL SIMPLE	CONDICIONAL COMPUESTO	
placer ía	habría	placido
placer ías	habrías	placido
placer ía	habría	placido
placer íamos	habríamos	placido
placer íais	habríais	placido
placer ían	habrían	placido

MODO SUBJUNTIVO

PRESENTE	PRETÉRITO IMPERFECTO			FUTURO IMPERFECTO (2)
plazca	plac iera	o	plac iese	plac iere
plazcas	plac ieras	o	plac ieses	plac ieres
plazca o plegue	plac iera o pluguiera	o	plac iese o pluguiese	plac iere o pluguiere
plazcamos	plac iéramos	o	plac iésemos	plac iéremos
plazcáis	plac ierais	o	plac ieseis	plac iereis
plazcan	plac ieran	o	plac iesen	plac ieren

PRETÉRITO PERFECTO		PRETÉRITO PLUSCUAMPERFECTO				FUTURO PERFECTO (3)	
haya	placido	hubiera	o	hubiese	placido	hubiere	placido
hayas	placido	hubieras	o	hubieses	placido	hubieres	placido
haya	placido	hubiera	o	hubiese	placido	hubiere	placido
hayamos	placido	hubiéramos	o	hubiésemos	placido	hubiéremos	placido
hayáis	placido	hubierais	o	hubieseis	placido	hubiereis	placido
hayan	placido	hubieran	o	hubiesen	placido	hubieren	placido

MODO IMPERATIVO	FORMAS NO PERSONALES

PRESENTE

plac e	tú
plazca	él/ella/usted
plazcamos	nosotros/as
plac ed	vosotros/as
plazcan	ellos/ellas/ustedes

FORMAS SIMPLES

INFINITIVO	GERUNDIO	PARTICIPIO
placer	plac iendo	plac ido

FORMAS COMPUESTAS

INFINITIVO	GERUNDIO
haber placido	habiendo placido

(1) o Perfecto simple. (2), (3) muy poco usados.

40. PODER VERBO IRREGULAR

MODO INDICATIVO

PRESENTE	PRETÉRITO IMPERFECTO	PRETÉRITO INDEFINIDO (1)	FUTURO IMPERFECTO
puedo	**pod** ía	pude	podré
puedes	**pod** ías	pudiste	podrás
puede	**pod** ía	pudo	podrá
pod emos	**pod** íamos	pudimos	podremos
pod éis	**pod** íais	pudisteis	podréis
pueden	**pod** ían	pudieron	podrán

PRETÉRITO PERFECTO		PRETÉRITO PLUSCUAMPERFECTO		PRETÉRITO ANTERIOR		FUTURO PERFECTO	
he	podido	había	podido	hube	podido	habré	podido
has	podido	habías	podido	hubiste	podido	habrás	podido
ha	podido	había	podido	hubo	podido	habrá	podido
hemos	podido	habíamos	podido	hubimos	podido	habremos	podido
habéis	podido	habíais	podido	hubisteis	podido	habréis	podido
han	podido	habían	podido	hubieron	podido	habrán	podido

CONDICIONAL SIMPLE	CONDICIONAL COMPUESTO	
podría	habría	podido
podrías	habrías	podido
podría	habría	podido
podríamos	habríamos	podido
podríais	habríais	podido
podrían	habrían	podido

MODO SUBJUNTIVO

PRESENTE	PRETÉRITO IMPERFECTO		FUTURO IMPERFECTO (2)
pueda	pudiera	o pudiese	pudiere
puedas	pudieras	o pudieses	pudieres
pueda	pudiera	o pudiese	pudiere
pod amos	pudiéramos	o pudiésemos	pudiéremos
pod áis	pudierais	o pudieseis	pudiereis
puedan	pudieran	o pudiesen	pudieren

PRETÉRITO PERFECTO		PRETÉRITO PLUSCUAMPERFECTO			FUTURO PERFECTO (3)	
haya	podido	hubiera	o hubiese	podido	hubiere	podido
hayas	podido	hubieras	o hubieses	podido	hubieres	podido
haya	podido	hubiera	o hubiese	podido	hubiere	podido
hayamos	podido	hubiéramos	o hubiésemos	podido	hubiéremos	podido
hayáis	podido	hubierais	o hubieseis	podido	hubiereis	podido
hayan	podido	hubieran	o hubiesen	podido	hubieren	podido

MODO IMPERATIVO	FORMAS NO PERSONALES

PRESENTE	
puede	tú
pueda	él/ella/usted
pod amos	nosotros/as
pod ed	vosotros/as
puedan	ellos/ellas/ustedes

FORMAS SIMPLES

INFINITIVO	GERUNDIO	PARTICIPIO
poder	pudiendo	**pod** ido

FORMAS COMPUESTAS

INFINITIVO	GERUNDIO
haber podido	habiendo podido

(1) o Perfecto simple. (2), (3) muy poco usados.

Conjugar es fácil

tablas de verbos

41. PONER VERBO IRREGULAR

MODO INDICATIVO

PRESENTE	PRETÉRITO IMPERFECTO	PRETÉRITO INDEFINIDO (1)	FUTURO IMPERFECTO
pongo	pon ía	puse	pondré
pon es	pon ías	pusiste	pondrás
pon e	pon ía	puso	pondrá
pon emos	pon íamos	pusimos	pondremos
pon éis	pon íais	pusisteis	pondréis
pon en	pon ían	pusieron	pondrán

PRETÉRITO PERFECTO		PRETÉRITO PLUSCUAMPERFECTO		PRETÉRITO ANTERIOR		FUTURO PERFECTO	
he	puesto	había	puesto	hube	puesto	habré	puesto
has	puesto	habías	puesto	hubiste	puesto	habrás	puesto
ha	puesto	había	puesto	hubo	puesto	habrá	puesto
hemos	puesto	habíamos	puesto	hubimos	puesto	habremos	puesto
habéis	puesto	habíais	puesto	hubisteis	puesto	habréis	puesto
han	puesto	habían	puesto	hubieron	puesto	habrán	puesto

CONDICIONAL SIMPLE	CONDICIONAL COMPUESTO	
pondría	habría	puesto
pondrías	habrías	puesto
pondría	habría	puesto
pondríamos	habríamos	puesto
pondríais	habríais	puesto
pondrían	habrían	puesto

MODO SUBJUNTIVO

PRESENTE	PRETÉRITO IMPERFECTO			FUTURO IMPERFECTO (2)
ponga	pusiera	o	pusiese	pusiere
pongas	pusieras	o	pusieses	pusieres
ponga	pusiera	o	pusiese	pusiere
pongamos	pusiéramos	o	pusiésemos	pusiéremos
pongáis	pusierais	o	pusieseis	pusiereis
pongan	pusieran	o	pusiesen	pusieren

PRETÉRITO PERFECTO		PRETÉRITO PLUSCUAMPERFECTO				FUTURO PERFECTO (3)	
haya	puesto	hubiera	o	hubiese	puesto	hubiere	puesto
hayas	puesto	hubieras	o	hubieses	puesto	hubieres	puesto
haya	puesto	hubiera	o	hubiese	puesto	hubiere	puesto
hayamos	puesto	hubiéramos	o	hubiésemos	puesto	hubiéremos	puesto
hayáis	puesto	hubierais	o	hubieseis	puesto	hubiereis	puesto
hayan	puesto	hubieran	o	hubiesen	puesto	hubieren	puesto

MODO IMPERATIVO | **FORMAS NO PERSONALES**

PRESENTE

pon	tú
ponga	él/ella/usted
pongamos	nosotros/as
pon ed	vosotros/as
pongan	ellos/ellas/ustedes

FORMAS SIMPLES

INFINITIVO	GERUNDIO	PARTICIPIO
poner	pon iendo	puesto

FORMAS COMPUESTAS

INFINITIVO	GERUNDIO
haber puesto	habiendo puesto

(1) o Perfecto simple. (2), (3) muy poco usados.

Conjugar es fácil

42. QUERER VERBO IRREGULAR

MODO INDICATIVO

PRESENTE	PRETÉRITO IMPERFECTO	PRETÉRITO INDEFINIDO (1)	FUTURO IMPERFECTO
quiero	quer ía	quise	querré
quieres	quer ías	quisiste	querrás
quiere	quer ía	quiso	querrá
quer emos	quer íamos	quisimos	querremos
quer éis	quer íais	quisisteis	querréis
quieren	quer ían	quisieron	querrán

PRETÉRITO PERFECTO	PRETÉRITO PLUSCUAMPERFECTO	PRETÉRITO ANTERIOR	FUTURO PERFECTO
he querido	había querido	hube querido	habré querido
has querido	habías querido	hubiste querido	habrás querido
ha querido	había querido	hubo querido	habrá querido
hemos querido	habíamos querido	hubimos querido	habremos querido
habéis querido	habíais querido	hubisteis querido	habréis querido
han querido	habían querido	hubieron querido	habrán querido

CONDICIONAL SIMPLE

CONDICIONAL SIMPLE	CONDICIONAL COMPUESTO
querría	habría querido
querrías	habrías querido
querría	habría querido
querríamos	habríamos querido
querríais	habríais querido
querrían	habrían querido

MODO SUBJUNTIVO

PRESENTE	PRETÉRITO IMPERFECTO	FUTURO IMPERFECTO (2)
quiera	quisiera o quisiese	quisiere
quieras	quisieras o quisieses	quisieres
quiera	quisiera o quisiese	quisiere
quer amos	quisiéramos o quisiésemos	quisiéremos
quer áis	quisierais o quisieseis	quisiereis
quieran	quisieran o quisiesen	quisieren

PRETÉRITO PERFECTO	PRETÉRITO PLUSCUAMPERFECTO	FUTURO PERFECTO (3)
haya querido	hubiera o hubiese querido	hubiere querido
hayas querido	hubieras o hubieses querido	hubieres querido
haya querido	hubiera o hubiese querido	hubiere querido
hayamos querido	hubiéramos o hubiésemos querido	hubiéremos querido
hayáis querido	hubierais o hubieseis querido	hubiereis querido
hayan querido	hubieran o hubiesen querido	hubieren querido

MODO IMPERATIVO

PRESENTE

quiere	tú
quiera	él/ella/usted
quer amos	nosotros/as
quer ed	vosotros/as
quieran	ellos/ellas/ustedes

FORMAS NO PERSONALES

FORMAS SIMPLES

INFINITIVO	GERUNDIO	PARTICIPIO
querer	quer iendo	quer ido

FORMAS COMPUESTAS

INFINITIVO	GERUNDIO
haber querido	habiendo querido

(1) o Perfecto simple. (2), (3) muy poco usados.

Conjugar es fácil

tablas de verbos

43. ROER VERBO IRREGULAR

MODO INDICATIVO			

PRESENTE	PRETÉRITO IMPERFECTO	PRETÉRITO INDEFINIDO (1)	FUTURO IMPERFECTO
ro o o roigo o royo	ro ía	ro í	roer é
ro es	ro ías	roíste	roer ás
ro e	ro ía	royó	roer á
ro emos	ro íamos	roímos	roer emos
ro éis	ro íais	roísteis	roer éis
ro en	ro ían	royeron	roer án

PRETÉRITO PERFECTO	PRETÉRITO PLUSCUAMPERFECTO	PRETÉRITO ANTERIOR	FUTURO PERFECTO
he roído	había roído	hube roído	habré roído
has roído	habías roído	hubiste roído	habrás roído
ha roído	había roído	hubo roído	habrá roído
hemos roído	habíamos roído	hubimos roído	habremos roído
habéis roído	habíais roído	hubisteis roído	habréis roído
han roído	habían roído	hubieron roído	habrán roído

CONDICIONAL SIMPLE	CONDICIONAL COMPUESTO	
roer ía	habría roído	
roer ías	habrías roído	
roer ía	habría roído	
roer íamos	habríamos roído	
roer íais	habríais roído	
roer ían	habrían roído	

MODO SUBJUNTIVO		

PRESENTE	PRETÉRITO IMPERFECTO	FUTURO IMPERFECTO (2)
ro a o roiga o roya	royera o royese	royere
ro as o roigas o royas	royeras o royeses	royeres
ro a o roiga o roya	royera o royese	royere
ro amos o roigamos o royamos	royéramos o royésemos	royéremos
ro áis o roigáis o royáis	royerais o royeseis	royereis
ro an o roigan o royan	royeran o royesen	royeren

PRETÉRITO PERFECTO	PRETÉRITO PLUSCUAMPERFECTO	FUTURO PERFECTO (3)
haya roído	hubiera o hubiese roído	hubiere roído
hayas roído	hubieras o hubieses roído	hubieres roído
haya roído	hubiera o hubiese roído	hubiere roído
hayamos roído	hubiéramos o hubiésemos roído	hubiéremos roído
hayáis roído	hubierais o hubieseis roído	hubiereis roído
hayan roído	hubieran o hubiesen roído	hubieren roído

MODO IMPERATIVO	FORMAS NO PERSONALES

PRESENTE

FORMAS SIMPLES

ro e	tú
ro a o roiga o roya	él/ella/usted
ro amos o roigamos o royamos	nosotros/as
ro ed	vosotros/as
ro an o roigan o royan	ellos/ellas/ustedes

INFINITIVO	GERUNDIO	PARTICIPIO
roer	royendo	roído

FORMAS COMPUESTAS

INFINITIVO	GERUNDIO
haber roído	habiendo roído

(1) o Perfecto simple. (2), (3) muy poco usados.

Conjugar es fácil

44. SABER VERBO IRREGULAR

MODO INDICATIVO

PRESENTE	PRETÉRITO IMPERFECTO	PRETÉRITO INDEFINIDO (1)	FUTURO IMPERFECTO
sé	sab ía	supe	sabré
sab es	sab ías	supiste	sabrás
sab e	sab ía	supo	sabrá
sab emos	sab íamos	supimos	sabremos
sab éis	sab íais	supisteis	sabréis
sab en	sab ían	supieron	sabrán

PRETÉRITO PERFECTO		PRETÉRITO PLUSCUAMPERFECTO		PRETÉRITO ANTERIOR		FUTURO PERFECTO	
he	sabido	había	sabido	hube	sabido	habré	sabido
has	sabido	habías	sabido	hubiste	sabido	habrás	sabido
ha	sabido	había	sabido	hubo	sabido	habrá	sabido
hemos	sabido	habíamos	sabido	hubimos	sabido	habremos	sabido
habéis	sabido	habíais	sabido	hubisteis	sabido	habréis	sabido
han	sabido	habían	sabido	hubieron	sabido	habrán	sabido

CONDICIONAL SIMPLE	CONDICIONAL COMPUESTO	
sabría	habría	sabido
sabrías	habrías	sabido
sabría	habría	sabido
sabríamos	habríamos	sabido
sabríais	habríais	sabido
sabrían	habrían	sabido

MODO SUBJUNTIVO

PRESENTE	PRETÉRITO IMPERFECTO			FUTURO IMPERFECTO (2)
sepa	supiera	o	supiese	supiere
sepas	supieras	o	supieses	supieres
sepa	supiera	o	supiese	supiere
sepamos	supiéramos	o	supiésemos	supiéremos
sepáis	supierais	o	supieseis	supiereis
sepan	supieran	o	supiesen	supieren

PRETÉRITO PERFECTO		PRETÉRITO PLUSCUAMPERFECTO				FUTURO PERFECTO (3)	
haya	sabido	hubiera	o	hubiese	sabido	hubiere	sabido
hayas	sabido	hubieras	o	hubieses	sabido	hubieres	sabido
haya	sabido	hubiera	o	hubiese	sabido	hubiere	sabido
hayamos	sabido	hubiéramos	o	hubiésemos	sabido	hubiéremos	sabido
hayáis	sabido	hubierais	o	hubieseis	sabido	hubiereis	sabido
hayan	sabido	hubieran	o	hubiesen	sabido	hubieren	sabido

MODO IMPERATIVO	FORMAS NO PERSONALES

PRESENTE

sab e	tú
sepa	él/ella/usted
sepamos	nosotros/as
sab ed	vosotros/as
sepan	ellos/ellas/ustedes

FORMAS SIMPLES

INFINITIVO	GERUNDIO	PARTICIPIO
saber	sab iendo	sab ido

FORMAS COMPUESTAS

INFINITIVO	GERUNDIO
haber sabido	habiendo sabido

(1) o Perfecto simple. (2), (3) muy poco usados.

Conjugar es fácil

tablas de verbos

45. SATISFACER VERBO IRREGULAR

MODO INDICATIVO

PRESENTE	PRETÉRITO IMPERFECTO	PRETÉRITO INDEFINIDO (1)	FUTURO IMPERFECTO
satisfago	satisfac ía	satisfice	satisfaré
satisfac es	satisfac ías	satisficiste	satisfarás
satisfac e	satisfac ía	satisfizo	satisfará
satisfac emos	satisfac íamos	satisficimos	satisfaremos
satisfac éis	satisfac íais	satisficisteis	satisfaréis
satisfac en	satisfac ían	satisficieron	satisfarán

PRETÉRITO PERFECTO	PRETÉRITO PLUSCUAMPERFECTO	PRETÉRITO ANTERIOR	FUTURO PERFECTO
he satisfecho	había satisfecho	hube satisfecho	habré satisfecho
has satisfecho	habías satisfecho	hubiste satisfecho	habrás satisfecho
ha satisfecho	había satisfecho	hubo satisfecho	habrá satisfecho
hemos satisfecho	habíamos satisfecho	hubimos satisfecho	habremos satisfecho
habéis satisfecho	habíais satisfecho	hubisteis satisfecho	habréis satisfecho
han satisfecho	habían satisfecho	hubieron satisfecho	habrán satisfecho

CONDICIONAL SIMPLE	CONDICIONAL COMPUESTO
satisfaría	habría satisfecho
satisfarías	habrías satisfecho
satisfaría	habría satisfecho
satisfaríamos	habríamos satisfecho
satisfaríais	habríais satisfecho
satisfarían	habrían satisfecho

MODO SUBJUNTIVO

PRESENTE	PRETÉRITO IMPERFECTO		FUTURO IMPERFECTO (2)
satisfaga	satisficiera	o satisficiese	satisficiere
satisfagas	satisficieras	o satisficieses	satisficieres
satisfaga	satisficiera	o satisficiese	satisficiere
satisfagamos	satisficiéramos	o satisficiésemos	satisficiéremos
satisfagáis	satisficierais	o satisficieseis	satisficiereis
satisfagan	satisficieran	o satisficiesen	satisficieren

PRETÉRITO PERFECTO	PRETÉRITO PLUSCUAMPERFECTO		FUTURO PERFECTO (3)
haya satisfecho	hubiera o hubiese satisfecho		hubiere satisfecho
hayas satisfecho	hubieras o hubieses satisfecho		hubieres satisfecho
haya satisfecho	hubiera o hubiese satisfecho		hubiere satisfecho
hayamos satisfecho	hubiéramos o hubiésemos satisfecho		hubiéremos satisfecho
hayáis satisfecho	hubierais o hubieseis satisfecho		hubiereis satisfecho
hayan satisfecho	hubieran o hubiesen satisfecho		hubieren satisfecho

MODO IMPERATIVO

PRESENTE	
satisfaz o satisface	tú
satisfaga	él/ella/usted
satisfagamos	nosotros/as
satisfac ed	vosotros/as
satisfagan	ellos/ellas/ustedes

FORMAS NO PERSONALES

FORMAS SIMPLES

INFINITIVO	GERUNDIO	PARTICIPIO
satisfacer	satisfac iendo	satisfecho

FORMAS COMPUESTAS

INFINITIVO	GERUNDIO
haber satisfecho	habiendo satisfecho

(1) o Perfecto simple. (2), (3) muy poco usados.

Conjugar es fácil

46. SOLER VERBO IRREGULAR Y DEFECTIVO

MODO INDICATIVO

PRESENTE	PRETÉRITO IMPERFECTO	PRETÉRITO INDEFINIDO (1)	FUTURO IMPERFECTO
suelo	sol ía	sol í	—
sueles	sol ías	sol iste	—
suele	sol ía	sol ió	—
sol emos	sol íamos	sol imos	—
sol éis	sol íais	sol isteis	—
suelen	sol ían	sol ieron	—

PRETÉRITO PERFECTO	PRETÉRITO PLUSCUAMPERFECTO	PRETÉRITO ANTERIOR	FUTURO PERFECTO
— —	— —	— —	— —
— —	— —	— —	— —
— —	— —	— —	— —
— —	— —	— —	— —
— —	— —	— —	— —

CONDICIONAL SIMPLE

—
—
—
—
—

CONDICIONAL COMPUESTO

— —
— —
— —
— —
— —

MODO SUBJUNTIVO

PRESENTE	PRETÉRITO IMPERFECTO	FUTURO IMPERFECTO (2)
suela	sol iera o sol iese	—
suelas	sol ieras o sol ieses	—
suela	sol iera o sol iese	—
sol amos	sol iéramos o sol iésemos	—
sol áis	sol ierais o sol ieseis	—
suelan	sol ieran o sol iesen	—

PRETÉRITO PERFECTO	PRETÉRITO PLUSCUAMPERFECTO	FUTURO PERFECTO (3)
— —	— — —	— —
— —	— — —	— —
— —	— — —	— —
— —	— — —	— —
— —	— — —	— —

MODO IMPERATIVO	FORMAS NO PERSONALES

PRESENTE

—	tú
—	él/ella/usted
—	nosotros/as
—	vosotros/as
—	ellos/ellas/ustedes

FORMAS SIMPLES

INFINITIVO	GERUNDIO	PARTICIPIO
soler	—	—

FORMAS COMPUESTAS

INFINITIVO	GERUNDIO
—	—

(1) o Perfecto simple. (2), (3) muy poco usados.

Conjugar es fácil

tablas de verbos

47. TRAER VERBO IRREGULAR

MODO INDICATIVO

PRESENTE	PRETÉRITO IMPERFECTO	PRETÉRITO INDEFINIDO (1)	FUTURO IMPERFECTO
traigo	tra ía	traje	traer é
tra es	tra ías	trajiste	traer ás
tra e	tra ía	trajo	traer á
tra emos	tra íamos	trajimos	traer emos
tra éis	tra íais	trajisteis	traer éis
tra en	tra ían	trajeron	traer án

PRETÉRITO PERFECTO	PRETÉRITO PLUSCUAMPERFECTO	PRETÉRITO ANTERIOR	FUTURO PERFECTO
he traído	había traído	hube traído	habré traído
has traído	habías traído	hubiste traído	habrás traído
ha traído	había traído	hubo traído	habrá traído
hemos traído	habíamos traído	hubimos traído	habremos traído
habéis traído	habíais traído	hubisteis traído	habréis traído
han traído	habían traído	hubieron traído	habrán traído

CONDICIONAL SIMPLE	CONDICIONAL COMPUESTO
traer ía	habría traído
traer ías	habrías traído
traer ía	habría traído
traer íamos	habríamos traído
traer íais	habríais traído
traer ían	habrían traído

MODO SUBJUNTIVO

PRESENTE	PRETÉRITO IMPERFECTO		FUTURO IMPERFECTO (2)
traiga	trajera	o trajese	trajere
traigas	trajeras	o trajeses	trajeres
traiga	trajera	o trajese	trajere
traigamos	trajéramos	o trajésemos	trajéremos
traigáis	trajerais	o trajeseis	trajereis
traigan	trajeran	o trajesen	trajeren

PRETÉRITO PERFECTO	PRETÉRITO PLUSCUAMPERFECTO		FUTURO PERFECTO (3)
haya traído	hubiera o hubiese	traído	hubiere traído
hayas traído	hubieras o hubieses	traído	hubieres traído
haya traído	hubiera o hubiese	traído	hubiere traído
hayamos traído	hubiéramos o hubiésemos	traído	hubiéremos traído
hayáis traído	hubierais o hubieseis	traído	hubiereis traído
hayan traído	hubieran o hubiesen	traído	hubieren traído

MODO IMPERATIVO

PRESENTE

tra e	tú
traiga	él/ella/usted
traigamos	nosotros/as
tra ed	vosotros/as
traigan	ellos/ellas/ustedes

FORMAS NO PERSONALES

FORMAS SIMPLES

INFINITIVO	GERUNDIO	PARTICIPIO
traer	trayendo	traído

FORMAS COMPUESTAS

INFINITIVO	GERUNDIO
haber traído	habiendo traído

(1) o Perfecto simple. (2), (3) muy poco usados.

Conjugar es fácil

48. VALER VERBO IRREGULAR

MODO INDICATIVO

PRESENTE	PRETÉRITO IMPERFECTO	PRETÉRITO INDEFINIDO (1)	FUTURO IMPERFECTO
valgo	val ía	val í	valdré
val es	val ías	val iste	valdrás
val e	val ía	val ió	valdrá
val emos	val íamos	val imos	valdremos
val éis	val íais	val isteis	valdréis
val en	val ían	val ieron	valdrán

PRETÉRITO PERFECTO	PRETÉRITO PLUSCUAMPERFECTO	PRETÉRITO ANTERIOR	FUTURO PERFECTO
he valido	había valido	hube valido	habré valido
has valido	habías valido	hubiste valido	habrás valido
ha valido	había valido	hubo valido	habrá valido
hemos valido	habíamos valido	hubimos valido	habremos valido
habéis valido	habíais valido	hubisteis valido	habréis valido
han valido	habían valido	hubieron valido	habrán valido

CONDICIONAL SIMPLE	CONDICIONAL COMPUESTO
valdría	habría valido
valdrías	habrías valido
valdría	habría valido
valdríamos	habríamos valido
valdríais	habríais valido
valdrían	habrían valido

MODO SUBJUNTIVO

PRESENTE	PRETÉRITO IMPERFECTO	FUTURO IMPERFECTO (2)
valga	val iera o val iese	val iere
valgas	val ieras o val ieses	val ieres
valga	val iera o val iese	val iere
valgamos	val iéramos o val iésemos	val iéremos
valgáis	val ierais o val ieseis	val iereis
valgan	val ieran o val iesen	val ieren

PRETÉRITO PERFECTO	PRETÉRITO PLUSCUAMPERFECTO	FUTURO PERFECTO (3)
haya valido	hubiera o hubiese valido	hubiere valido
hayas valido	hubieras o hubieses valido	hubieres valido
haya valido	hubiera o hubiese valido	hubiere valido
hayamos valido	hubiéramos o hubiésemos valido	hubiéremos valido
hayáis valido	hubierais o hubieseis valido	hubiereis valido
hayan valido	hubieran o hubiesen valido	hubieren valido

MODO IMPERATIVO

FORMAS NO PERSONALES

PRESENTE	
val e	tú
valga	él/ella/usted
valgamos	nosotros/as
val ed	vosotros/as
valgan	ellos/ellas/ustedes

FORMAS SIMPLES

INFINITIVO	GERUNDIO	PARTICIPIO
valer	val iendo	val ido

FORMAS COMPUESTAS

INFINITIVO	GERUNDIO
haber valido	habiendo valido

(1) o Perfecto simple. (2), (3) muy poco usados.

71

tablas de verbos

49. VER VERBO IRREGULAR

MODO INDICATIVO

PRESENTE	PRETÉRITO IMPERFECTO	PRETÉRITO INDEFINIDO (1)	FUTURO IMPERFECTO
ve o	**ve** ía	vi	**ver** é
ves	**ve** ías	viste	**ver** ás
ve	**ve** ía	vio	**ver** á
vemos	**ve** íamos	vimos	**ver** emos
veis	**ve** íais	visteis	**ver** éis
ven	**ve** ían	vieron	**ver** án

PRETÉRITO PERFECTO		PRETÉRITO PLUSCUAMPERFECTO		PRETÉRITO ANTERIOR		FUTURO PERFECTO	
he	visto	había	visto	hube	visto	habré	visto
has	visto	habías	visto	hubiste	visto	habrás	visto
ha	visto	había	visto	hubo	visto	habrá	visto
hemos	visto	habíamos	visto	hubimos	visto	habremos	visto
habéis	visto	habíais	visto	hubisteis	visto	habréis	visto
han	visto	habían	visto	hubieron	visto	habrán	visto

CONDICIONAL SIMPLE

ver ía	
ver ías	
ver ía	
ver íamos	
ver íais	
ver ían	

CONDICIONAL COMPUESTO

habría	visto
habrías	visto
habría	visto
habríamos	visto
habríais	visto
habrían	visto

MODO SUBJUNTIVO

PRESENTE	PRETÉRITO IMPERFECTO			FUTURO IMPERFECTO (2)
ve a	viera	o	viese	viere
ve as	vieras	o	vieses	vieres
ve a	viera	o	viese	viere
ve amos	viéramos	o	viésemos	viéremos
ve áis	vierais	o	vieseis	viereis
ve an	vieran	o	viesen	vieren

PRETÉRITO PERFECTO		PRETÉRITO PLUSCUAMPERFECTO				FUTURO PERFECTO (3)	
haya	visto	hubiera	o	hubiese	visto	hubiere	visto
hayas	visto	hubieras	o	hubieses	visto	hubieres	visto
haya	visto	hubiera	o	hubiese	visto	hubiere	visto
hayamos	visto	hubiéramos	o	hubiésemos	visto	hubiéremos	visto
hayáis	visto	hubierais	o	hubieseis	visto	hubiereis	visto
hayan	visto	hubieran	o	hubiesen	visto	hubieren	visto

MODO IMPERATIVO

PRESENTE

ve	tú
ve a	él/ella/usted
ve amos	nosotros/as
ved	vosotros/as
ve an	ellos/ellas/ustedes

FORMAS NO PERSONALES

FORMAS SIMPLES

INFINITIVO	GERUNDIO	PARTICIPIO
ver	viendo	visto

FORMAS COMPUESTAS

INFINITIVO	GERUNDIO
haber visto	habiendo visto

(1) o Perfecto simple. (2), (3) muy poco usados.

Conjugar es fácil

50. YACER VERBO IRREGULAR

MODO INDICATIVO

PRESENTE	PRETÉRITO IMPERFECTO	PRETÉRITO INDEFINIDO (1)	FUTURO IMPERFECTO
yazco o yazgo o yago	yac ía	yac í	yacer é
yac es	yac ías	yac iste	yacer ás
yac e	yac ía	yac ió	yacer á
yac emos	yac íamos	yac imos	yacer emos
yac éis	yac íais	yac isteis	yacer éis
yac en	yac ían	yac ieron	yacer án

PRETÉRITO PERFECTO	PRETÉRITO PLUSCUAMPERFECTO	PRETÉRITO ANTERIOR	FUTURO PERFECTO
he yacido	había yacido	hube yacido	habré yacido
has yacido	habías yacido	hubiste yacido	habrás yacido
ha yacido	había yacido	hubo yacido	habrá yacido
hemos yacido	habíamos yacido	hubimos yacido	habremos yacido
habéis yacido	habíais yacido	hubisteis yacido	habréis yacido
han yacido	habían yacido	hubieron yacido	habrán yacido

CONDICIONAL SIMPLE	CONDICIONAL COMPUESTO
yacería	habría yacido
yacerías	habrías yacido
yacería	habría yacido
yaceríamos	habríamos yacido
yaceríais	habríais yacido
yacerían	habrían yacido

MODO SUBJUNTIVO

PRESENTE	PRETÉRITO IMPERFECTO	FUTURO IMPERFECTO (2)
yazca o yazga o yaga	yac iera o yac iese	yac iere
yazcas o yazgas o yagas	yac ieras o yac ieses	yac ieres
yazca o yazga . o yaga	yac iera o yac iese	yac iere
yazcamos o yazgamos o yagamos	yac iéramos o yac iésemos	yac iéremos
yazcáis o yazgáis o yagáis	yac ierais o yac ieseis	yac iereis
yazcan o yazgan o yagan	yac ieran o yac iesen	yac ieren

PRETÉRITO PERFECTO	PRETÉRITO PLUSCUAMPERFECTO	FUTURO PERFECTO (3)
haya yacido	hubiera o hubiese yacido	hubiere yacido
hayas yacido	hubieras o hubieses yacido	hubieres yacido
haya yacido	hubiera o hubiese yacido	hubiere yacido
hayamos yacido	hubiéramos o hubiésemos yacido	hubiéremos yacido
hayáis yacido	hubierais o hubieseis yacido	hubiereis yacido
hayan yacido	hubieran o hubiesen yacido	hubieren yacido

MODO IMPERATIVO	FORMAS NO PERSONALES

PRESENTE

yac e o yaz	tú
yazca o yazga o yaga	él/ella/usted
yazcamos o yazgamos o yagamos	nosotros/as
yac ed	vosotros/as
yazcan o yazgan o yagan	ellos/ellas/ustedes

FORMAS NO PERSONALES

FORMAS SIMPLES

INFINITIVO	GERUNDIO	PARTICIPIO
yacer	yac iendo	yac ido

FORMAS COMPUESTAS

INFINITIVO	GERUNDIO
haber yacido	habiendo yacido

(1) o Perfecto simple. (2), (3) muy poco usados.

Conjugar es fácil

51. VIVIR
52. dirigir
53. distinguir
54. esparcir
55. prohibir
56. reunir
57. mullir (amaciar)
58. bruñir (brunir, polir, lustrar)
59. concluir
60. pedir
61. corregir
62. seguir
63. reír
64. teñir (tingir)
65. sentir
66. discernir
67. adquirir
68. dormir
69. traducir
70. lucir
71. abolir
72. asir (agarrar, pegar, segurar)
73. bendecir (benzer)
74. decir
75. delinquir
76. erguir
77. ir
78. oír
79. salir
80. venir

51. VIVIR VERBO REGULAR

MODO INDICATIVO

PRESENTE	PRETÉRITO IMPERFECTO	PRETÉRITO INDEFINIDO (1)	FUTURO IMPERFECTO
viv o	viv ía	viv í	vivir é
viv es	viv ías	viv iste	vivir ás
viv e	viv ía	viv ió	vivir á
viv imos	viv íamos	viv imos	vivir emos
viv ís	viv íais	viv isteis	vivir éis
viv en	viv ían	viv ieron	vivir án

PRETÉRITO PERFECTO		PRETÉRITO PLUSCUAMPERFECTO		PRETÉRITO ANTERIOR		FUTURO PERFECTO	
he	vivido	había	vivido	hube	vivido	habré	vivido
has	vivido	habías	vivido	hubiste	vivido	habrás	vivido
ha	vivido	había	vivido	hubo	vivido	habrá	vivido
hemos	vivido	habíamos	vivido	hubimos	vivido	habremos	vivido
habéis	vivido	habíais	vivido	hubisteis	vivido	habréis	vivido
han	vivido	habían	vivido	hubieron	vivido	habrán	vivido

CONDICIONAL SIMPLE	CONDICIONAL COMPUESTO	
vivir ía	habría	vivido
vivir ías	habrías	vivido
vivir ía	habría	vivido
vivir íamos	habríamos	vivido
vivir íais	habríais	vivido
vivir ían	habrían	vivido

MODO SUBJUNTIVO

PRESENTE	PRETÉRITO IMPERFECTO		FUTURO IMPERFECTO (2)
viv a	viv iera	o viv iese	viv iere
viv as	viv ieras	o viv ieses	viv ieres
viv a	viv iera	o viv iese	viv iere
viv amos	viv iéramos	o viv iésemos	viv iéremos
viv áis	viv ierais	o viv ieseis	viv iereis
viv an	viv ieran	o viv iesen	viv ieren

PRETÉRITO PERFECTO		PRETÉRITO PLUSCUAMPERFECTO				FUTURO PERFECTO (3)	
haya	vivido	hubiera	o	hubiese	vivido	hubiere	vivido
hayas	vivido	hubieras	o	hubieses	vivido	hubieres	vivido
haya	vivido	hubiera	o	hubiese	vivido	hubiere	vivido
hayamos	vivido	hubiéramos	o	hubiésemos	vivido	hubiéremos	vivido
hayáis	vivido	hubierais	o	hubieseis	vivido	hubiereis	vivido
hayan	vivido	hubieran	o	hubiesen	vivido	hubieren	vivido

MODO IMPERATIVO

PRESENTE

viv e	tú
viv a	él/ella/usted
viv amos	nosotros/as
viv id	vosotros/as
viv an	ellos/ellas/ustedes

FORMAS NO PERSONALES

FORMAS SIMPLES

INFINITIVO	GERUNDIO	PARTICIPIO
vivir	viv iendo	viv ido

FORMAS COMPUESTAS

INFINITIVO	GERUNDIO
haber vivido	habiendo vivido

(1) o Perfecto simple. (2), (3) muy poco usados.

Conjugar es fácil

tablas de verbos

52. DIRIGIR VERBO CON MODIFICACIÓN ORTOGRÁFICA

MODO INDICATIVO

PRESENTE	PRETÉRITO IMPERFECTO	PRETÉRITO INDEFINIDO (1)	FUTURO IMPERFECTO
dirijo	dirig ía	dirig í	dirigir é
dirig es	dirig ías	dirig iste	dirigir ás
dirig e	dirig ía	dirig ió	dirigir á
dirig imos	dirig íamos	dirig imos	dirigir emos
dirig ís	dirig íais	dirig isteis	dirigir éis
dirig en	dirig ían	dirig ieron	dirigir án

PRETÉRITO PERFECTO	PRETÉRITO PLUSCUAMPERFECTO	PRETÉRITO ANTERIOR	FUTURO PERFECTO
he dirigido	había dirigido	hube dirigido	habré dirigido
has dirigido	habías dirigido	hubiste dirigido	habrás dirigido
ha dirigido	había dirigido	hubo dirigido	habrá dirigido
hemos dirigido	habíamos dirigido	hubimos dirigido	habremos dirigido
habéis dirigido	habíais dirigido	hubisteis dirigido	habréis dirigido
han dirigido	habían dirigido	hubieron dirigido	habrán dirigido

CONDICIONAL SIMPLE

dirigir ía
dirigir ías
dirigir ía
dirigir íamos
dirigir íais
dirigir ían

CONDICIONAL COMPUESTO

habría dirigido
habrías dirigido
habría dirigido
habríamos dirigido
habríais dirigido
habrían dirigido

MODO SUBJUNTIVO

PRESENTE	PRETÉRITO IMPERFECTO	FUTURO IMPERFECTO (2)
dirija	dirig iera o dirig iese	dirig iere
dirijas	dirig ieras o dirig ieses	dirig ieres
dirija	dirig iera o dirig iese	dirig iere
dirijamos	dirig iéramos o dirig iésemos	dirig iéremos
dirijáis	dirig ierais o dirig ieseis	dirig iereis
dirijan	dirig ieran o dirig iesen	dirig ieren

PRETÉRITO PERFECTO	PRETÉRITO PLUSCUAMPERFECTO	FUTURO PERFECTO (3)
haya dirigido	hubiera o hubiese dirigido	hubiere dirigido
hayas dirigido	hubieras o hubieses dirigido	hubieres dirigido
haya dirigido	hubiera o hubiese dirigido	hubiere dirigido
hayamos dirigido	hubiéramos o hubiésemos dirigido	hubiéremos dirigido
hayáis dirigido	hubierais o hubieseis dirigido	hubiereis dirigido
hayan dirigido	hubieran o hubiesen dirigido	hubieren dirigido

MODO IMPERATIVO

PRESENTE

dirig e	tú
dirija	él/ella/usted
dirijamos	nosotros/as
dirig id	vosotros/as
dirijan	ellos/ellas/ustedes

FORMAS NO PERSONALES

FORMAS SIMPLES

INFINITIVO	GERUNDIO	PARTICIPIO
dirigir	dirig iendo	dirig ido

FORMAS COMPUESTAS

INFINITIVO	GERUNDIO
haber dirigido	habiendo dirigido

(1) o Perfecto simple. (2), (3) muy poco usados.

Conjugar es fácil

53. DISTINGUIR VERBO CON MODIFICACIÓN ORTOGRÁFICA

MODO INDICATIVO

PRESENTE	PRETÉRITO IMPERFECTO	PRETÉRITO INDEFINIDO (1)	FUTURO IMPERFECTO
distingo	distingu ía	distingu í	distinguir é
distingu es	distingu ías	distingu iste	distinguir ás
distingu e	distingu ía	distingu ió	distinguir á
distingu imos	distingu íamos	distingu imos	distinguir emos
distingu ís	distingu íais	distingu isteis	distinguir éis
distingu en	distingu ían	distingu ieron	distinguir án

PRETÉRITO PERFECTO	PRETÉRITO PLUSCUAMPERFECTO	PRETÉRITO ANTERIOR	FUTURO PERFECTO
he distinguido	había distinguido	hube distinguido	habré distinguido
has distinguido	habías distinguido	hubiste distinguido	habrás distinguido
ha distinguido	había distinguido	hubo distinguido	habrá distinguido
hemos distinguido	habíamos distinguido	hubimos distinguido	habremos distinguido
habéis distinguido	habíais distinguido	hubisteis distinguido	habréis distinguido
han distinguido	habían distinguido	hubieron distinguido	habrán distinguido

CONDICIONAL SIMPLE

distinguir ía
distinguir ías
distinguir ía
distinguir íamos
distinguir íais
distinguir ían

CONDICIONAL COMPUESTO

habría distinguido
habrías distinguido
habría distinguido
habríamos distinguido
habríais distinguido
habrían distinguido

MODO SUBJUNTIVO

PRESENTE	PRETÉRITO IMPERFECTO	FUTURO IMPERFECTO (2)
distinga	distingu iera o distingu iese	distingu iere
distingas	distingu ieras o distingu ieses	distingu ieres
distinga	distingu iera o distingu iese	distingu iere
distingamos	distingu iéramos o distingu iésemos	distingu iéremos
distingáis	distingu ierais o distingu ieseis	distingu iereis
distingan	distingu ieran o distingu iesen	distingu ieren

PRETÉRITO PERFECTO	PRETÉRITO PLUSCUAMPERFECTO	FUTURO PERFECTO (3)
haya distinguido	hubiera o hubiese distinguido	hubiere distinguido
hayas distinguido	hubieras o hubieses distinguido	hubieres distinguido
haya distinguido	hubiera o hubiese distinguido	hubiere distinguido
hayamos distinguido	hubiéramos o hubiésemos distinguido	hubiéremos distinguido
hayáis distinguido	hubierais o hubieseis distinguido	hubiereis distinguido
hayan distinguido	hubieran o hubiesen distinguido	hubieren distinguido

MODO IMPERATIVO

PRESENTE

distingu e — tú
distinga — él/ella/usted
distingamos — nosotros/as
distingu id — vosotros/as
distingan — ellos/ellas/ustedes

FORMAS NO PERSONALES

FORMAS SIMPLES

INFINITIVO	GERUNDIO	PARTICIPIO
distinguir	distingu iendo	distingu ido

FORMAS COMPUESTAS

INFINITIVO — GERUNDIO
haber distinguido — habiendo distinguido

(1) o Perfecto simple. (2), (3) muy poco usados.

tablas de verbos

54. ESPARCIR VERBO CON MODIFICACIÓN ORTOGRÁFICA

MODO INDICATIVO

PRESENTE	PRETÉRITO IMPERFECTO	PRETÉRITO INDEFINIDO (1)	FUTURO IMPERFECTO
esparzo	esparc ía	esparc í	esparcir é
esparc es	esparc ías	esparc iste	esparcir ás
esparc e	esparc ía	esparc ió	esparcir á
esparc emos	esparc íamos	esparc imos	esparcir emos
esparc ís	esparc íais	esparc isteis	esparcir éis
esparc en	esparc ían	esparc ieron	esparcir án

PRETÉRITO PERFECTO	PRETÉRITO PLUSCUAMPERFECTO	PRETÉRITO ANTERIOR	FUTURO PERFECTO
he esparcido	había esparcido	hube esparcido	habré esparcido
has esparcido	habías esparcido	hubiste esparcido	habrás esparcido
ha esparcido	había esparcido	hubo esparcido	habrá esparcido
hemos esparcido	habíamos esparcido	hubimos esparcido	habremos esparcido
habéis esparcido	habíais esparcido	hubisteis esparcido	habréis esparcido
han esparcido	habían esparcido	hubieron esparcido	habrán esparcido

CONDICIONAL SIMPLE	CONDICIONAL COMPUESTO
esparcir ía	habría esparcido
esparcir ías	habrías esparcido
esparcir ía	habría esparcido
esparcir íamos	habríamos esparcido
esparcir íais	habríais esparcido
esparcir ían	habrían esparcido

MODO SUBJUNTIVO

PRESENTE	PRETÉRITO IMPERFECTO		FUTURO IMPERFECTO (2)
esparza	esparc iera	o esparc iese	esparc iere
esparzas	esparc ieras	o esparc ieses	esparc ieres
esparza	esparc iera	o esparc iese	esparc iere
esparzamos	esparc iéramos	o esparc iésemos	esparc iéremos
esparzáis	esparc ierais	o esparc ieseis	esparc iereis
esparzan	esparc ieran	o esparc iesen	esparc ieren

PRETÉRITO PERFECTO	PRETÉRITO PLUSCUAMPERFECTO		FUTURO PERFECTO (3)
haya esparcido	hubiera o hubiese esparcido		hubiere esparcido
hayas esparcido	hubieras o hubieses esparcido		hubieres esparcido
haya esparcido	hubiera o hubiese esparcido		hubiere esparcido
hayamos esparcido	hubiéramos o hubiésemos esparcido		hubiéremos esparcido
hayáis esparcido	hubierais o hubieseis esparcido		hubiereis esparcido
hayan esparcido	hubieran o hubiesen esparcido		hubieren esparcido

MODO IMPERATIVO

PRESENTE

esparc e	tú
esparza	él/ella/usted
esparzamos	nosotros/as
esparc id	vosotros/as
esparzan	ellos/ellas/ustedes

FORMAS NO PERSONALES

FORMAS SIMPLES

INFINITIVO	GERUNDIO	PARTICIPIO
esparcir	esparc iendo	esparc ido

FORMAS COMPUESTAS

INFINITIVO	GERUNDIO
haber esparcido	habiendo esparcido

(1) o Perfecto simple. (2), (3) muy poco usados.

Conjugar es fácil

tablas de verbos

55. PROHIBIR VERBO CON ALTERACIÓN DEL ACENTO

MODO INDICATIVO

PRESENTE	PRETÉRITO IMPERFECTO	PRETÉRITO INDEFINIDO (1)	FUTURO IMPERFECTO
prohíbo	prohib ía	prohib í	prohibir é
prohíbes	prohib ías	prohib iste	prohibir ás
prohíbe	prohib ía	prohib ió	prohibir á
prohib imos	prohib íamos	prohib imos	prohibir emos
prohib ís	prohib íais	prohib isteis	prohibir éis
prohíben	prohib ían	prohib ieron	prohibir án

PRETÉRITO PERFECTO		PRETÉRITO PLUSCUAMPERFECTO		PRETÉRITO ANTERIOR		FUTURO PERFECTO	
he	prohibido	había	prohibido	hube	prohibido	habré	prohibido
has	prohibido	habías	prohibido	hubiste	prohibido	habrás	prohibido
ha	prohibido	había	prohibido	hubo	prohibido	habrá	prohibido
hemos	prohibido	habíamos	prohibido	hubimos	prohibido	habremos	prohibido
habéis	prohibido	habíais	prohibido	hubisteis	prohibido	habréis	prohibido
han	prohibido	habían	prohibido	hubieron	prohibido	habrán	prohibido

CONDICIONAL SIMPLE	CONDICIONAL COMPUESTO	
prohibir ía	habría	prohibido
prohibir ías	habrías	prohibido
prohibir ía	habría	prohibido
prohibir íamos	habríamos	prohibido
prohibir íais	habríais	prohibido
prohibir ían	habrían	prohibido

MODO SUBJUNTIVO

PRESENTE	PRETÉRITO IMPERFECTO			FUTURO IMPERFECTO (2)
prohíba	prohib iera	o	prohib iese	prohib iere
prohíbas	prohib ieras	o	prohib ieses	prohib ieres
prohíba	prohib iera	o	prohib iese	prohib iere
prohib amos	prohib iéramos	o	prohib iésemos	prohib iéremos
prohib áis	prohib ierais	o	prohib ieseis	prohib iereis
prohíban	prohib ieran	o	prohib iesen	prohib ieren

PRETÉRITO PERFECTO		PRETÉRITO PLUSCUAMPERFECTO				FUTURO PERFECTO (3)	
haya	prohibido	hubiera	o	hubiese	prohibido	hubiere	prohibido
hayas	prohibido	hubieras	o	hubieses	prohibido	hubieres	prohibido
haya	prohibido	hubiera	o	hubiese	prohibido	hubiere	prohibido
hayamos	prohibido	hubiéramos	o	hubiésemos	prohibido	hubiéremos	prohibido
hayáis	prohibido	hubierais	o	hubieseis	prohibido	hubiereis	prohibido
hayan	prohibido	hubieran	o	hubiesen	prohibido	hubieren	prohibido

MODO IMPERATIVO	FORMAS NO PERSONALES

PRESENTE	
prohíbe	tú
prohíba	él/ella/usted
prohib amos	nosotros/as
prohib id	vosotros/as
prohíban	ellos/ellas/ustedes

FORMAS SIMPLES

INFINITIVO	GERUNDIO	PARTICIPIO
prohibir	prohib iendo	prohib ido

FORMAS COMPUESTAS

INFINITIVO	GERUNDIO
haber prohibido	habiendo prohibido

(1) o Perfecto simple. (2), (3) muy poco usados.

Conjugar es fácil

tablas de verbos

56. REUNIR VERBO CON ALTERACIÓN DEL ACENTO

MODO INDICATIVO			

PRESENTE	PRETÉRITO IMPERFECTO	PRETÉRITO INDEFINIDO (1)	FUTURO IMPERFECTO
reúno	reun ía	reun í	reunir é
reúnes	reun ías	reun iste	reunir ás
reúne	reun ía	reun ió	reunir á
reun imos	reun íamos	reun imos	reunir emos
reun ís	reun íais	reun isteis	reunir éis
reúnen	reun ían	reun ieron	reunir án

PRETÉRITO PERFECTO		PRETÉRITO PLUSCUAMPERFECTO		PRETÉRITO ANTERIOR		FUTURO PERFECTO	
he	reunido	había	reunido	hube	reunido	habré	reunido
has	reunido	habías	reunido	hubiste	reunido	habrás	reunido
ha	reunido	había	reunido	hubo	reunido	habrá	reunido
hemos	reunido	habíamos	reunido	hubimos	reunido	habremos	reunido
habéis	reunido	habíais	reunido	hubisteis	reunido	habréis	reunido
han	reunido	habían	reunido	hubieron	reunido	habrán	reunido

CONDICIONAL SIMPLE	CONDICIONAL COMPUESTO	
reunir ía	habría	reunido
reunir ías	habrías	reunido
reunir ía	habría	reunido
reunir íamos	habríamos	reunido
reunir íais	habríais	reunido
reunir ían	habrían	reunido

MODO SUBJUNTIVO		

PRESENTE	PRETÉRITO IMPERFECTO			FUTURO IMPERFECTO (2)
reúna	reun iera	o	reun iese	reun iere
reúnas	reun ieras	o	reun ieses	reun ieres
reúna	reun iera	o	reun iese	reun iere
reun amos	reun iéramos	o	reun iésemos	reun iéremos
reun áis	reun ierais	o	reun ieseis	reun iereis
reúnan	reun ieran	o	reun iesen	reun ieren

PRETÉRITO PERFECTO		PRETÉRITO PLUSCUAMPERFECTO				FUTURO PERFECTO (3)	
haya	reunido	hubiera	o	hubiese	reunido	hubiere	reunido
hayas	reunido	hubieras	o	hubieses	reunido	hubieres	reunido
haya	reunido	hubiera	o	hubiese	reunido	hubiere	reunido
hayamos	reunido	hubiéramos	o	hubiésemos	reunido	hubiéremos	reunido
hayáis	reunido	hubierais	o	hubieseis	reunido	hubiereis	reunido
hayan	reunido	hubieran	o	hubiesen	reunido	hubieren	reunido

MODO IMPERATIVO	FORMAS NO PERSONALES

PRESENTE

reúne	tú
reúna	él/ella/usted
reun amos	nosotros/as
reun id	vosotros/as
reúnan	ellos/ellas/ustedes

FORMAS NO PERSONALES

FORMAS SIMPLES

INFINITIVO	GERUNDIO	PARTICIPIO
reunir	reun iendo	reun ido

FORMAS COMPUESTAS

INFINITIVO	GERUNDIO
haber reunido	habiendo reunido

(1) o Perfecto simple. (2), (3) muy poco usados.

Conjugar es fácil

57. MULLIR VERBO CON MODIFICACIÓN ORTOGRÁFICA

MODO INDICATIVO

PRESENTE	PRETÉRITO IMPERFECTO	PRETÉRITO INDEFINIDO (1)	FUTURO IMPERFECTO
mull o	mull ía	mull í	mullir é
mull es	mull ías	mull iste	mullir ás
mull e	mull ía	mulló	mullir á
mull imos	mull íamos	mull imos	mullir emos
mull ís	mull íais	mull isteis	mullir éis
mull en	mull ían	mulleron	mullir án

PRETÉRITO PERFECTO	PRETÉRITO PLUSCUAMPERFECTO	PRETÉRITO ANTERIOR	FUTURO PERFECTO
he mullido	había mullido	hube mullido	habré mullido
has mullido	habías mullido	hubiste mullido	habrás mullido
ha mullido	había mullido	hubo mullido	habrá mullido
hemos mullido	habíamos mullido	hubimos mullido	habremos mullido
habéis mullido	habíais mullido	hubisteis mullido	habréis mullido
han mullido	habían mullido	hubieron mullido	habrán mullido

CONDICIONAL SIMPLE	CONDICIONAL COMPUESTO
mullir ía	habría mullido
mullir ías	habrías mullido
mullir ía	habría mullido
mullir íamos	habríamos mullido
mullir íais	habríais mullido
mullir ían	habrían mullido

MODO SUBJUNTIVO

PRESENTE	PRETÉRITO IMPERFECTO	FUTURO IMPERFECTO (2)
mull a	mullera o mullese	mullere
mull as	mulleras o mulleses	mulleres
mull a	mullera o mullese	mullere
mull amos	mulléramos o mullésemos	mulléremos
mull áis	mullerais o mulleseis	mullereis
mull an	mulleran o mullesen	mulleren

PRETÉRITO PERFECTO	PRETÉRITO PLUSCUAMPERFECTO	FUTURO PERFECTO (3)
haya mullido	hubiera o hubiese mullido	hubiere mullido
hayas mullido	hubieras o hubieses mullido	hubieres mullido
haya mullido	hubiera o hubiese mullido	hubiere mullido
hayamos mullido	hubiéramos o hubiésemos mullido	hubiéremos mullido
hayáis mullido	hubierais o hubieseis mullido	hubiereis mullido
hayan mullido	hubieran o hubiesen mullido	hubieren mullido

MODO IMPERATIVO	FORMAS NO PERSONALES

PRESENTE

mulle	tú
mulla	él/ella/usted
mullamos	nosotros/as
mullid	vosotros/as
mullan	ellos/ellas/ustedes

FORMAS SIMPLES

INFINITIVO	GERUNDIO	PARTICIPIO
mullir	mullendo	mull ido

FORMAS COMPUESTAS

INFINITIVO	GERUNDIO
haber mullido	habiendo mullido

(1) o Perfecto simple. (2), (3) muy poco usados.

Conjugar es fácil

tablas de verbos

58. BRUÑIR VERBO CON MODIFICACIÓN ORTOGRÁFICA

MODO INDICATIVO

PRESENTE	PRETÉRITO IMPERFECTO	PRETÉRITO INDEFINIDO (1)	FUTURO IMPERFECTO
bruñ o	bruñ ía	bruñ í	bruñir é
bruñ es	bruñ ías	bruñ iste	bruñir ás
bruñ e	bruñ ía	bruñó	bruñir á
bruñ imos	bruñ íamos	bruñ imos	bruñir emos
bruñ ís	bruñ íais	bruñ isteis	bruñir éis
bruñ en	bruñ ían	bruñeron	bruñir án

PRETÉRITO PERFECTO		PRETÉRITO PLUSCUAMPERFECTO		PRETÉRITO ANTERIOR		FUTURO PERFECTO	
he	bruñido	había	bruñido	hube	bruñido	habré	bruñido
has	bruñido	habías	bruñido	hubiste	bruñido	habrás	bruñido
ha	bruñido	había	bruñido	hubo	bruñido	habrá	bruñido
hemos	bruñido	habíamos	bruñido	hubimos	bruñido	habremos	bruñido
habéis	bruñido	habíais	bruñido	hubisteis	bruñido	habréis	bruñido
han	bruñido	habían	bruñido	hubieron	bruñido	habrán	bruñido

CONDICIONAL SIMPLE

bruñir ía	
bruñir ías	
bruñir ía	
bruñir íamos	
bruñir íais	
bruñir ían	

CONDICIONAL COMPUESTO

habría	bruñido
habrías	bruñido
habría	bruñido
habríamos	bruñido
habríais	bruñido
habrían	bruñido

MODO SUBJUNTIVO

PRESENTE	PRETÉRITO IMPERFECTO			FUTURO IMPERFECTO (2)
bruñ a	bruñera	o	bruñese	bruñere
bruñ as	bruñeras	o	bruñeses	bruñeres
bruñ a	bruñera	o	bruñese	bruñere
bruñ amos	bruñéramos	o	bruñésemos	bruñéremos
bruñ áis	bruñerais	o	bruñeseis	bruñereis
bruñ an	bruñeran	o	bruñesen	bruñeren

PRETÉRITO PERFECTO		PRETÉRITO PLUSCUAMPERFECTO				FUTURO PERFECTO (3)	
haya	bruñido	hubiera	o	hubiese	bruñido	hubiere	bruñido
hayas	bruñido	hubieras	o	hubieses	bruñido	hubieres	bruñido
haya	bruñido	hubiera	o	hubiese	bruñido	hubiere	bruñido
hayamos	bruñido	hubiéramos	o	hubiésemos	bruñido	hubiéremos	bruñido
hayáis	bruñido	hubierais	o	hubieseis	bruñido	hubiereis	bruñido
hayan	bruñido	hubieran	o	hubiesen	bruñido	hubieren	bruñido

MODO IMPERATIVO

PRESENTE

bruñ e	tú
bruñ a	él/ella/usted
bruñ amos	nosotros/as
bruñ id	vosotros/as
bruñ an	ellos/ellas/ustedes

FORMAS NO PERSONALES

FORMAS SIMPLES

INFINITIVO	GERUNDIO	PARTICIPIO
bruñir	bruñendo	bruñ ido

FORMAS COMPUESTAS

INFINITIVO	GERUNDIO
haber bruñido	habiendo bruñido

(1) o Perfecto simple. (2), (3) muy poco usados.

59. CONCLUIR VERBO IRREGULAR

MODO INDICATIVO

PRESENTE	PRETÉRITO IMPERFECTO	PRETÉRITO INDEFINIDO (1)	FUTURO IMPERFECTO
concluyo	conclu ía	conclu í	concluir é
concluyes	conclu ías	conclu iste	concluir ás
concluye	conclu ía	concluyó	concluir á
conclu imos	conclu íamos	conclu imos	concluir emos
conclu ís	conclu íais	conclu isteis	concluir éis
concluyen	conclu ían	concluyeron	concluir án

PRETÉRITO PERFECTO		PRETÉRITO PLUSCUAMPERFECTO		PRETÉRITO ANTERIOR		FUTURO PERFECTO	
he	concluido	había	concluido	hube	concluido	habré	concluido
has	concluido	habías	concluido	hubiste	concluido	habrás	concluido
ha	concluido	había	concluido	hubo	concluido	habrá	concluido
hemos	concluido	habíamos	concluido	hubimos	concluido	habremos	concluido
habéis	concluido	habíais	concluido	hubisteis	concluido	habréis	concluido
han	concluido	habían	concluido	hubieron	concluido	habrán	concluido

CONDICIONAL SIMPLE	CONDICIONAL COMPUESTO	
concluir ía	habría	concluido
concluir ías	habrías	concluido
concluir ía	habría	concluido
concluir íamos	habríamos	concluido
concluir íais	habríais	concluido
concluir ían	habrían	concluido

MODO SUBJUNTIVO

PRESENTE	PRETÉRITO IMPERFECTO			FUTURO IMPERFECTO (2)
concluya	concluyera	o	concluyese	concluyere
concluyas	concluyeras	o	concluyeses	concluyeres
concluya	concluyera	o	concluyese	concluyere
concluyamos	concluyéramos	o	concluyésemos	concluyéremos
concluyáis	concluyerais	o	concluyeseis	concluyereis
concluyan	concluyeran	o	concluyesen	concluyeren

PRETÉRITO PERFECTO		PRETÉRITO PLUSCUAMPERFECTO				FUTURO PERFECTO (3)	
haya	concluido	hubiera	o	hubiese	concluido	hubiere	concluido
hayas	concluido	hubieras	o	hubieses	concluido	hubieres	concluido
haya	concluido	hubiera	o	hubiese	concluido	hubiere	concluido
hayamos	concluido	hubiéramos	o	hubiésemos	concluido	hubiéremos	concluido
hayáis	concluido	hubierais	o	hubieseis	concluido	hubiereis	concluido
hayan	concluido	hubieran	o	hubiesen	concluido	hubieren	concluido

MODO IMPERATIVO

FORMAS NO PERSONALES

PRESENTE	
concluye	tú
concluya	él/ella/usted
concluyamos	nosotros/as
conclu id	vosotros/as
concluyan	ellos/ellas/ustedes

FORMAS SIMPLES

INFINITIVO	GERUNDIO	PARTICIPIO
concluir	concluyendo	conclu ido

FORMAS COMPUESTAS

INFINITIVO	GERUNDIO
haber concluido	habiendo concluido

(1) o Perfecto simple. (2), (3) muy poco usados.

Conjugar es fácil

tablas de verbos

60. PEDIR VERBO IRREGULAR

MODO INDICATIVO			

PRESENTE	PRETÉRITO IMPERFECTO	PRETÉRITO INDEFINIDO (1)	FUTURO IMPERFECTO
pido	**ped** ía	**ped** í	**pedir** é
pides	**ped** ías	**ped** iste	**pedir** ás
pide	**ped** ía	pidió	**pedir** á
ped imos	**ped** íamos	**ped** imos	**pedir** emos
ped ís	**ped** íais	**ped** isteis	**pedir** éis
piden	**ped** ían	pidieron	**pedi** rán

PRETÉRITO PERFECTO	PRETÉRITO PLUSCUAMPERFECTO	PRETÉRITO ANTERIOR	FUTURO PERFECTO
he pedido	había pedido	hube pedido	habré pedido
has pedido	habías pedido	hubiste pedido	habrás pedido
ha pedido	había pedido	hubo pedido	habrá pedido
hemos pedido	habíamos pedido	hubimos pedido	habremos pedido
habéis pedido	habíais pedido	hubisteis pedido	habréis pedido
han pedido	habían pedido	hubieron pedido	habrán pedido

CONDICIONAL SIMPLE	CONDICIONAL COMPUESTO
pedir ía	habría pedido
pedir ías	habrías pedido
pedir ía	habría pedido
pedir íamos	habríamos pedido
pedir íais	habríais pedido
pedir ían	habrían pedido

MODO SUBJUNTIVO		

PRESENTE	PRETÉRITO IMPERFECTO	FUTURO IMPERFECTO (2)
pida	pidiera o pidiese	pidiere
pidas	pidieras o pidieses	pidieres
pida	pidiera o pidiese	pidiere
pidamos	pidiéramos o pidiésemos	pidiéremos
pidáis	pidierais o pidieseis	pidiereis
pidan	pidieran o pidiesen	pidieren

PRETÉRITO PERFECTO	PRETÉRITO PLUSCUAMPERFECTO	FUTURO PERFECTO (3)
haya pedido	hubiera o hubiese pedido	hubiere pedido
hayas pedido	hubieras o hubieses pedido	hubieres pedido
haya pedido	hubiera o hubiese pedido	hubiere pedido
hayamos pedido	hubiéramos o hubiésemos pedido	hubiéremos pedido
hayáis pedido	hubierais o hubieseis pedido	hubiereis pedido
hayan pedido	hubieran o hubiesen pedido	hubieren pedido

MODO IMPERATIVO	FORMAS NO PERSONALES

PRESENTE

pide	tú
pida	él/ella/usted
pidamos	nosotros/as
ped id	vosotros/as
pidan	ellos/ellas/ustedes

FORMAS SIMPLES

INFINITIVO	GERUNDIO	PARTICIPIO
pedir	pidiendo	**ped** ido

FORMAS COMPUESTAS

INFINITIVO	GERUNDIO
haber pedido	habiendo pedido

(1) o Perfecto simple. (2), (3) muy poco usados.

Conjugar es fácil

61. CORREGIR VERBO IRREGULAR

| MODO INDICATIVO | | | |

PRESENTE	PRETÉRITO IMPERFECTO	PRETÉRITO INDEFINIDO (1)	FUTURO IMPERFECTO
corrijo	**correg** ía	**correg** í	**corregir** é
corriges	**correg** ías	**correg** iste	**corregir** ás
corrige	**correg** ía	corrigió	**corregir** á
correg imos	**correg** íamos	**correg** imos	**corregir** emos
correg ís	**correg** íais	**correg** isteis	**corregir** éis
corrigen	**correg** ían	corrigieron	**corregir** án

PRETÉRITO PERFECTO	PRETÉRITO PLUSCUAMPERFECTO	PRETÉRITO ANTERIOR	FUTURO PERFECTO
he corregido	había corregido	hube corregido	habré corregido
has corregido	habías corregido	hubiste corregido	habrás corregido
ha corregido	había corregido	hubo corregido	habrá corregido
hemos corregido	habíamos corregido	hubimos corregido	habremos corregido
habéis corregido	habíais corregido	hubisteis corregido	habréis corregido
han corregido	habían corregido	hubieron corregido	habrán corregido

CONDICIONAL SIMPLE	CONDICIONAL COMPUESTO
corregir ía	habría corregido
corregir ías	habrías corregido
corregir ía	habría corregido
corregir íamos	habríamos corregido
corregir íais	habríais corregido
corregir ían	habrían corregido

| MODO SUBJUNTIVO | | |

PRESENTE	PRETÉRITO IMPERFECTO	FUTURO IMPERFECTO (2)
corrija	corrigiera o corrigiese	corrigiere
corrijas	corrigieras o corrigieses	corrigieres
corrija	corrigiera o corrigiese	corrigiere
corrijamos	corrigiéramos o corrigiésemos	corrigiéremos
corrijáis	corrigierais o corrigieseis	corrigiereis
corrijan	corrigieran o corrigiesen	corrigieren

PRETÉRITO PERFECTO	PRETÉRITO PLUSCUAMPERFECTO	FUTURO PERFECTO (3)
haya corregido	hubiera o hubiese corregido	hubiere corregido
hayas corregido	hubieras o hubieses corregido	hubieres corregido
haya corregido	hubiera o hubiese corregido	hubiere corregido
hayamos corregido	hubiéramos o hubiésemos corregido	hubiéremos corregido
hayáis corregido	hubierais o hubieseis corregido	hubiereis corregido
hayan corregido	hubieran o hubiesen corregido	hubieren corregido

| MODO IMPERATIVO | FORMAS NO PERSONALES |

PRESENTE

corrige	tú
corrija	él/ella/usted
corrijamos	nosotros/as
correg id	vosotros/as
corrijan	ellos/ellas/ustedes

FORMAS SIMPLES

INFINITIVO	GERUNDIO	PARTICIPIO
corregir	corrigiendo	**correg** ido

FORMAS COMPUESTAS

INFINITIVO	GERUNDIO
haber corregido	habiendo corregido

(1) o Perfecto simple. (2), (3) muy poco usados.

Conjugar es fácil

tablas de verbos

62. SEGUIR VERBO IRREGULAR

| MODO INDICATIVO | | | |

PRESENTE	PRETÉRITO IMPERFECTO	PRETÉRITO INDEFINIDO (1)	FUTURO IMPERFECTO
sigo	segu ía	segu í	seguir é
sigues	segu ías	segu iste	seguir ás
sigue	segu ía	siguió	seguir á
segu imos	segu íamos	segu imos	seguir emos
segu ís	segu íais	segu isteis	seguir éis
siguen	segu ían	siguieron	seguir án

PRETÉRITO PERFECTO		PRETÉRITO PLUSCUAMPERFECTO		PRETÉRITO ANTERIOR		FUTURO PERFECTO	
he	seguido	había	seguido	hube	seguido	habré	seguido
has	seguido	habías	seguido	hubiste	seguido	habrás	seguido
ha	seguido	había	seguido	hubo	seguido	habrá	seguido
hemos	seguido	habíamos	seguido	hubimos	seguido	habremos	seguido
habéis	seguido	habíais	seguido	hubisteis	seguido	habréis	seguido
han	seguido	habían	seguido	hubieron	seguido	habrán	seguido

CONDICIONAL SIMPLE	CONDICIONAL COMPUESTO	
seguir ía	habría	seguido
seguir ías	habrías	seguido
seguir ía	habría	seguido
seguir íamos	habríamos	seguido
seguir íais	habríais	seguido
seguir ían	habrían	seguido

| MODO SUBJUNTIVO | | |

PRESENTE	PRETÉRITO IMPERFECTO		FUTURO IMPERFECTO (2)
siga	siguiera	o siguiese	siguiere
sigas	siguieras	o siguieses	siguieres
siga	siguiera	o siguiese	siguiere
sigamos	siguiéramos	o siguiésemos	siguiéremos
sigáis	siguierais	o siguieseis	siguiereis
sigan	siguieran	o siguiesen	siguieren

PRETÉRITO PERFECTO		PRETÉRITO PLUSCUAMPERFECTO			FUTURO PERFECTO (3)	
haya	seguido	hubiera	o hubiese	seguido	hubiere	seguido
hayas	seguido	hubieras	o hubieses	seguido	hubieres	seguido
haya	seguido	hubiera	o hubiese	seguido	hubiere	seguido
hayamos	seguido	hubiéramos	o hubiésemos	seguido	hubiéremos	seguido
hayáis	seguido	hubierais	o hubieseis	seguido	hubiereis	seguido
hayan	seguido	hubieran	o hubiesen	seguido	hubieren	seguido

| MODO IMPERATIVO | FORMAS NO PERSONALES |

PRESENTE

sigue	tú
siga	él/ella/usted
sigamos	nosotros/as
segu id	vosotros/as
sigan	ellos/ellas/ustedes

FORMAS SIMPLES

INFINITIVO	GERUNDIO	PARTICIPIO
seguir	siguiendo	segu ido

FORMAS COMPUESTAS

INFINITIVO	GERUNDIO
haber seguido	habiendo seguido

(1) o Perfecto simple. (2), (3) muy poco usados.

Conjugar es fácil

63. REÍR VERBO IRREGULAR

MODO INDICATIVO

PRESENTE	PRETÉRITO IMPERFECTO	PRETÉRITO INDEFINIDO (1)	FUTURO IMPERFECTO
río	re ía	re í	reir é
ríes	re ías	reíste	reir ás
ríe	re ía	rió	reir á
reímos	re íamos	reímos	reir emos
re ís	re íais	reísteis	reir éis
ríen	re ían	rieron	reir án

PRETÉRITO PERFECTO	PRETÉRITO PLUSCUAMPERFECTO	PRETÉRITO ANTERIOR	FUTURO PERFECTO
he reído	había reído	hube reído	habré reído
has reído	habías reído	hubiste reído	habrás reído
ha reído	había reído	hubo reído	habrá reído
hemos reído	habíamos reído	hubimos reído	habremos reído
habéis reído	habíais reído	hubisteis reído	habréis reído
han reído	habían reído	hubieron reído	habrán reído

CONDICIONAL SIMPLE	CONDICIONAL COMPUESTO
reir ía	habría reído
reir ías	habrías reído
reir ía	habría reído
reir íamos	habríamos reído
reir íais	habríais reído
reir ían	habrían reído

MODO SUBJUNTIVO

PRESENTE	PRETÉRITO IMPERFECTO	FUTURO IMPERFECTO (2)
ría	riera o riese	riere
rías	rieras o rieses	rieres
ría	riera o riese	riere
riamos	riéramos o riésemos	riéremos
riáis	rierais o rieseis	riereis
rían	rieran o riesen	rieren

PRETÉRITO PERFECTO	PRETÉRITO PLUSCUAMPERFECTO	FUTURO PERFECTO (3)
haya reído	hubiera o hubiese reído	hubiere reído
hayas reído	hubieras o hubieses reído	hubieres reído
haya reído	hubiera o hubiese reído	hubiere reído
hayamos reído	hubiéramos o hubiésemos reído	hubiéremos reído
hayáis reído	hubierais o hubieseis reído	hubiereis reído
hayan reído	hubieran o hubiesen reído	hubieren reído

MODO IMPERATIVO	FORMAS NO PERSONALES

PRESENTE

ríe	tú
ría	él/ella/usted
riamos	nosotros/as
reíd	vosotros/as
rían	ellos/ellas/ustedes

FORMAS SIMPLES

INFINITIVO	GERUNDIO	PARTICIPIO
reír	riendo	reído

FORMAS COMPUESTAS

INFINITIVO	GERUNDIO
haber reído	habiendo reído

(1) o Perfecto simple. (2), (3) muy poco usados.

Conjugar es fácil

tablas de verbos

64. TEÑIR VERBO IRREGULAR

MODO INDICATIVO

PRESENTE	PRETÉRITO IMPERFECTO	PRETÉRITO INDEFINIDO (1)	FUTURO IMPERFECTO
tiño	teñ ía	teñ í	teñir é
tiñes	teñ ías	teñ iste	teñir ás
tiñe	teñ ía	tiñó	teñir á
teñ imos	teñ íamos	teñ imos	teñir emos
teñ ís	teñ íais	teñ isteis	teñir éis
tiñen	teñ ían	tiñeron	teñir án

PRETÉRITO PERFECTO	PRETÉRITO PLUSCUAMPERFECTO	PRETÉRITO ANTERIOR	FUTURO PERFECTO
he teñido	había teñido	hube teñido	habré teñido
has teñido	habías teñido	hubiste teñido	habrás teñido
ha teñido	había teñido	hubo teñido	habrá teñido
hemos teñido	habíamos teñido	hubimos teñido	habremos teñido
habéis teñido	habíais teñido	hubisteis teñido	habréis teñido
han teñido	habían teñido	hubieron teñido	habrán teñido

CONDICIONAL SIMPLE	CONDICIONAL COMPUESTO
teñir ía	habría teñido
teñir ías	habrías teñido
teñir ía	habría teñido
teñir íamos	habríamos teñido
teñir íais	habríais teñido
teñir ían	habrían teñido

MODO SUBJUNTIVO

PRESENTE	PRETÉRITO IMPERFECTO		FUTURO IMPERFECTO (2)
tiña	tiñera	o tiñese	tiñere
tiñas	tiñeras	o tiñeses	tiñeres
tiña	tiñera	o tiñese	tiñere
tiñamos	tiñéramos	o tiñésemos	tiñéremos
tiñáis	tiñerais	o tiñeseis	tiñereis
tiñan	tiñeran	o tiñesen	tiñeren

PRETÉRITO PERFECTO	PRETÉRITO PLUSCUAMPERFECTO		FUTURO PERFECTO (3)
haya teñido	hubiera	o hubiese teñido	hubiere teñido
hayas teñido	hubieras	o hubieses teñido	hubieres teñido
haya teñido	hubiera	o hubiese teñido	hubiere teñido
hayamos teñido	hubiéramos	o hubiésemos teñido	hubiéremos teñido
hayáis teñido	hubierais	o hubieseis teñido	hubiereis teñido
hayan teñido	hubieran	o hubiesen teñido	hubieren teñido

MODO IMPERATIVO

PRESENTE

tiñe	tú
tiña	él/ella/usted
tiñamos	nosotros/as
teñ id	vosotros/as
tiñan	ellos/ellas/ustedes

FORMAS NO PERSONALES

FORMAS SIMPLES

INFINITIVO	GERUNDIO	PARTICIPIO
teñir	tiñendo	teñ ido

FORMAS COMPUESTAS

INFINITIVO	GERUNDIO
haber teñido	habiendo teñido

(1) o Perfecto simple. (2), (3) muy poco usados.

Conjugar es fácil

tablas de verbos

65. SENTIR VERBO IRREGULAR

MODO INDICATIVO

PRESENTE	PRETÉRITO IMPERFECTO	PRETÉRITO INDEFINIDO (1)	FUTURO IMPERFECTO
siento	sent ía	sent í	sentir é
sientes	sent ías	sent iste	sentir ás
siente	sent ía	sintió	sentir á
sent imos	sent íamos	sent imos	sentir emos
sent ís	sent íais	sent isteis	sentir éis
sienten	sent ían	sintieron	sentir án

PRETÉRITO PERFECTO		PRETÉRITO PLUSCUAMPERFECTO		PRETÉRITO ANTERIOR		FUTURO PERFECTO	
he	sentido	había	sentido	hube	sentido	habré	sentido
has	sentido	habías	sentido	hubiste	sentido	habrás	sentido
ha	sentido	había	sentido	hubo	sentido	habrá	sentido
hemos	sentido	habíamos	sentido	hubimos	sentido	habremos	sentido
habéis	sentido	habíais	sentido	hubisteis	sentido	habréis	sentido
han	sentido	habían	sentido	hubieron	sentido	habrán	sentido

CONDICIONAL SIMPLE	CONDICIONAL COMPUESTO	
sentir ía	habría	sentido
sentir ías	habrías	sentido
sentir ía	habría	sentido
sentir íamos	habríamos	sentido
sentir íais	habríais	sentido
sentir ían	habrían	sentido

MODO SUBJUNTIVO

PRESENTE	PRETÉRITO IMPERFECTO		FUTURO IMPERFECTO (2)
sienta	sintiera	o sintiese	sintiere
sientas	sintieras	o sintieses	sintieres
sienta	sintiera	o sintiese	sintiere
sintamos	sintiéramos	o sintiésemos	sintiéremos
sintáis	sintierais	o sintieseis	sintiereis
sientan	sintieran	o sintiesen	sintieren

PRETÉRITO PERFECTO		PRETÉRITO PLUSCUAMPERFECTO			FUTURO PERFECTO (3)	
haya	sentido	hubiera	o hubiese	sentido	hubiere	sentido
hayas	sentido	hubieras	o hubieses	sentido	hubieres	sentido
haya	sentido	hubiera	o hubiese	sentido	hubiere	sentido
hayamos	sentido	hubiéramos	o hubiésemos	sentido	hubiéremos	sentido
hayáis	sentido	hubierais	o hubieseis	sentido	hubiereis	sentido
hayan	sentido	hubieran	o hubiesen	sentido	hubieren	sentido

MODO IMPERATIVO

PRESENTE

siente	tú
sienta	él/ella/usted
sintamos	nosotros/as
sent id	vosotros/as
sientan	ellos/ellas/ustedes

FORMAS NO PERSONALES

FORMAS SIMPLES

INFINITIVO	GERUNDIO	PARTICIPIO
sentir	sintiendo	sent ido

FORMAS COMPUESTAS

INFINITIVO	GERUNDIO
haber sentido	habiendo sentido

(1) o Perfecto simple. (2), (3) muy poco usados.

Conjugar es fácil

tablas de verbos

66. DISCERNIR VERBO IRREGULAR

MODO INDICATIVO

PRESENTE	PRETÉRITO IMPERFECTO	PRETÉRITO INDEFINIDO (1)	FUTURO IMPERFECTO
discierno	discern ía	discern í	discernir é
disciernes	discern ías	discern iste	discernir ás
discierne	discern ía	discern ió	discernir á
discern imos	discern íamos	discern imos	discernir emos
discern ís	discern íais	discern isteis	discernir éis
disciernen	discern ían	discern ieron	discernir án

PRETÉRITO PERFECTO		PRETÉRITO PLUSCUAMPERFECTO		PRETÉRITO ANTERIOR		FUTURO PERFECTO	
he	discernido	había	discernido	hube	discernido	habré	discernido
has	discernido	habías	discernido	hubiste	discernido	habrás	discernido
ha	discernido	había	discernido	hubo	discernido	habrá	discernido
hemos	discernido	habíamos	discernido	hubimos	discernido	habremos	discernido
habéis	discernido	habíais	discernido	hubisteis	discernido	habréis	discernido
han	discernido	habían	discernido	hubieron	discernido	habrán	discernido

CONDICIONAL SIMPLE

	CONDICIONAL COMPUESTO	
discernir ía	habría	discernido
discernir ías	habrías	discernido
discernir ía	habría	discernido
discernir íamos	habríamos	discernido
discernir íais	habríais	discernido
discernir ían	habrían	discernido

MODO SUBJUNTIVO

PRESENTE	PRETÉRITO IMPERFECTO			FUTURO IMPERFECTO (2)
discierna	discern iera	o	discern iese	discern iere
disciernas	discern ieras	o	discern ieses	discern ieres
discierna	discern iera	o	discern iese	discern iere
discer namos	discern iéramos	o	discern iésemos	discern iéremos
discer náis	discern ierais	o	discern ieseis	discern iereis
disciernan	discern ieran	o	discern iesen	discern ieren

PRETÉRITO PERFECTO		PRETÉRITO PLUSCUAMPERFECTO				FUTURO PERFECTO (3)	
haya	discernido	hubiera	o	hubiese	discernido	hubiere	discernido
hayas	discernido	hubieras	o	hubieses	discernido	hubieres	discernido
haya	discernido	hubiera	o	hubiese	discernido	hubiere	discernido
hayamos	discernido	hubiéramos	o	hubiésemos	discernido	hubiéremos	discernido
hayáis	discernido	hubierais	o	hubieseis	discernido	hubiereis	discernido
hayan	discernido	hubieran	o	hubiesen	discernido	hubieren	discernido

---

MODO IMPERATIVO

PRESENTE

discierne	tú
discierna	él/ella/usted
discern amos	nosotros/as
discern id	vosotros/as
disciernan	ellos/ellas/ustedes

FORMAS NO PERSONALES

FORMAS SIMPLES

INFINITIVO	GERUNDIO	PARTICIPIO
discernir	discern iendo	discern ido

FORMAS COMPUESTAS

INFINITIVO	GERUNDIO
haber discernido	habiendo discernido

(1) o Perfecto simple. (2), (3) muy poco usados.

Conjugar es fácil

67. ADQUIRIR VERBO IRREGULAR

MODO INDICATIVO

PRESENTE	PRETÉRITO IMPERFECTO	PRETÉRITO INDEFINIDO (1)	FUTURO IMPERFECTO
adquiero	adquir ía	adquir í	adquirir é
adquieres	adquir ías	adquir iste	adquirir ás
adquiere	adquir ía	adquir ió	adquirir á
adquir imos	adquir íamos	adquir imos	adquirir emos
adquir ís	adquir íais	adquir isteis	adquirir éis
adquieren	adquir ían	adquir ieron	adquirir án

PRETÉRITO PERFECTO	PRETÉRITO PLUSCUAMPERFECTO	PRETÉRITO ANTERIOR	FUTURO PERFECTO
he adquirido	había adquirido	hube adquirido	habré adquirido
has adquirido	habías adquirido	hubiste adquirido	habrás adquirido
ha adquirido	había adquirido	hubo adquirido	habrá adquirido
hemos adquirido	habíamos adquirido	hubimos adquirido	habremos adquirido
habéis adquirido	habíais adquirido	hubisteis adquirido	habréis adquirido
han adquirido	habían adquirido	hubieron adquirido	habrán adquirido

CONDICIONAL SIMPLE

adquirir ía
adquirir ías
adquirir ía
adquirir íamos
adquirir íais
adquirir ían

CONDICIONAL COMPUESTO

habría adquirido
habrías adquirido
habría adquirido
habríamos adquirido
habríais adquirido
habrían adquirido

MODO SUBJUNTIVO

PRESENTE	PRETÉRITO IMPERFECTO		FUTURO IMPERFECTO (2)
adquiera	adquir iera	o adquir iese	adquir iere
adquieras	adquir ieras	o adquir ieses	adquir ieres
adquiera	adquir iera	o adquir iese	adquir iere
adquir amos	adquir iéramos	o adquir iésemos	adquir iéremos
adquir áis	adquir ierais	o adquir ieseis	adquir iereis
adquieran	adquir ieran	o adquir iesen	adquir ieren

PRETÉRITO PERFECTO	PRETÉRITO PLUSCUAMPERFECTO		FUTURO PERFECTO (3)
haya adquirido	hubiera o hubiese adquirido		hubiere adquirido
hayas adquirido	hubieras o hubieses adquirido		hubieres adquirido
haya adquirido	hubiera o hubiese adquirido		hubiere adquirido
hayamos adquirido	hubiéramos o hubiésemos adquirido		hubiéremos adquirido
hayáis adquirido	hubierais o hubieseis adquirido		hubiereis adquirido
hayan adquirido	hubieran o hubiesen adquirido		hubieren adquirido

---

MODO IMPERATIVO

PRESENTE

adquiere	tú
adquiera	él/ella/usted
adquir amos	nosotros/as
adquir id	vosotros/as
adquieran	ellos/ellas/ustedes

FORMAS NO PERSONALES

FORMAS SIMPLES

INFINITIVO	GERUNDIO	PARTICIPIO
adquirir	adquir iendo	adquir ido

FORMAS COMPUESTAS

INFINITIVO	GERUNDIO
haber adquirido	habiendo adquirido

(1) o Perfecto simple. (2), (3) muy poco usados.

91

tablas de verbos

68. DORMIR VERBO IRREGULAR

MODO INDICATIVO

PRESENTE	PRETÉRITO IMPERFECTO	PRETÉRITO INDEFINIDO (1)	FUTURO IMPERFECTO
duermo	dorm ía	dorm í	dormir é
duermes	dorm ías	dorm iste	dormir ás
duerme	dorm ía	durmió	dormir á
dorm imos	dorm íamos	dorm imos	dormir emos
dorm ís	dorm íais	dorm isteis	dormir éis
duermen	dorm ían	durmieron	dormir án

PRETÉRITO PERFECTO		PRETÉRITO PLUSCUAMPERFECTO		PRETÉRITO ANTERIOR		FUTURO PERFECTO	
he	dormido	había	dormido	hube	dormido	habré	dormido
has	dormido	habías	dormido	hubiste	dormido	habrás	dormido
ha	dormido	había	dormido	hubo	dormido	habrá	dormido
hemos	dormido	habíamos	dormido	hubimos	dormido	habremos	dormido
habéis	dormido	habíais	dormido	hubisteis	dormido	habréis	dormido
han	dormido	habían	dormido	hubieron	dormido	habrán	dormido

CONDICIONAL SIMPLE

dormir ía	
dormir ías	
dormir ía	
dormir íamos	
dormir íais	
dormir ían	

CONDICIONAL COMPUESTO

habría	dormido
habrías	dormido
habría	dormido
habríamos	dormido
habríais	dormido
habrían	dormido

MODO SUBJUNTIVO

PRESENTE	PRETÉRITO IMPERFECTO			FUTURO IMPERFECTO (2)
duerma	durmiera	o	durmiese	durmiere
duermas	durmieras	o	durmieses	durmieres
duerma	durmiera	o	durmiese	durmiere
durmamos	durmiéramos	o	durmiésemos	durmiéremos
durmáis	durmierais	o	durmieseis	durmiereis
duerman	durmieran	o	durmiesen	durmieren

PRETÉRITO PERFECTO		PRETÉRITO PLUSCUAMPERFECTO				FUTURO PERFECTO (3)	
haya	dormido	hubiera	o	hubiese	dormido	hubiere	dormido
hayas	dormido	hubieras	o	hubieses	dormido	hubieres	dormido
haya	dormido	hubiera	o	hubiese	dormido	hubiere	dormido
hayamos	dormido	hubiéramos	o	hubiésemos	dormido	hubiéremos	dormido
hayáis	dormido	hubierais	o	hubieseis	dormido	hubiereis	dormido
hayan	dormido	hubieran	o	hubiesen	dormido	hubieren	dormido

MODO IMPERATIVO

FORMAS NO PERSONALES

PRESENTE

duerme	tú
duerma	él/ella/usted
durmamos	nosotros/as
dorm id	vosotros/as
duerman	ellos/ellas/ustedes

FORMAS SIMPLES

INFINITIVO	GERUNDIO	PARTICIPIO
dormir	durmiendo	dorm ido

FORMAS COMPUESTAS

INFINITIVO	GERUNDIO
haber dormido	habiendo dormido

(1) o Perfecto simple. (2), (3) muy poco usados.

tablas de verbos

69. TRADUCIR VERBO IRREGULAR

MODO INDICATIVO

PRESENTE	PRETÉRITO IMPERFECTO	PRETÉRITO INDEFINIDO (1)	FUTURO IMPERFECTO
traduzco	**traduc** ía	traduje	**traducir** é
traduc es	**traduc** ías	tradujiste	**traducir** ás
traduc e	**traduc** ía	tradujo	**traducir** á
traduc imos	**traduc** íamos	tradujimos	**traducir** emos
traduc ís	**traduc** íais	tradujisteis	**traducir** éis
traduc en	**traduc** ían	tradujeron	**traducir** án

PRETÉRITO PERFECTO	PRETÉRITO PLUSCUAMPERFECTO	PRETÉRITO ANTERIOR	FUTURO PERFECTO
he traducido	había traducido	hube traducido	habré traducido
has traducido	habías traducido	hubiste traducido	habrás traducido
ha traducido	había traducido	hubo traducido	habrá traducido
hemos traducido	habíamos traducido	hubimos traducido	habremos traducido
habéis traducido	habíais traducido	hubisteis traducido	habréis traducido
han traducido	habían traducido	hubieron traducido	habrán traducido

CONDICIONAL SIMPLE	CONDICIONAL COMPUESTO
traducir ía	habría traducido
traducir ías	habrías traducido
traducir ía	habría traducido
traducir íamos	habríamos traducido
traducir íais	habríais traducido
traducir ían	habrían traducido

MODO SUBJUNTIVO

PRESENTE	PRETÉRITO IMPERFECTO	FUTURO IMPERFECTO (2)
traduzca	tradujera o tradujese	tradujere
traduzcas	tradujeras o tradujeses	tradujeres
traduzca	tradujera o tradujese	tradujere
traduzcamos	tradujéramos o tradujésemos	tradujéremos
traduzcáis	tradujerais o tradujeseis	tradujereis
traduzcan	tradujeran o tradujesen	tradujeren

PRETÉRITO PERFECTO	PRETÉRITO PLUSCUAMPERFECTO	FUTURO PERFECTO (3)
haya traducido	hubiera o hubiese traducido	hubiere traducido
hayas traducido	hubieras o hubieses traducido	hubieres traducido
haya traducido	hubiera o hubiese traducido	hubiere traducido
hayamos traducido	hubiéramos o hubiésemos traducido	hubiéremos traducido
hayáis traducido	hubierais o hubieseis traducido	hubiereis traducido
hayan traducido	hubieran o hubiesen traducido	hubieren traducido

MODO IMPERATIVO

PRESENTE

traduc e	tú
traduzca	él/ella/usted
traduzcamos	nosotros/as
traduc id	vosotros/as
traduzcan	ellos/ellas/ustedes

FORMAS NO PERSONALES

FORMAS SIMPLES

INFINITIVO	GERUNDIO	PARTICIPIO
traducir	**traduc** iendo	**traduc** ido

FORMAS COMPUESTAS

INFINITIVO	GERUNDIO
haber traducido	habiendo traducido

(1) o Perfecto simple. (2), (3) muy poco usados.

Conjugar es fácil

tablas de verbos

70. LUCIR VERBO IRREGULAR

MODO INDICATIVO

PRESENTE	PRETÉRITO IMPERFECTO	PRETÉRITO INDEFINIDO (1)	FUTURO IMPERFECTO
luzco	luc ía	luc í	lucir é
luc es	luc ías	luc iste	lucir ás
luc e	luc ía	luc ió	lucir á
luc imos	luc íamos	luc imos	lucir emos
luc ís	luc íais	luc isteis	lucir éis
luc en	luc ían	luc ieron	lucir án

PRETÉRITO PERFECTO	PRETÉRITO PLUSCUAMPERFECTO	PRETÉRITO ANTERIOR	FUTURO PERFECTO
he lucido	había lucido	hube lucido	habré lucido
has lucido	habías lucido	hubiste lucido	habrás lucido
ha lucido	había lucido	hubo lucido	habrá lucido
hemos lucido	habíamos lucido	hubimos lucido	habremos lucido
habéis lucido	habíais lucido	hubisteis lucido	habréis lucido
han lucido	habían lucido	hubieron lucido	habrán lucido

CONDICIONAL SIMPLE	CONDICIONAL COMPUESTO
lucir ía	habría lucido
lucir ías	habrías lucido
lucir ía	habría lucido
lucir íamos	habríamos lucido
lucir íais	habríais lucido
lucir ían	habrían lucido

MODO SUBJUNTIVO

PRESENTE	PRETÉRITO IMPERFECTO	FUTURO IMPERFECTO (2)
luzca	luc iera o luc iese	luc iere
luzcas	luc ieras o luc ieses	luc ieres
luzca	luc iera o luc iese	luc iere
luzcamos	luc iéramos o luc iésemos	luc iéremos
luzcáis	luc ierais o luc ieseis	luc iereis
luzcan	luc ieran o luc iesen	luc ieren

PRETÉRITO PERFECTO	PRETÉRITO PLUSCUAMPERFECTO	FUTURO PERFECTO (3)
haya lucido	hubiera o hubiese lucido	hubiere lucido
hayas lucido	hubieras o hubieses lucido	hubieres lucido
haya lucido	hubiera o hubiese lucido	hubiere lucido
hayamos lucido	hubiéramos o hubiésemos lucido	hubiéremos lucido
hayáis lucido	hubierais o hubieseis lucido	hubiereis lucido
hayan lucido	hubieran o hubiesen lucido	hubieren lucido

MODO IMPERATIVO

PRESENTE	
luc e	tú
luzca	él/ella/usted
luzcamos	nosotros/as
luc id	vosotros/as
luzcan	ellos/ellas/ustedes

FORMAS NO PERSONALES

FORMAS SIMPLES

INFINITIVO	GERUNDIO	PARTICIPIO
lucir	luc iendo	luc ido

FORMAS COMPUESTAS

INFINITIVO	GERUNDIO
haber lucido	habiendo lucido

(1) o Perfecto simple. (2), (3) muy poco usados.

Conjugar es fácil

71. ABOLIR VERBO DEFECTIVO

MODO INDICATIVO

PRESENTE	PRETÉRITO IMPERFECTO	PRETÉRITO INDEFINIDO (1)	FUTURO IMPERFECTO
—	**abol** ía	**abol** í	**abolir** é
—	**abol** ías	**abol** iste	**abolir** ás
—	**abol** ía	**abol** ió	**abolir** á
abol imos	**abol** íamos	**abol** imos	**abolir** emos
abol ís	**abol** íais	**abol** isteis	**abolir** éis
—	**abol** ían	**abol** ieron	**abolir** án

PRETÉRITO PERFECTO		PRETÉRITO PLUSCUAMPERFECTO		PRETÉRITO ANTERIOR		FUTURO PERFECTO	
he	abolido	había	abolido	hube	abolido	habré	abolido
has	abolido	habías	abolido	hubiste	abolido	habrás	abolido
ha	abolido	había	abolido	hubo	abolido	habrá	abolido
hemos	abolido	habíamos	abolido	hubimos	abolido	habremos	abolido
habéis	abolido	habíais	abolido	hubisteis	abolido	habréis	abolido
han	abolido	habían	abolido	hubieron	abolido	habrán	abolido

CONDICIONAL SIMPLE	CONDICIONAL COMPUESTO	
abolir ía	habría	abolido
abolir ías	habrías	abolido
abolir ía	habría	abolido
abolir íamos	habríamos	abolido
abolir íais	habríais	abolido
abolir ían	habrían	abolido

MODO SUBJUNTIVO

PRESENTE	PRETÉRITO IMPERFECTO	FUTURO IMPERFECTO (2)
—	**abol** iera o **abol** iese	**abol** iere
—	**abol** ieras o **abol** ieses	**abol** ieres
—	**abol** iera o **abol** iese	**abol** iere
—	**abol** iéramos o **abol** iésemos	**abol** iéremos
—	**abol** ierais o **abol** ieseis	**abol** iereis
—	**abol** ieran o **abol** iesen	**abol** ieren

PRETÉRITO PERFECTO		PRETÉRITO PLUSCUAMPERFECTO			FUTURO PERFECTO (3)	
haya	abolido	hubiera	o hubiese	abolido	hubiere	abolido
hayas	abolido	hubieras	o hubieses	abolido	hubieres	abolido
haya	abolido	hubiera	o hubiese	abolido	hubiere	abolido
hayamos	abolido	hubiéramos	o hubiésemos	abolido	hubiéremos	abolido
hayáis	abolido	hubierais	o hubieseis	abolido	hubiereis	abolido
hayan	abolido	hubieran	o hubiesen	abolido	hubieren	abolido

MODO IMPERATIVO	FORMAS NO PERSONALES

PRESENTE

—	tú
—	él/ella/usted
—	nosotros/as
abol id	vosotros/as
—	ellos/ellas/ustedes

FORMAS SIMPLES

INFINITIVO	GERUNDIO	PARTICIPIO
abolir	**abol** iendo	**abol** ido

FORMAS COMPUESTAS

INFINITIVO	GERUNDIO
haber abolido	habiendo abolido

(1) o Perfecto simple. (2), (3) muy poco usados.

Conjugar es fácil

tablas de verbos

72. ASIR VERBO IRREGULAR

MODO INDICATIVO

PRESENTE	PRETÉRITO IMPERFECTO	PRETÉRITO INDEFINIDO (1)	FUTURO IMPERFECTO
asgo	as ía	as í	asir é
as es	as ías	as iste	asir ás
as e	as ía	as ió	asir á
as imos	as íamos	as imos	asir emos
as ís	as íais	as isteis	asir éis
as en	as ían	as ieron	asir án

PRETÉRITO PERFECTO	PRETÉRITO PLUSCUAMPERFECTO	PRETÉRITO ANTERIOR	FUTURO PERFECTO
he asido	había asido	hube asido	habré asido
has asido	habías asido	hubiste asido	habrás asido
ha asido	había asido	hubo asido	habrá asido
hemos asido	habíamos asido	hubimos asido	habremos asido
habéis asido	habíais asido	hubisteis asido	habréis asido
han asido	habían asido	hubieron asido	habrán asido

CONDICIONAL SIMPLE	CONDICIONAL COMPUESTO
asir ía	habría asido
asir ías	habrías asido
asir ía	habría asido
asir íamos	habríamos asido
asir íais	habríais asido
asir ían	habrían asido

MODO SUBJUNTIVO

PRESENTE	PRETÉRITO IMPERFECTO		FUTURO IMPERFECTO (2)
asga	as iera	o as iese	as iere
asgas	as ieras	o as ieses	as ieres
asga	as iera	o as iese	as iere
asgamos	as iéramos	o as iésemos	as iéremos
asgáis	as ierais	o as ieseis	as iereis
asgan	as ieran	o as iesen	as ieren

PRETÉRITO PERFECTO	PRETÉRITO PLUSCUAMPERFECTO		FUTURO PERFECTO (3)
haya asido	hubiera o hubiese asido		hubiere asido
hayas asido	hubieras o hubieses asido		hubieres asido
haya asido	hubiera o hubiese asido		hubiere asido
hayamos asido	hubiéramos o hubiésemos asido		hubiéremos asido
hayáis asido	hubierais o hubieseis asido		hubiereis asido
hayan asido	hubieran o hubiesen asido		hubieren asido

MODO IMPERATIVO

PRESENTE

as e	tú
asga	él/ella/usted
asgamos	nosotros/as
as id	vosotros/as
asgan	ellos/ellas/ustedes

FORMAS NO PERSONALES

FORMAS SIMPLES

INFINITIVO	GERUNDIO	PARTICIPIO
asir	as iendo	as ido

FORMAS COMPUESTAS

INFINITIVO	GERUNDIO
haber asido	habiendo asido

(1) o Perfecto simple. (2), (3) muy poco usados.

Conjugar es fácil

tablas de verbos

73. BENDECIR VERBO IRREGULAR

MODO INDICATIVO

PRESENTE	PRETÉRITO IMPERFECTO	PRETÉRITO INDEFINIDO (1)	FUTURO IMPERFECTO
bendigo	bendec ía	bendije	bendecir é
bendices	bendec ías	bendijiste	bendecir ás
bendice	bendec ía	bendijo	bendecir á
bendec imos	bendec íamos	bendijimos	bendecir emos
bendec ís	bendec íais	bendijisteis	bendecir éis
bendicen	bendec ían	bendijeron	bendecir án

PRETÉRITO PERFECTO		PRETÉRITO PLUSCUAMPERFECTO		PRETÉRITO ANTERIOR		FUTURO PERFECTO	
he	bendecido	había	bendecido	hube	bendecido	habré	bendecido
has	bendecido	habías	bendecido	hubiste	bendecido	habrás	bendecido
ha	bendecido	había	bendecido	hubo	bendecido	habrá	bendecido
hemos	bendecido	habíamos	bendecido	hubimos	bendecido	habremos	bendecido
habéis	bendecido	habíais	bendecido	hubisteis	bendecido	habréis	bendecido
han	bendecido	habían	bendecido	hubieron	bendecido	habrán	bendecido

CONDICIONAL SIMPLE	CONDICIONAL COMPUESTO	
bendecir ía	habría	bendecido
bendecir ías	habrías	bendecido
bendecir ía	habría	bendecido
bendecir íamos	habríamos	bendecido
bendecir íais	habríais	bendecido
bendecir ían	habrían	bendecido

MODO SUBJUNTIVO

PRESENTE	PRETÉRITO IMPERFECTO	FUTURO IMPERFECTO (2)
bendiga	bendijera o bendijese	bendijere
bendigas	bendijeras o bendijeses	bendijeres
bendiga	bendijera o bendijese	bendijere
bendigamos	bendijéramos o bendijésemos	bendijéremos
bendigáis	bendijerais o bendijeseis	bendijereis
bendigan	bendijeran o bendijesen	bendijeren

PRETÉRITO PERFECTO		PRETÉRITO PLUSCUAMPERFECTO			FUTURO PERFECTO (3)	
haya	bendecido	hubiera o hubiese	bendecido		hubiere	bendecido
hayas	bendecido	hubieras o hubieses	bendecido		hubieres	bendecido
haya	bendecido	hubiera o hubiese	bendecido		hubiere	bendecido
hayamos	bendecido	hubiéramos o hubiésemos	bendecido		hubiéremos	bendecido
hayáis	bendecido	hubierais o hubieseis	bendecido		hubiereis	bendecido
hayan	bendecido	hubieran o hubiesen	bendecido		hubieren	bendecido

MODO IMPERATIVO		FORMAS NO PERSONALES

PRESENTE

bendice	tú
bendiga	él/ella/usted
bendigamos	nosotros/as
bendec id	vosotros/as
bendigan	ellos/ellas/ustedes

FORMAS SIMPLES

INFINITIVO	GERUNDIO	PARTICIPIO
bendecir	bendiciendo	**bendec** ido

FORMAS COMPUESTAS

INFINITIVO	GERUNDIO
haber bendecido	habiendo bendecido

(1) o Perfecto simple. (2), (3) muy poco usados.

Conjugar es fácil

tablas de verbos

74. DECIR VERBO IRREGULAR

MODO INDICATIVO

PRESENTE	PRETÉRITO IMPERFECTO	PRETÉRITO INDEFINIDO (1)	FUTURO IMPERFECTO
digo	**dec** ía	dije	diré
dices	**dec** ías	dijiste	dirás
dice	**dec** ía	dijo	dirá
dec imos	**dec** íamos	dijimos	diremos
dec ís	**dec** íais	dijisteis	diréis
dicen	**dec** ían	dijeron	dirán

PRETÉRITO PERFECTO	PRETÉRITO PLUSCUAMPERFECTO	PRETÉRITO ANTERIOR	FUTURO PERFECTO
he dicho	había dicho	hube dicho	habré dicho
has dicho	habías dicho	hubiste dicho	habrás dicho
ha dicho	había dicho	hubo dicho	habrá dicho
hemos dicho	habíamos dicho	hubimos dicho	habremos dicho
habéis dicho	habíais dicho	hubisteis dicho	habréis dicho
han dicho	habían dicho	hubieron dicho	habrán dicho

CONDICIONAL SIMPLE	CONDICIONAL COMPUESTO
diría	habría dicho
dirías	habrías dicho
diría	habría dicho
diríamos	habríamos dicho
diríais	habríais dicho
dirían	habrían dicho

MODO SUBJUNTIVO

PRESENTE	PRETÉRITO IMPERFECTO	FUTURO IMPERFECTO (2)
diga	dijera o dijese	dijere
digas	dijeras o dijeses	dijeres
diga	dijera o dijese	dijere
digamos	dijéramos o dijésemos	dijéremos
digáis	dijerais o dijeseis	dijereis
digan	dijeran o dijesen	dijeren

PRETÉRITO PERFECTO	PRETÉRITO PLUSCUAMPERFECTO	FUTURO PERFECTO (3)
haya dicho	hubiera o hubiese dicho	hubiere dicho
hayas dicho	hubieras o hubieses dicho	hubieres dicho
haya dicho	hubiera o hubiese dicho	hubiere dicho
hayamos dicho	hubiéramos o hubiésemos dicho	hubiéremos dicho
hayáis dicho	hubierais o hubieseis dicho	hubiereis dicho
hayan dicho	hubieran o hubiesen dicho	hubieren dicho

MODO IMPERATIVO

PRESENTE

di	tú
diga	él/ella/usted
digamos	nosotros/as
dec id	vosotros/as
digan	ellos/ellas/ustedes

FORMAS NO PERSONALES

FORMAS SIMPLES

INFINITIVO	GERUNDIO	PARTICIPIO
decir	diciendo	dicho

FORMAS COMPUESTAS

INFINITIVO	GERUNDIO
haber dicho	habiendo dicho

(1) o Perfecto simple. (2), (3) muy poco usados.

Conjugar es fácil

75. DELINQUIR VERBO IRREGULAR Y CON MODIFICACIÓN ORTOGRÁFICA

MODO INDICATIVO

PRESENTE	PRETÉRITO IMPERFECTO	PRETÉRITO INDEFINIDO (1)	FUTURO IMPERFECTO
delinco	delinq uía	delinq uí	delinquir é
delinq ues	delinq uías	delinq uiste	delinquir ás
delinq ue	delinq uía	delinq uió	delinquir á
delinq uimos	delinq uíamos	delinq uimos	delinquir emos
delinq uís	delinq uíais	delinq uisteis	delinquir éis
delinq uen	delinq uían	delinq uieron	delinquir án

PRETÉRITO PERFECTO	PRETÉRITO PLUSCUAMPERFECTO	PRETÉRITO ANTERIOR	FUTURO PERFECTO
he delinquido	había delinquido	hube delinquido	habré delinquido
has delinquido	habías delinquido	hubiste delinquido	habrás delinquido
ha delinquido	había delinquido	hubo delinquido	habrá delinquido
hemos delinquido	habíamos delinquido	hubimos delinquido	habremos delinquido
habéis delinquido	habíais delinquido	hubisteis delinquido	habréis delinquido
han delinquido	habían delinquido	hubieron delinquido	habrán delinquido

CONDICIONAL SIMPLE	CONDICIONAL COMPUESTO
delinquir ía	habría delinquido
delinquir ías	habrías delinquido
delinquir ía	habría delinquido
delinquir íamos	habríamos delinquido
delinquir íais	habríais delinquido
delinquir ían	habrían delinquido

MODO SUBJUNTIVO

PRESENTE	PRETÉRITO IMPERFECTO		FUTURO IMPERFECTO (2)
delinca	delinqu iera	o delinqu iese	delinqu iere
delincas	delinqu ieras	o delinqu ieses	delinqu ieres
delinca	delinqu iera	o delinqu iese	delinqu iere
delincamos	delinqu iéramos	o delinqu iésemos	delinqu iéremos
delincáis	delinqu ierais	o delinqu ieseis	delinqu iereis
delincan	delinqu ieran	o delinqu iesen	delinqu ieren

PRETÉRITO PERFECTO	PRETÉRITO PLUSCUAMPERFECTO		FUTURO PERFECTO (3)
haya delinquido	hubiera	o hubiese delinquido	hubiere delinquido
hayas delinquido	hubieras	o hubieses delinquido	hubieres delinquido
haya delinquido	hubiera	o hubiese delinquido	hubiere delinquido
hayamos delinquido	hubiéramos	o hubiésemos delinquido	hubiéremos delinquido
hayáis delinquido	hubierais	o hubieseis delinquido	hubiereis delinquido
hayan delinquido	hubieran	o hubiesen delinquido	hubieren delinquido

MODO IMPERATIVO

FORMAS NO PERSONALES

PRESENTE	
delinq ue	tú
delinca	él/ella/usted
delincamos	nosotros/as
delinqu id	vosotros/as
delincan	ellos/ellas/ustedes

FORMAS SIMPLES

INFINITIVO	GERUNDIO	PARTICIPIO
delinquir	delinqu iendo	delinqu ido

FORMAS COMPUESTAS

INFINITIVO	GERUNDIO
haber delinquido	habiendo delinquido

(1) o Perfecto simple. (2), (3) muy poco usados.

Conjugar es fácil

tablas de verbos

76. ERGUIR VERBO IRREGULAR

MODO INDICATIVO

PRESENTE	PRETÉRITO IMPERFECTO	PRETÉRITO INDEFINIDO (1)	FUTURO IMPERFECTO
irgo o yergo	ergu ía	ergu í	erguir é
irgues o yergues	ergu ías	ergu iste	erguir ás
irgue o yergue	ergu ía	irguió	erguir á
ergu imos	ergu íamos	ergu imos	erguir emos
ergu ís	ergu íais	ergu isteis	erguir éis
irguen o yerguen	ergu ían	irguieron	erguir án

PRETÉRITO PERFECTO	PRETÉRITO PLUSCUAMPERFECTO	PRETÉRITO ANTERIOR	FUTURO PERFECTO
he erguido	había erguido	hube erguido	habré erguido
has erguido	habías erguido	hubiste erguido	habrás erguido
ha erguido	había erguido	hubo erguido	habrá erguido
hemos erguido	habíamos erguido	hubimos erguido	habremos erguido
habéis erguido	habíais erguido	hubisteis erguido	habréis erguido
han erguido	habían erguido	hubieron erguido	habrán erguido

CONDICIONAL SIMPLE	CONDICIONAL COMPUESTO
erguir ía	habría erguido
erguir ías	habrías erguido
erguir ía	habría erguido
erguir íamos	habríamos erguido
erguir íais	habríais erguido
erguir ían	habrían erguido

MODO SUBJUNTIVO

PRESENTE	PRETÉRITO IMPERFECTO	FUTURO IMPERFECTO (2)
irga o yerga	irguiera o irguiese	irguiere
irgas o yergas	irguieras o irguieses	irguieres
irga o yerga	irguiera o irguiese	irguiere
irgamos o yergamos	irguiéramos o irguiésemos	irguiéremos
irgáis o yergáis	irguierais o irguieseis	irguiereis
irgan o yergan	irguieran o irguiesen	irguieren

PRETÉRITO PERFECTO	PRETÉRITO PLUSCUAMPERFECTO	FUTURO PERFECTO (3)
haya erguido	hubiera o hubiese erguido	hubiere erguido
hayas erguido	hubieras o hubieses erguido	hubieres erguido
haya erguido	hubiera o hubiese erguido	hubiere erguido
hayamos erguido	hubiéramos o hubiésemos erguido	hubiéremos erguido
hayáis erguido	hubierais o hubieseis erguido	hubiereis erguido
hayan erguido	hubieran o hubiesen erguido	hubieren erguido

MODO IMPERATIVO

PRESENTE

irgue o yergue	tú
irga o yerga	él/ella/usted
irgamos	nosotros/as
ergu id	vosotros/as
irgan o yergan	ellos/ellas/ustedes

FORMAS NO PERSONALES

FORMAS SIMPLES

INFINITIVO	GERUNDIO	PARTICIPIO
erguir	irguiendo	ergu ido

FORMAS COMPUESTAS

INFINITIVO	GERUNDIO
haber erguido	habiendo erguido

(1) o Perfecto simple. (2), (3) muy poco usados.

Conjugar es fácil

77. IR VERBO IRREGULAR

MODO INDICATIVO

PRESENTE	PRETÉRITO IMPERFECTO	PRETÉRITO INDEFINIDO (1)	FUTURO IMPERFECTO
voy	iba	fui	ir é
vas	ibas	fuiste	ir ás
va	iba	fue	ir á
vamos	íbamos	fuimos	ir emos
vais	ibais	fuisteis	ir éis
van	iban	fueron	ir án

PRETÉRITO PERFECTO	PRETÉRITO PLUSCUAMPERFECTO	PRETÉRITO ANTERIOR	FUTURO PERFECTO
he ido	había ido	hube ido	habré ido
has ido	habías ido	hubiste ido	habrás ido
ha ido	había ido	hubo ido	habrá ido
hemos ido	habíamos ido	hubimos ido	habremos ido
habéis ido	habíais ido	hubisteis ido	habréis ido
han ido	habían ido	hubieron ido	habrán ido

CONDICIONAL SIMPLE	CONDICIONAL COMPUESTO
ir ía	habría ido
ir ías	habrías ido
ir ía	habría ido
ir íamos	habríamos ido
ir íais	habríais ido
ir ían	habrían ido

MODO SUBJUNTIVO

PRESENTE	PRETÉRITO IMPERFECTO	FUTURO IMPERFECTO (2)
vaya	fuera o fuese	fuere
vayas	fueras o fueses	fueres
vaya	fuera o fuese	fuere
vayamos	fuéramos o fuésemos	fuéremos
vayáis	fuerais o fueseis	fuereis
vayan	fueran o fuesen	fueren

PRETÉRITO PERFECTO	PRETÉRITO PLUSCUAMPERFECTO	FUTURO PERFECTO (3)
haya ido	hubiera o hubiese ido	hubiere ido
hayas ido	hubieras o hubieses ido	hubieres ido
haya ido	hubiera o hubiese ido	hubiere ido
hayamos ido	hubiéramos o hubiésemos ido	hubiéremos ido
hayáis ido	hubierais o hubieseis ido	hubiereis ido
hayan ido	hubieran o hubiesen ido	hubieren ido

MODO IMPERATIVO	FORMAS NO PERSONALES

PRESENTE

ve	tú
vaya	él/ella/usted
vayamos	nosotros/as
id	vosotros/as
vayan	ellos/ellas/ustedes

FORMAS SIMPLES

INFINITIVO	GERUNDIO	PARTICIPIO
ir	yendo	ido

FORMAS COMPUESTAS

INFINITIVO	GERUNDIO
haber ido	habiendo ido

(1) o Perfecto simple. (2), (3) muy poco usados.

Conjugar es fácil

tablas de verbos

78. OÍR VERBO IRREGULAR

MODO INDICATIVO

PRESENTE	PRETÉRITO IMPERFECTO	PRETÉRITO INDEFINIDO (1)	FUTURO IMPERFECTO
oigo	o ía	o í	oir é
oyes	o ías	o íste	oir ás
oye	o ía	oyó	oir á
o ímos	o íamos	o ímos	oir emos
o ís	o íais	o ísteis	oir éis
oyen	o ían	oyeron	oir án

PRETÉRITO PERFECTO	PRETÉRITO PLUSCUAMPERFECTO	PRETÉRITO ANTERIOR	FUTURO PERFECTO
he oído	había oído	hube oído	habré oído
has oído	habías oído	hubiste oído	habrás oído
ha oído	había oído	hubo oído	habrá oído
hemos oído	habíamos oído	hubimos oído	habremos oído
habéis oído	habíais oído	hubisteis oído	habréis oído
han oído	habían oído	hubieron oído	habrán oído

CONDICIONAL SIMPLE	CONDICIONAL COMPUESTO
oir ía	habría oído
oir ías	habrías oído
oir ía	habría oído
oir íamos	habríamos oído
oir íais	habríais oído
oir ían	habrían oído

MODO SUBJUNTIVO

PRESENTE	PRETÉRITO IMPERFECTO		FUTURO IMPERFECTO (2)
oiga	oyera	o oyese	oyere
oigas	oyeras	o oyeses	oyeres
oiga	oyera	o oyese	oyere
oigamos	oyéramos	o oyésemos	oyéremos
oigáis	oyerais	o oyeseis	oyereis
oigan	oyeran	o oyesen	oyeren

PRETÉRITO PERFECTO	PRETÉRITO PLUSCUAMPERFECTO		FUTURO PERFECTO (3)
haya oído	hubiera o hubiese oído		hubiere oído
hayas oído	hubieras o hubieses oído		hubieres oído
haya oído	hubiera o hubiese oído		hubiere oído
hayamos oído	hubiéramos o hubiésemos oído		hubiéremos oído
hayáis oído	hubierais o hubieseis oído		hubiereis oído
hayan oído	hubieran o hubiesen oído		hubieren oído

MODO IMPERATIVO

PRESENTE

oye	tú
oiga	él/ella/usted
oigamos	nosotros/as
o íd	vosotros/as
oigan	ellos/ellas/ustedes

FORMAS NO PERSONALES

FORMAS SIMPLES

INFINITIVO	GERUNDIO	PARTICIPIO
oír	oyendo	o ído

FORMAS COMPUESTAS

INFINITIVO	GERUNDIO
haber oído	habiendo oído

(1) o Perfecto simple. (2), (3) muy poco usados.

Conjugar es fácil

tablas de verbos

79. SALIR VERBO IRREGULAR

MODO INDICATIVO

PRESENTE	PRETÉRITO IMPERFECTO	PRETÉRITO INDEFINIDO (1)	FUTURO IMPERFECTO
salgo	sal ía	sal í	saldré
sal es	sal ías	sal iste	saldrás
sal e	sal ía	sal ió	saldrá
sal imos	sal íamos	sal imos	saldremos
sal ís	sal íais	sal isteis	saldréis
sal en	sal ían	sal ieron	saldrán

PRETÉRITO PERFECTO	PRETÉRITO PLUSCUAMPERFECTO	PRETÉRITO ANTERIOR	FUTURO PERFECTO
he salido	había salido	hube salido	habré salido
has salido	habías salido	hubiste salido	habrás salido
ha salido	había salido	hubo salido	habrá salido
hemos salido	habíamos salido	hubimos salido	habremos salido
habéis salido	habíais salido	hubisteis salido	habréis salido
han salido	habían salido	hubieron salido	habrán salido

CONDICIONAL SIMPLE	CONDICIONAL COMPUESTO
saldría	habría salido
saldrías	habrías salido
saldría	habría salido
saldríamos	habríamos salido
saldríais	habríais salido
saldrían	habrían salido

MODO SUBJUNTIVO

PRESENTE	PRETÉRITO IMPERFECTO	FUTURO IMPERFECTO (2)
salga	sal iera o sal iese	sal iere
salgas	sal ieras o sal ieses	sal ieres
salga	sal iera o sal iese	sal iere
salgamos	sal iéramos o sal iésemos	sal iéremos
salgáis	sal ierais o sal ieseis	sal iereis
salgan	sal ieran o sal iesen	sal ieren

PRETÉRITO PERFECTO	PRETÉRITO PLUSCUAMPERFECTO	FUTURO PERFECTO (3)
haya salido	hubiera o hubiese salido	hubiere salido
hayas salido	hubieras o hubieses salido	hubieres salido
haya salido	hubiera o hubiese salido	hubiere salido
hayamos salido	hubiéramos o hubiésemos salido	hubiéremos salido
hayáis salido	hubierais o hubieseis salido	hubiereis salido
hayan salido	hubieran o hubiesen salido	hubieren salido

MODO IMPERATIVO

PRESENTE

sal	tú
salga	él/ella/usted
salgamos	nosotros/as
sal id	vosotros/as
salgan	ellos/ellas/ustedes

FORMAS NO PERSONALES

FORMAS SIMPLES

INFINITIVO	GERUNDIO	PARTICIPIO
salir	sal iendo	sal ido

FORMAS COMPUESTAS

INFINITIVO	GERUNDIO
haber salido	habiendo salido

(1) o Perfecto simple. (2), (3) muy poco usados.

Conjugar es fácil

tablas de verbos

80. VENIR VERBO IRREGULAR

MODO INDICATIVO

PRESENTE	PRETÉRITO IMPERFECTO	PRETÉRITO INDEFINIDO (1)	FUTURO IMPERFECTO
vengo	**ven** ía	vine	vendré
vienes	**ven** ías	viniste	vendrás
viene	**ven** ía	vino	vendrá
ven imos	**ven** íamos	vinimos	vendremos
ven ís	**ven** íais	vinisteis	vendréis
vienen	**ven** ían	vinieron	vendrán

PRETÉRITO PERFECTO		PRETÉRITO PLUSCUAMPERFECTO		PRETÉRITO ANTERIOR		FUTURO PERFECTO	
he	venido	había	venido	hube	venido	habré	venido
has	venido	habías	venido	hubiste	venido	habrás	venido
ha	venido	había	venido	hubo	venido	habrá	venido
hemos	venido	habíamos	venido	hubimos	venido	habremos	venido
habéis	venido	habíais	venido	hubisteis	venido	habréis	venido
han	venido	habían	venido	hubieron	venido	habrán	venido

CONDICIONAL SIMPLE	CONDICIONAL COMPUESTO	
vendría	habría	venido
vendrías	habrías	venido
vendría	habría	venido
vendríamos	habríamos	venido
vendríais	habríais	venido
vendrían	habrían	venido

MODO SUBJUNTIVO

PRESENTE	PRETÉRITO IMPERFECTO		FUTURO IMPERFECTO (2)
venga	viniera	o viniese	viniere
vengas	vinieras	o vinieses	vinieres
venga	viniera	o viniese	viniere
vengamos	viniéramos	o viniésemos	viniéremos
vengáis	vinierais	o vinieseis	viniereis
vengan	vinieran	o viniesen	vinieren

PRETÉRITO PERFECTO		PRETÉRITO PLUSCUAMPERFECTO			FUTURO PERFECTO (3)	
haya	venido	hubiera	o hubiese	venido	hubiere	venido
hayas	venido	hubieras	o hubieses	venido	hubieres	venido
haya	venido	hubiera	o hubiese	venido	hubiere	venido
hayamos	venido	hubiéramos	o hubiésemos	venido	hubiéremos	venido
hayáis	venido	hubierais	o hubieseis	venido	hubiereis	venido
hayan	venido	hubieran	o hubiesen	venido	hubieren	venido

MODO IMPERATIVO

PRESENTE

ven	tú
venga	él/ella/usted
vengamos	nosotros/as
ven id	vosotros/as
vengan	ellos/ellas/ustedes

FORMAS NO PERSONALES

FORMAS SIMPLES

INFINITIVO	GERUNDIO	PARTICIPIO
venir	viniendo	**ven** ido

FORMAS COMPUESTAS

INFINITIVO	GERUNDIO
haber venido	habiendo venido

(1) o Perfecto simple. (2), (3) muy poco usados.

Conjugar es fácil

tablas de verbos

81. MODELO DE CONJUGACIÓN EN VOZ PASIVA: AMAR VERBO REGULAR

MODO INDICATIVO

PRESENTE		PRETÉRITO IMPERFECTO		PRETÉRITO INDEFINIDO (1)		FUTURO IMPERFECTO	
soy	amado	era	amado	fui	amado	seré	amado
eres	amado	eras	amado	fuiste	amado	serás	amado
es	amado	era	amado	fue	amado	será	amado
somos	amados	éramos	amados	fuimos	amados	seremos	amados
sois	amados	erais	amados	fuisteis	amados	seréis	amados
son	amados	eran	amados	fueron	amados	serán	amados

PRETÉRITO PERFECTO		PRETÉRITO PLUSCUAMPERFECTO		PRETÉRITO ANTERIOR		FUTURO PERFECTO	
he sido	amado	había sido	amado	hube sido	amado	habré sido	amado
has sido	amado	habías sido	amado	hubiste sido	amado	habrás sido	amado
ha sido	amado	había sido	amado	hubo sido	amado	habrá sido	amado
hemos sido	amados	habíamos sido	amados	hubimos sido	amados	habremos sido	amados
habéis sido	amados	habíais sido	amados	hubisteis sido	amados	habréis sido	amados
han sido	amados	habían sido	amados	hubieron sido	amados	habrán sido	amados

CONDICIONAL SIMPLE		CONDICIONAL COMPUESTO	
sería	amado	habría sido	amado
serías	amado	habrías sido	amado
sería	amado	habría sido	amado
seríamos	amados	habríamos sido	amados
seríais	amados	habríais sido	amados
serían	amados	habrían sido	amados

MODO SUBJUNTIVO

PRESENTE		PRETÉRITO IMPERFECTO				FUTURO IMPERFECTO (2)	
sea	amado	fuera	o	fuese	amado	fuere	amado
seas	amado	fueras	o	fueses	amado	fueres	amado
sea	amado	fuera	o	fuese	amado	fuere	amado
seamos	amados	fuéramos	o	fuésemos	amados	fuéremos	amados
seáis	amados	fuerais	o	fueseis	amados	fuereis	amados
sean	amados	fueran	o	fuesen	amados	fueren	amados

PRETÉRITO PERFECTO		PRETÉRITO PLUSCUAMPERFECTO				FUTURO PERFECTO (3)	
haya sido	amado	hubiera	o	hubiese sido	amado	hubiere sido	amado
hayas sido	amado	hubieras	o	hubieses sido	amado	hubieres sido	amado
haya sido	amado	hubiera	o	hubiese sido	amado	hubiere sido	amado
hayamos sido	amados	hubiéramos	o	hubiésemos sido	amados	hubiéremos sido	amados
hayáis sido	amados	hubierais	o	hubieseis sido	amados	hubiereis sido	amados
hayan sido	amados	hubieran	o	hubiesen sido	amados	hubieren sido	amados

MODO IMPERATIVO

PRESENTE

sé amado	tú	
sea amado	él/ella/usted	
seamos amados	nosotros/as	
sed amados	vosotros/as	
sean amados	ellos/ellas/ustedes	

FORMAS NO PERSONALES

FORMAS SIMPLES

INFINITIVO	GERUNDIO	PARTICIPIO
ser amado	siendo amado	sido amado

FORMAS COMPUESTAS

INFINITIVO	GERUNDIO
haber sido amado	habiendo sido amado

(1) o Perfecto simple. (2), (3) muy poco usados.

Conjugar es fácil

tablas de verbos

82. MODELO DE CONJUGACIÓN PRONOMINAL: LAVARSE VERBO REGULAR

MODO INDICATIVO

PRESENTE		PRETÉRITO IMPERFECTO		PRETÉRITO INDEFINIDO (1)		FUTURO IMPERFECTO	
me	lavo	me	lavaba	me	lavé	me	lavaré
te	lavas	te	lavabas	te	lavaste	te	lavarás
se	lava	se	lavaba	se	lavó	se	lavará
nos	lavamos	nos	lavábamos	nos	lavamos	nos	lavaremos
os	laváis	os	lavabais	os	lavasteis	os	lavaréis
se	lavan	se	lavaban	se	lavaron	se	lavarán

PRETÉRITO PERFECTO			PRETÉRITO PLUSCUAMPERFECTO			PRETÉRITO ANTERIOR			FUTURO PERFECTO		
me	he	lavado	me	había	lavado	me	hube	lavado	me	habré	lavado
te	has	lavado	te	habías	lavado	te	hubiste	lavado	te	habrás	lavado
se	ha	lavado	se	había	lavado	se	hubo	lavado	se	habrá	lavado
nos	hemos	lavado	nos	habíamos	lavado	nos	hubimos	lavado	nos	habremos	lavado
os	habéis	lavado	os	habíais	lavado	os	hubisteis	lavado	os	habréis	lavado
se	han	lavado	se	habían	lavado	se	hubieron	lavado	se	habrán	lavado

CONDICIONAL SIMPLE		CONDICIONAL COMPUESTO		
me	lavaría	me	habría	lavado
te	lavarías	te	habrías	lavado
se	lavaría	se	habría	lavado
nos	lavaríamos	nos	habríamos	lavado
os	lavaríais	os	habríais	lavado
se	lavarían	se	habrían	lavado

MODO SUBJUNTIVO

PRESENTE		PRETÉRITO IMPERFECTO					FUTURO IMPERFECTO (2)	
me	lave	me	lavara	o	me	lavase	me	lavare
te	laves	te	lavaras	o	te	lavases	te	lavares
se	lave	se	lavara	o	se	lavase	se	lavare
nos	lavemos	nos	laváramos	o	nos	lavásemos	nos	laváremos
os	lavéis	os	lavarais	o	os	lavaseis	os	lavareis
se	laven	se	lavaran	o	se	lavasen	se	lavaren

PRETÉRITO PERFECTO			PRETÉRITO PLUSCUAMPERFECTO						FUTURO PERFECTO (3)		
me	haya	lavado	me	hubiera	o	me	hubiese	lavado	me	hubiere	lavado
te	hayas	lavado	te	hubieras	o	te	hubieses	lavado	te	hubieres	lavado
se	haya	lavado	se	hubiera	o	se	hubiese	lavado	se	hubiere	lavado
nos	hayamos	lavado	nos	hubiéramos	o	nos	hubiésemos	lavado	nos	hubiéremos	lavado
os	hayáis	lavado	os	hubierais	o	os	hubieseis	lavado	os	hubiereis	lavado
se	hayan	lavado	se	hubieran	o	se	hubiesen	lavado	se	hubieren	lavado

MODO IMPERATIVO

PRESENTE

lávate	tú
lávese	él/ella/usted
lavémonos	nosotros/as
lavaos	vosotros/as
lávense	ellos/ellas/ustedes

FORMAS NO PERSONALES

FORMAS SIMPLES

INFINITIVO	GERUNDIO	PARTICIPIO
lavarse	lavándose	-

FORMAS COMPUESTAS

INFINITIVO	GERUNDIO
haberse lavado	habiéndose lavado

(1) o Perfecto simple. (2), (3) muy poco usados.

3. lista de verbos

Signos y abreviaturas

*= verbo irregular

V.= verbo

def.= defectivo

irr.= irregular

part.= participio

2 part.= Se han incluido, salvo casos excepcionales de desuso total, el participio regular –usual– y el irregular, que ya no es forma verbal en la actualidad.

verbos

	a		

Abalanzarse	cruzar	8	
Abanderar	cantar	5	
Abandonar	cantar	5	
Abanicar	atacar	7	
Abaratar	cantar	5	
Abarcar	atacar	7	
Abarquillar	cantar	5	
Abarrotar	cantar	5	
* Abastecer	obedecer	33	
Abatir	vivir	51	
Abdicar	atacar	7	
Abetunar	cantar	5	
Abigarrar	cantar	5	
Abismar	cantar	5	
Abjurar	cantar	5	
Ablandar	cantar	5	
* Abnegar	negar	14	
Abobar	cantar	5	
Abocar	atacar	7	
Abocetar	cantar	5	
Abochornar	cantar	5	
Abocinar	cantar	5	
Abofetear	cantar	5	
Abogar	pagar	6	
Abolir		71	V. def.
Abollar	cantar	5	
Abombar	cantar	5	
Abominar	cantar	5	
Abonar	cantar	5	
Abordar	cantar	5	
* Aborrecer	obedecer	33	
Aborregarse	pagar	6	
Abortar	cantar	5	
Abotargarse	pagar	6	
Abotonar	cantar	5	
Abovedar	cantar	5	
Abrasar	cantar	5	
Abrazar	cruzar	8	

Abrevar	cantar	5	
Abreviar	cantar	5	
Abrigar	pagar	6	
Abrillantar	cantar	5	
* Abrir	vivir	51	Part. irr. (1)
Abrochar	cantar	5	
Abrogar	pagar	6	
Abrumar	cantar	5	
* Absolver	mover	30	Part. irr. (2)
* Absorber	beber	24	2 part. (3)
* Abstenerse	tener	2	
* Abstraer	traer	47	2 part. (4)
Abuchear	cantar	5	
Abultar	cantar	5	
Abundar	cantar	5	
Aburguesarse	cantar	5	
Aburrir	vivir	51	
Abusar	cantar	5	
Acabar	cantar	5	
* Acaecer	obedecer	33	V. def. (5)
Acallar	cantar	5	
Acalorarse	cantar	5	
Acampar	cantar	5	
Acanalar	cantar	5	
Acantonar	cantar	5	
Acaparar	cantar	5	
Acaramelar	cantar	5	
Acariciar	cantar	5	
Acarrear	cantar	5	
Acartonarse	cantar	5	
Acatar	cantar	5	
Acatarrarse	cantar	5	
Acaudalar	cantar	5	
Acaudillar	cantar	5	
Acceder	beber	24	
Accidentarse	cantar	5	
Accionar	cantar	5	
Acechar	cantar	5	
Acecinar	cantar	5	
Aceitar	cantar	5	
Acelerar	cantar	5	
Acendrar	cantar	5	

Conjugar es fácil

Acentuar	actuar	10	
Aceptar	cantar	5	
Acerar	cantar	5	
Acercar	atacar	7	
* Acertar	pensar	13	
Achabacanarse	cantar	5	
Achacar	atacar	7	
Achantar	cantar	5	
Achaparrarse	cantar	5	
Acharolar	cantar	5	
Achatar	cantar	5	
Achicar	atacar	7	
Achicharrar	cantar	5	
Achinar	cantar	5	
Achispar	cantar	5	
Achuchar	cantar	5	
Achularse	cantar	5	
Acicalarse	cantar	5	
Acidificar	atacar	7	
Acidular	cantar	5	
Aclamar	cantar	5	
Aclarar	cantar	5	
Aclimatar	cantar	5	
Acobardar	cantar	5	
Acodar	cantar	5	
Acoger	coger	25	
Acogotar	cantar	5	
Acojonar	cantar	5	
Acolchar	cantar	5	
Acometer	beber	24	
Acomodar	cantar	5	
Acompañar	cantar	5	
Acompasar	cantar	5	
Acomplejar	cantar	5	
Acondicionar	cantar	5	
Acongojar	cantar	5	
Aconsejar	cantar	5	
* Acontecer	obedecer	33	V. def. (5)
Acoplar	cantar	5	
Acoquinar	cantar	5	
Acorazar	cruzar	8	
Acorcharse	cantar	5	

* Acordar	contar	16	
Acordonar	cantar	5	
Acorralar	cantar	5	
Acortar	cantar	5	
Acosar	cantar	5	
* Acostar	contar	16	
Acostumbrar	cantar	5	
Acotar	cantar	5	
* Acrecentar	pensar	13	
Acreditar	cantar	5	
Acribillar	cantar	5	
Acrisolar	cantar	5	
Acristalar	cantar	5	
Activar	cantar	5	
Actualizar	cruzar	8	
Actuar		10	
Acuartelar	cantar	5	
Acuchillar	cantar	5	
Acuciar	cantar	5	
Acuclillarse	cantar	5	
Acudir	vivir	51	
Acumular	cantar	5	
Acunar	cantar	5	
Acuñar	cantar	5	
Acurrucarse	atacar	7	
Acusar	cantar	5	
Adaptar	cantar	5	
Adecentar	cantar	5	
Adecuar	cantar	5	(6)
Adelantar	cantar	5	
Adelgazar	cruzar	8	
Adentrarse	cantar	5	
Aderezar	cruzar	8	
Adeudar	cantar	5	
* Adherir	sentir	65	
Adicionar	cantar	5	
Adiestrar	cantar	5	
Adinerarse	cantar	5	
Adivinar	cantar	5	
Adjetivar	cantar	5	
Adjudicar	atacar	7	
Adjuntar	cantar	5	

Conjugar es fácil

verbos

Adjurar	cantar	5		* Afluir	concluir	59	
Administrar	cantar	5		Afofarse	cantar	5	
Admirar	cantar	5		Afrancesarse	cantar	5	
Admitir	vivir	51		Afrentar	cantar	5	
Adobar	cantar	5		Africanizar	cruzar	8	
Adocenar	cantar	5		Afrontar	cantar	5	
Adoctrinar	cantar	5		Agachar	cantar	5	
* Adolecer	obedecer	33		Agarrar	cantar	5	
Adoptar	cantar	5		Agarrotar	cantar	5	
Adoquinar	cantar	5		Agasajar	cantar	5	
Adorar	cantar	5		Agavillar	cantar	5	
* Adormecer	obedecer	33		Agazaparse	cantar	5	
Adormilarse	cantar	5		Agenciar	cantar	5	
Adornar	cantar	5		Agigantar	cantar	5	
Adosar	cantar	5		Agilizar	cantar	5	
* Adquirir		67		Agitanar	cantar	5	
* Adscribir	vivir	51	Part. irr. (7)	Agitar	cantar	5	
* Aducir	traducir	69		Aglomerar	cantar	5	
Adueñarse	cantar	5		Aglutinar	cantar	5	
Adular	cantar	5		Agobiar	cantar	5	
Adulterar	cantar	5		Agolparse	cantar	5	
Adverbializar	cruzar	8		Agonizar	cruzar	8	
* Advertir	sentir	65		Agostarse	cantar	5	
Aerotransportar	cantar	5		Agotar	cantar	5	
Afanarse	cantar	5		Agraciar	cantar	5	
Afear	cantar	5		Agradar	cantar	5	
Afectar	cantar	5		* Agradecer	obedecer	33	
Afeitar	cantar	5		Agrandar	cantar	5	
Afelpar	cantar	5		Agravar	cantar	5	
Afeminar	cantar	5		Agraviar	cantar	5	
Aferrar	cantar	5		Agredir	abolir	71	V. def. (8)
Afianzar	cruzar	8		Agregar	pagar	6	
Aficionar	cantar	5		Agremiar	cantar	5	
Afilar	cantar	5		Agriar	desviar	9	(9)
Afiliar	cantar	5		Agrietar	cantar	5	
Afinar	cantar	5		Agrisar	cantar	5	
Afincar	atacar	7		Agrupar	cantar	5	
Afirmar	cantar	5		Aguantar	cantar	5	
Aflautar	cantar	5		Aguar	averiguar	11	
Afligir	dirigir	52		Aguardar	cantar	5	
Aflojar	cantar	5		Agudizar	cruzar	8	
Aflorar	cantar	5		Aguijonear	cantar	5	

Conjugar es fácil

verbos

Agujerear	cantar	5	
Agusanarse	cantar	5	
Aguzar	cruzar	8	
Aherrojar	cantar	5	
Ahogar	pagar	6	
Ahondar	cantar	5	
Ahorcar	atacar	7	
Ahormar	cantar	5	
Ahorrar	cantar	5	
Ahuecar	atacar	7	
Ahuevar	cantar	5	
Ahumar	maullar	12	
Ahuyentar	cantar	5	
Aindiarse	cantar	5	
Airear	cantar	5	
Aislar	cantar	5	(10)
Ajamonarse	cantar	5	
Ajar	cantar	5	
Ajardinar	cantar	5	
Ajetrear	cantar	5	
Ajuntar	cantar	5	
Ajustar	cantar	5	
Ajusticiar	cantar	5	
Alabar	cantar	5	
Alabear	cantar	5	
Alambicar	atacar	7	
Alambrar	cantar	5	
Alardear	cantar	5	
Alargar	pagar	6	
Alarmar	cantar	5	
Albardar	cantar	5	
Albergar	pagar	6	
Alborear	cantar	5	V. def. (11)
Alborotar	cantar	5	
Alborozar	cruzar	8	
Alcahuetear	cantar	5	
Alcalinizar	cruzar	8	
Alcantarillar	cantar	5	
Alcanzar	cruzar	8	
Alcoholizar	cruzar	8	
Aleccionar	cantar	5	
Alegar	pagar	6	

Alegrar	cantar	5	
Alejar	cantar	5	
Alelar	cantar	5	
* Alentar	pensar	13	
Alertar	cantar	5	
Aletargar	pagar	6	
Aletear	cantar	5	
Alfabetizar	cruzar	8	
Alfombrar	cantar	5	
Algodonar	cantar	5	
Alhajar	cantar	5	
Aliarse	desviar	9	
Alicatar	cantar	5	
Alicortar	cantar	5	
Alienar	cantar	5	
Aligerar	cantar	5	
Alimentar	cantar	5	
Alinear	cantar	5	
Aliñar	cantar	5	
Alisar	cantar	5	
Alistar	cantar	5	
Aliviar	cantar	5	
Allanar	cantar	5	
Allegar	pagar	6	
Almacenar	cantar	5	
Almendrar	cantar	5	
Almibarar	cantar	5	
Almidonar	cantar	5	
Almohadillar	cantar	5	
Almohazar	cruzar	8	
* Almorzar	forzar	19	
Alocarse	atacar	7	
Alojar	cantar	5	
Alquilar	cantar	5	
Alterar	cantar	5	
Alternar	cantar	5	
Alucinar	cantar	5	
Aludir	vivir	51	
Alumbrar	cantar	5	
Alunizar	cruzar	8	
Alzar	cruzar	8	
Amadrinar	cantar	5	

V

Conjugar es fácil

verbos

Amaestrar	cantar	5	
Amagar	pagar	6	
Amainar	cantar	5	
Amalgamar	cantar	5	
Amamantar	cantar	5	
Amancebarse	cantar	5	
* Amanecer	obedecer	33	V. def. (11)
Amanerarse	cantar	5	
Amansar	cantar	5	
Amañar	cantar	5	
Amar	cantar	5	
Amarar	cantar	5	
Amargar	pagar	6	
Amarillear	cantar	5	
Amarrar	cantar	5	
Amartelar	cantar	5	
Amartillar	cantar	5	
Amasar	cantar	5	
Ambicionar	cantar	5	
Ambientar	cantar	5	
Amedrentar	cantar	5	
Amenazar	cruzar	8	
Amenizar	cruzar	8	
Americanizar	cruzar	8	
Amerizar	cruzar	8	
Ametrallar	cantar	5	
Amigar	pagar	6	
Amilanar	cantar	5	
Aminorar	cantar	5	
Amnistiar	desviar	9	
Amodorrarse	cantar	5	
Amojamar	cantar	5	
Amoldar	cantar	5	
Amonarse	cantar	5	
Amonestar	cantar	5	
Amontonar	cantar	5	
Amoratarse	cantar	5	
Amordazar	cruzar	8	
Amorriñarse	cantar	5	
Amortajar	cantar	5	
Amortiguar	averiguar	11	
Amortizar	cruzar	8	

Amostazar	cruzar	8	
Amotinar	cantar	5	
Amparar	cantar	5	
Ampliar	desviar	9	
Amplificar	atacar	7	
Amputar	cantar	5	
Amueblar	cantar	5	
Amuermar	cantar	5	
Amurallar	cantar	5	
Analizar	cruzar	8	
Anarquizar	cruzar	8	
Anatematizar	cruzar	8	
Anatomizar	cruzar	8	
Anclar	cantar	5	
* Andar		22	
Anegar	cantar	5	
Anestesiar	cantar	5	
Anexionar	cantar	5	
Angostar	cantar	5	
Angustiar	cantar	5	
Anhelar	cantar	5	
Anidar	cantar	5	
Anillar	cantar	5	
Animalizar	cruzar	8	
Animar	cantar	5	
Aniñarse	cantar	5	
Aniquilar	cantar	5	
Anisar	cantar	5	
* Anochecer	obedecer	33	V. def. (11)
Anonadar	cantar	5	
Anotar	cantar	5	
Anquilosar	cantar	5	
Ansiar	desviar	9	
Anteceder	beber	24	
* Anteponer	poner	41	
Anticipar	cantar	5	
Antojarse	cantar	5	
Anudar	cantar	5	
Anular	cantar	5	
Anunciar	cantar	5	
Añadir	vivir	51	
Añorar	cantar	5	

Conjugar es fácil

Apabullar	cantar	5	
* Apacentar	pensar	13	
Apaciguar	averiguar	11	
Apadrinar	cantar	5	
Apagar	pagar	6	
Apalabrar	cantar	5	
Apalancar	atacar	7	
Apalear	cantar	5	
Apañar	cantar	5	
Aparcar	atacar	7	
Aparear	cantar	5	
* Aparecer	obedecer	33	
Aparejar	cantar	5	
Aparentar	cantar	5	
Apartar	cantar	5	
Apasionar	cantar	5	
Apear	cantar	5	
Apechar	cantar	5	
Apechugar	pagar	6	
Apedrear	cantar	5	
Apegarse	pagar	6	
Apelar	cantar	5	
Apellidar	cantar	5	
Apelmazar	cruzar	8	
Apelotonar	cantar	5	
Apenar	cantar	5	
Apercibir	vivir	51	
Apergaminarse	cantar	5	
Apesadumbrar	cantar	5	
Apestar	cantar	5	
* Apetecer	obedecer	33	
Apiadar	cantar	5	
Apilar	cantar	5	
Apiñar	cantar	5	
Apisonar	cantar	5	
Aplacar	atacar	7	
Aplanar	cantar	5	
Aplastar	cantar	5	
Aplatanar	cantar	5	
Aplaudir	vivir	51	
Aplazar	cruzar	8	
Aplicar	atacar	7	

Apocar	atacar	7	
Apocopar	cantar	5	
Apodar	cantar	5	
Apoderar	cantar	5	
Apolillarse	cantar	5	
Apologizar	cruzar	8	
Apoltronarse	cantar	5	
Apoquinar	cantar	5	
Aporrear	cantar	5	
Aportar	cantar	5	
Aposentar	cantar	5	
* Apostar	contar	16	(12)
Apostatar	cantar	5	
Apostillar	cantar	5	
Apostrofar	cantar	5	
Apoyar	cantar	5	
Apreciar	cantar	5	
Aprehender	beber	24	
Apremiar	cantar	5	
Aprender	beber	24	
Apresar	cantar	5	
Aprestarse	cantar	5	
Apresurar	cantar	5	
* Apretar	pensar	13	
Apretujar	cantar	5	
Aprisionar	cantar	5	
* Aprobar	contar	16	
Apropiar	cantar	5	
Aprovechar	cantar	5	
Aprovisionar	cantar	5	
Aproximar	cantar	5	
Apuntalar	cantar	5	
Apuntar	cantar	5	
Apuntillar	cantar	5	
Apuñalar	cantar	5	
Apurar	cantar	5	
Aquejar	cantar	5	
Aquietar	cantar	5	
Aquilatar	cantar	5	
Arañar	cantar	5	
Arar	cantar	5	
Arbitrar	cantar	5	

Conjugar es fácil

verbos

Arbolar	cantar	5	
Archivar	cantar	5	
Arder	beber	24	
* Argüir	concluir	59	(13)
Argumentar	cantar	5	
Armar	cantar	5	
Armonizar	cruzar	8	
Aromatizar	cruzar	8	
Arponear	cantar	5	
Arquear	cantar	5	
Arracimarse	cantar	5	
Arraigar	pagar	6	
Arramblar	cantar	5	
Arramplar	cantar	5	
Arrancar	atacar	7	
Arrasar	cantar	5	
Arrastrar	cantar	5	
Arrear	cantar	5	
Arrebatar	cantar	5	
Arrebolarse	cantar	5	
Arrebujar	cantar	5	
Arreciar	cantar	5	
Arredrar	cantar	5	
Arreglar	cantar	5	
Arrellanarse	cantar	5	
Arremangar	pagar	6	
Arremeter	beber	24	
Arremolinarse	cantar	5	
* Arrendar	pensar	13	
* Arrepentirse	sentir	65	
Arrestar	cantar	5	
Arriar	desviar	9	
Arribar	cantar	5	
Arriesgar	pagar	6	
Arrimar	cantar	5	
Arrinconar	cantar	5	
Arrobar	cantar	5	
Arrodillar	cantar	5	
Arrogarse	pagar	6	
Arrojar	cantar	5	
Arrollar	cantar	5	
Arropar	cantar	5	

Arrostrar	cantar	5	
Arrugar	pagar	6	
Arruinar	cantar	5	
Arrullar	cantar	5	
Arrumbar	cantar	5	
Articular	cantar	5	
Asaetear	cantar	5	
Asalariar	cantar	5	
Asaltar	cantar	5	
Asar	cantar	5	
* Ascender	perder	29	
Asear	cantar	5	
Asediar	cantar	5	
Asegurar	cantar	5	
Asemejarse	cantar	5	
* Asentar	pensar	13	
* Asentir	sentir	65	
* Aserrar	pensar	13	
Asesinar	cantar	5	
Asesorar	cantar	5	
Asestar	pensar	13	
Aseverar	cantar	5	
Asfaltar	cantar	5	
Asfixiar	cantar	5	
Asignar	cantar	5	
Asilar	cantar	5	
Asimilar	cantar	5	
* Asir		72	
Asistir	vivir	51	
Asociar	cantar	5	
Asolar	cantar	5	(14)
Asomar	cantar	5	
Asombrar	cantar	5	
Aspar	cantar	5	
Asperjar	cantar	5	
Aspirar	cantar	5	
Asquear	cantar	5	
Astillar	cantar	5	
Asumir	vivir	51	
Asustar	cantar	5	
Atacar		7	
Atajar	cantar	5	

Conjugar es fácil

Atañer	*tañer*	27	V. def. (5)
Atar	*cantar*	5	
* Atardecer	*obedecer*	33	V. def. (11)
Atarugar	*pagar*	6	
Atascar	*atacar*	7	
Ataviar	*desviar*	9	
Atemorizar	*cruzar*	8	
Atemperar	*cantar*	5	
Atenazar	*cruzar*	8	
* Atender	*perder*	29	(15)
* Atenerse	*tener*	2	
Atentar	*cantar*	5	
Atenuar	*actuar*	10	
Aterrar	*cantar*	5	
Aterrizar	*cruzar*	8	
Aterrorizar	*cruzar*	8	
Atesorar	*cantar*	5	
Atestar	*cantar*	5	(16)
Atestiguar	*averiguar*	11	
Atiborrar	*cantar*	5	
Atildar	*cantar*	5	
Atinar	*cantar*	5	
Atiplar	*cantar*	5	
Atirantar	*cantar*	5	
Atisbar	*cantar*	5	
Atizar	*cruzar*	8	
Atocinar	*cantar*	5	
Atolondrar	*cantar*	5	
Atomizar	*cruzar*	8	
Atontar	*cantar*	5	
Atontolinar	*cantar*	5	
Atorarse	*cantar*	5	
Atormentar	*cantar*	5	
Atornillar	*cantar*	5	
Atosigar	*pagar*	5	
Atracar	*atacar*	7	
* Atraer	*traer*	47	
Atragantar	*cantar*	5	
Atrancar	*atacar*	7	
Atrapar	*cantar*	5	
Atrasar	*cantar*	5	
* Atravesar	*pensar*	13	

Atreverse	*beber*	24	
* Atribuir	*concluir*	59	
Atribular	*cantar*	5	
Atrincherar	*cantar*	5	
Atrofiar	*cantar*	5	
* Atronar	*contar*	16	V. def. (5)
Atropellar	*cantar*	5	
Atufar	*cantar*	5	
Aturdir	*vivir*	51	
Aturullar	*cantar*	5	
Atusar	*cantar*	5	
Auditar	*cantar*	5	
Augurar	*cantar*	5	
Aullar	*maullar*	12	
Aumentar	*cantar*	5	
Aunar	*maullar*	12	
Aupar	*maullar*	12	
Aureolar	*cantar*	5	
Auscultar	*cantar*	5	
Ausentar	*cantar*	5	
Auspiciar	*cantar*	5	
Autenticar	*atacar*	7	
Autentificar	*atacar*	7	
Autoasignarse	*cantar*	5	
Autocalificarse	*atacar*	7	
Autocensurarse	*cantar*	5	
* Autocorregir	*corregir*	61	
* Autodestruirse	*concluir*	69	
Automatizar	*cruzar*	8	
Autopresentarse	*cantar*	5	
Autorizar	*cruzar*	8	
Autorregularse	*cantar*	5	
Autosugestionarse	*cantar*	5	
Auxiliar	*cantar*	5	
Avalar	*cantar*	5	
Avanzar	*cruzar*	8	
Avasallar	*cantar*	5	
Avecinarse	*cantar*	5	
Avecindar	*cantar*	5	
Avejentar	*cantar*	5	
* Avenir	*venir*	80	
Aventajar	*cantar*	5	

verbos

* Aventar	pensar	13	
Aventurar	cantar	5	
* Avergonzar		20	
Averiar	desviar	9	
Averiguar		11	
Avezar	cruzar	8	
Aviar	desviar	9	
Aviejar	cantar	5	
Avinagrar	cantar	5	
Avisar	cantar	5	
Avisparse	cantar	5	
Avistar	cantar	5	
Avituallar	cantar	5	
Avivar	cantar	5	
Avizorar	cantar	5	
Ayudar	cantar	5	
Ayunar	cantar	5	
Azarar	cantar	5	
Azogar	pagar	6	
Azorar	cantar	5	
Azotar	cantar	5	
Azucarar	cantar	5	
Azufrar	cantar	5	
Azulear	cantar	5	
Azuzar	cruzar	8	

b

Babear	cantar	5	
Babosear	cantar	5	
Bailar	cantar	5	
Bailotear	cantar	5	
Bajar	cantar	5	
Balancear	cantar	5	
Balar	cantar	5	
Balbucear	cantar	5	
Balbucir	abolir	71	V. def. (17)
Baldar	cantar	5	
Baldear	cantar	5	
Bambolear	cantar	5	

Bandear	cantar	5	
Banderillear	cantar	5	
Bañar	cantar	5	
Baquetear	cantar	5	
Barajar	cantar	5	
Barnizar	cruzar	8	
Barrar	cantar	5	
Barrenar	cantar	5	
Barrer	beber	24	
Barritar	cantar	5	
Barruntar	cantar	5	
Basar	cantar	5	
Bascular	cantar	5	
Bastar	cantar	5	
Batallar	cantar	5	
Batear	cantar	5	
Batir	vivir	51	
Bautizar	cruzar	8	
Beatificar	atacar	7	
Beber		24	
Becar	atacar	7	
* Bendecir		73	2 part. (18)
Beneficiar	cantar	5	
Berrear	cantar	5	
Besar	cantar	5	
Bestializarse	cruzar	8	
Besuquear	cantar	5	
Bifurcarse	atacar	7	
Biografiar	desviar	9	
Birlar	cantar	5	
Bisar	cantar	5	
Bisbisear	cantar	5	
Biselar	cantar	5	
Bizquear	cantar	5	
Blandir	abolir	71	
Blanquear	cantar	5	
Blasfemar	cantar	5	
Blasonar	cantar	5	
Blindar	cantar	5	
Bloquear	cantar	5	
Bobear	cantar	5	
Bogar	pagar	6	

Conjugar es fácil

Boicotear	cantar	5
Bombardear	cantar	5
Bombear	cantar	5
Bonificar	atacar	7
Bordar	cantar	5
Bordear	cantar	5
Borrar	cantar	5
Bosquejar	cantar	5
Bostezar	cruzar	8
Botar	cantar	5
Boxear	cantar	5
Bracear	cantar	5
Bramar	cantar	5
Brasear	cantar	5
Brear	cantar	5
Bregar	pagar	6
Bribonear	cantar	5
Bricolar	cantar	5
Brillar	cantar	5
Brincar	atacar	7
Brindar	cantar	5
Bromear	cantar	5
Broncear	cantar	5
Brotar	cantar	5
Brujulear	cantar	5
Bruñir		58
Brutalizarse	cruzar	8
Bucear	cantar	5
Bufar	cantar	5
Bullir	mullir	57
Burbujear	cantar	5
Burilar	cantar	5
Burlar	cantar	5
Buscar	atacar	7
Buzonear	cantar	5

C

Cabalgar	pagar	6
Cabecear	cantar	5

* *Caber*		35
Cablear	cantar	5
Cablegrafiar	desviar	9
Cabrear	cantar	5
Cabrillear	cantar	5
Cacarear	cantar	5
Cachear	cantar	5
Cachondearse	cantar	5
Caducar	atacar	7
* *Caer*		36
Cagar	pagar	6
Calafetear	cantar	5
Calar	cantar	5
Calcar	atacar	7
Calcetar	cantar	5
Calcificar	atacar	7
Calcinar	cantar	5
Calcografiar	desviar	9
Calcular	cantar	5
Caldear	cantar	5
* *Calentar*	pensar	13
Calibrar	cantar	5
Calificar	atacar	7
Caligrafiar	desviar	9
Calmar	cantar	5
Calumniar	cantar	5
Calzar	cruzar	8
Callar	cantar	5
Callejear	cantar	5
Cambiar	cantar	5
Camelar	cantar	5
Caminar	cantar	5
Campar	cantar	5
Campear	cantar	5
Camuflar	cantar	5
Canalizar	cruzar	8
Cancelar	cantar	5
Canjear	cantar	5
Canonizar	cruzar	8
Cansar	cantar	5
Cantar		5
Canturrear	cantar	5

verbos

Cañonear	cantar	5	
Capacitar	cantar	5	
Capar	cantar	5	
Capear	cantar	5	
Capitalizar	cruzar	8	
Capitanear	cantar	5	
Capitular	cantar	5	
Capotar	cantar	5	
Capotear	cantar	5	
Captar	cantar	5	
Capturar	cantar	5	
Caracolear	cantar	5	
Caracterizar	cruzar	8	
Caramelizar	cruzar	8	
Carbonatar	cantar	5	
Carbonizar	cruzar	8	
Carburar	cantar	5	
Carcajear	cantar	5	
Carcomer	beber	24	
Cardar	cantar	5	
Carear	cantar	5	
* Carecer	obedecer	33	
Cargar	pagar	6	
Cariarse	cantar	5	
Caricaturizar	cruzar	8	
Carraspear	cantar	5	
Cartearse	cantar	5	
Cartografiar	desviar	9	
Casarse	cantar	5	
Cascabelear	cantar	5	
Cascar	atacar	7	
Castañetear	cantar	5	
Castellanizar	cruzar	8	
Castigar	pagar	6	
Castrar	cantar	5	
Catalizar	cruzar	8	
Catalogar	pagar	6	
Catapultar	cantar	5	
Catar	cantar	5	
Catear	cantar	5	
Catequizar	cruzar	8	
Causar	cantar	5	

Cauterizar	cruzar	8	
Cautivar	cantar	5	
Cavar	cantar	5	
Cavilar	cantar	5	
Cazar	cruzar	8	
Cebar	cantar	5	
Cecear	cantar	5	
Ceder	beber	24	
* Cegar	negar	14	
Cejar	cantar	5	
Celar	cantar	5	
Celebrar	cantar	5	
Cenar	cantar	5	
Censar	cantar	5	
Censurar	cantar	5	
Centellear	cantar	5	V. def. (11)
Centralizar	cruzar	8	
Centrar	cantar	5	
Centrifugar	pagar	6	
Centuplicar	atacar	7	
* Ceñir	teñir	64	
Cepillar	cantar	5	
Cercar	atacar	7	
Cercenar	cantar	5	
Cerciorar	cantar	5	
* Cernir	discernir	66	V. def. (5)
* Cerrar	pensar	13	
Certificar	atacar	7	
Cesar	cantar	5	
Chafar	cantar	5	
Chalar	cantar	5	
Chamullar	cantar	5	
Chamuscar	atacar	7	
Chancear	cantar	5	
Chancletear	cantar	5	
Chantajear	cantar	5	
Chapar	cantar	5	
Chapotear	cantar	5	
Chapucear	cantar	5	
Chapurrear	cantar	5	
Chapuzar	cruzar	8	
Chaquetear	cantar	5	

Charlar	cantar	5	
Charlatanear	cantar	5	
Charlotear	cantar	5	
Charolar	cantar	5	
Chascar	atacar	7	
Chasquear	cantar	5	
Chatear	cantar	5	
Chequear	cantar	5	
Chicolear	cantar	5	
Chiflar	cantar	5	
Chillar	cantar	5	
Chinchar	cantar	5	
Chinchorrear	cantar	5	
Chingar	pagar	6	
Chirigotear	cantar	5	
Chirriar	desviar	9	
Chismear	cantar	5	
Chismorrear	cantar	5	
Chispear	cantar	5	V. def. (11)
Chisporrotear	cantar	5	
Chistar	cantar	5	
Chivarse	cantar	5	
Chocar	atacar	7	
Chochear	cantar	5	
Choricear	cantar	5	
Chorrear	cantar	5	
Chotearse	cantar	5	
Chulear	cantar	5	
Chupar	cantar	5	
Chupetear	cantar	5	
Churruscar	atacar	7	
Chutar	cantar	5	
Cicatear	cantar	5	
Cicatrizar	cruzar	8	
Cifrar	cantar	5	
Cimbrear	cantar	5	
Cimentar	cantar	5	
Cincelar	cantar	5	
Cinematografiar	desviar	5	
Circuncidar	cantar	5	2 part. (19)
Circunnavegar	pagar	6	
* Circunscribir	vivir	51	Part. irr. (20)

Circunvalar	cantar	5	
Ciscar	atacar	7	
Citar	cantar	5	
Civilizar	cruzar	8	
Cizañar	cantar	5	
Clamar	cantar	5	
Clamorear	cantar	5	
Clarear	cantar	5	V. def. (11)
Clarificar	atacar	7	
Clasificar	atacar	7	
Claudicar	atacar	7	
Clausurar	cantar	5	
Clavar	cantar	5	
Clavetear	cantar	5	
Climatizar	cruzar	8	
Clonar	cantar	5	
Cloquear	cantar	5	
Cloroformizar	cruzar	8	
Coaccionar	cantar	5	
Coadyuvar	cantar	5	
Coagular	cantar	5	
Coaligarse	pagar	6	
Coartar	cantar	5	
Cobijar	cantar	5	
Cobrar	cantar	5	
Cocear	cantar	5	
* Cocer		34	
Cocinar	cantar	5	
Codear	cantar	5	
Codiciar	cantar	5	
Codificar	atacar	7	
Coexistir	vivir	51	
Coger		25	
Cohabitar	cantar	5	
Coheredar	cantar	5	
Cohibir	prohibir	55	
Coincidir	vivir	51	
Cojear	cantar	5	
Colaborar	cantar	5	
Colacionar	cantar	5	
Colapsar	cantar	5	
* Colar	contar	16	

V

Conjugar es fácil

verbos

Colear	cantar	5	
Coleccionar	cantar	5	
Colectar	cantar	5	
Colectivizar	cruzar	8	
Colegiarse	cantar	5	
* Colegir	corregir	61	
* Colgar	rogar	18	
Colindar	cantar	5	
Colisionar	cantar	5	
Colmar	cantar	5	
Colocar	atacar	7	
Colonizar	cruzar	8	
Colorear	cantar	5	
Columbrar	cantar	5	
Columpiar	cantar	5	
Comadrear	cantar	5	
Comandar	cantar	5	
Combar	cantar	5	
Combatir	vivir	51	
Combinar	cantar	5	
Comentar	cantar	5	
* Comenzar	empezar	15	
Comer	beber	24	
Comercializar	cruzar	8	
Comerciar	cantar	5	
Cometer	beber	24	
Comisionar	cantar	5	
* Compadecer	obedecer	33	
Compaginar	cantar	5	
Comparar	cantar	5	
* Comparecer	obedecer	33	
Compartimentar	cantar	5	
Compartir	vivir	51	
Compatibilizar	cruzar	8	
Compeler	beber	24	2 part. (21)
Compendiar	cantar	5	
Compenetrarse	cantar	5	
Compensar	cantar	5	
Competer	beber	24	V. def. (5)
* Competir	pedir	60	
Compilar	cantar	5	
* Complacer	placer	39	
Complementar	cantar	5	
Completar	cantar	5	
Complicar	atacar	7	
* Componer	poner	41	
Comportar	cantar	5	
Comprar	cantar	5	
Comprender	beber	24	
Comprimir	vivir	51	2 part. (22)
* Comprobar	contar	16	
Comprometer	beber	24	
Compulsar	cantar	5	
Computar	cantar	5	
Computarizar	cruzar	8	
Comulgar	pagar	6	
Comunicar	atacar	7	
Concatenar	cantar	5	
* Concebir	pedir	60	
Conceder	beber	24	
Concelebrar	cantar	5	
Concentrar	cantar	5	
Conceptuar	actuar	10	
* Concernir	discernir	66	V. def. (5)
* Concertar	pensar	13	
Conchabar	cantar	5	
Concienciar	cantar	5	
Conciliar	cantar	5	
Concitar	cantar	5	
* Concluir		59	
Concordar	contar	16	
Concretar	cantar	5	
Concretizar	cruzar	8	
Conculcar	atacar	7	
Concurrir	vivir	51	
Concursar	cantar	5	
Condecorar	cantar	5	
Condenar	cantar	5	
Condensar	cantar	5	
* Condescender	perder	29	
Condicionar	cantar	5	
Condimentar	cantar	5	
* Condolerse	mover	30	
Condonar	cantar	5	

Conjugar es fácil

* Conducir	traducir	69	
Conectar	cantar	5	
Conexionarse	cantar	5	
Confabular	cantar	5	
Confeccionar	cantar	5	
Confederar	cantar	5	
Conferenciar	cantar	5	
* Conferir	sentir	65	
* Confesar	pensar	13	2 part. (23)
Confiar	desviar	9	
Configurar	cantar	5	
Confinar	cantar	5	
Confirmar	cantar	5	
Confiscar	atacar	7	
Confitar	cantar	5	
Conflagrar	cantar	5	
* Confluir	concluir	59	
Conformar	cantar	5	
Confortar	cantar	5	
Confraternizar	cantar	5	
Confrontar	cantar	5	
Confundir	vivir	51	2 part. (24)
Congelar	cantar	5	
Congeniar	cantar	5	
Congestionar	cantar	5	
Conglomerar	cantar	5	
Congraciar	cantar	5	
Congratular	cantar	5	
Congregar	pagar	6	
Conjeturar	cantar	5	
Conjugar	pagar	6	
Conjuntar	cantar	5	
Conjurar	cantar	5	
Conllevar	cantar	5	
Conmemorar	cantar	5	
Conmensurar	cantar	5	
Conminar	cantar	5	
Conmocionar	cantar	5	
* Conmover	mover	30	
Conmutar	cantar	5	
Connotar	cantar	5	
* Conocer		32	

Conquistar	cantar	5
Consagrar	cantar	5
* Conseguir	seguir	61
Consensuar	actuar	10
* Consentir	sentir	65
Conservar	cantar	5
Considerar	cantar	5
Consignar	cantar	5
Consistir	vivir	51
* Consolar	contar	16
Consolidar	cantar	5
Consonantizar	cruzar	8
Conspirar	cantar	5
Constar	cantar	5
Constatar	cantar	5
Consternar	cantar	5
Constipar	cantar	5
Constitucionalizar	cruzar	8
* Constituir	concluir	59
* Constreñir	teñir	64
* Construir	concluir	59
Consultar	cantar	5
Consumar	cantar	5
Consumir	vivir	51
Contabilizar	cruzar	8
Contactar	cantar	5
Contagiar	cantar	5
Contaminar	cantar	5
* Contar		16
Contemplar	cantar	5
Contemporizar	cruzar	8
* Contender	perder	29
* Contener	tener	2
Contentar	cantar	5
Contestar	cantar	5
Contextualizar	cruzar	8
Continuar	actuar	10
Contonearse	cantar	5
Contornear	cantar	5
Contorsionarse	cantar	5
Contraatacar	atacar	7
* Contradecir	decir	74

Conjugar es fácil

verbos

* Contraer	*traer*	47	
Contraindicar	*atacar*	7	
Contrapear	*cantar*	5	
Contrapesar	*cantar*	5	
* Contraponer	*poner*	41	
Contrariar	*desviar*	9	
Contrarrestar	*cantar*	5	
Contrastar	*cantar*	5	
Contratar	*cantar*	5	
* Contravenir	*venir*	80	
* Contribuir	*concluir*	69	
Contristar	*cantar*	5	
Controlar	*cantar*	5	
Conturbar	*cantar*	5	
Contusionar	*cantar*	5	
* Convalecer	*obedecer*	33	
Convalidar	*cantar*	5	
Convencer	*vencer*	26	
* Convenir	*venir*	80	
Converger	*coger*	25	
Conversar	*cantar*	5	
* Convertir	*sentir*	65	2 part. (25)
Convidar	*cantar*	5	
Convivir	*vivir*	51	
Convocar	*atacar*	7	
Convulsionar	*cantar*	5	
Coñearse	*cantar*	5	
Cooperar	*cantar*	5	
Coordinar	*cantar*	5	
Copar	*cantar*	5	
Copear	*cantar*	5	
Copiar	*cantar*	5	
Copular	*cantar*	5	
Coquetear	*cantar*	5	
Corear	*cantar*	5	
Coreografiar	*desviar*	9	
Cornear	*cantar*	5	
Coronar	*cantar*	5	
* Corregir		60	2 part. (26)
Correr	*beber*	24	
Corresponder	*beber*	24	
Corretear	*cantar*	5	

Corroborar	*cantar*	5	
* Corroer	*roer*	43	
Corromper	*beber*	24	2 part. (27)
Cortar	*cantar*	5	
Cortejar	*cantar*	5	
Coscarse	*atacar*	7	
Cosechar	*cantar*	5	
Coser	*beber*	24	
Cosquillear	*cantar*	5	
* Costar	*contar*	16	
Costear	*cantar*	5	
Cotejar	*cantar*	5	
Cotillear	*cantar*	5	
Cotizar	*cruzar*	8	
Cotorrear	*cantar*	5	
Crear	*cantar*	5	
* Crecer	*obedecer*	33	
Creer	*leer*	28	
Crepitar	*cantar*	5	
Criar	*desviar*	9	
Cribar	*cantar*	5	
Crispar	*cantar*	5	
Cristalizar	*cruzar*	8	
Cristianar	*cantar*	5	
Cristianizar	*cruzar*	8	
Criticar	*atacar*	7	
Croar	*cantar*	5	
Cromar	*cantar*	5	
Cronometrar	*cantar*	5	
Crucificar	*atacar*	7	
Crujir	*vivir*	51	
Cruzar		8	
Cuadrar	*cantar*	5	
Cuadricular	*cantar*	5	
Cuadruplicar	*atacar*	7	
Cuajar	*cantar*	5	
Cualificar	*atacar*	7	
Cuantificar	*atacar*	7	
Cuartear	*cantar*	5	
* Cubrir	*vivir*	51	Part. irr. (28)
Cuchichear	*cantar*	5	
Cuestionar	*cantar*	5	

122

Cuidar	cantar	5
Culminar	cantar	5
Culpabilizar	cruzar	8
Culpar	cantar	5
Cultivar	cantar	5
Culturizar	cruzar	8
Cumplimentar	cantar	5
Cumplir	vivir	51
Cundir	vivir	51
Curar	cantar	5
Curiosear	cantar	5
Currar	cantar	5
Cursar	cantar	5
Curtir	vivir	51
Curvar	cantar	5
Custodiar	cantar	5

Damnificar	atacar	7
Danzar	cruzar	8
Dañar	cantar	5
* Dar		23
Datar	cantar	5
Deambular	cantar	5
Debatir	vivir	51
Deber	beber	24
Debilitar	cantar	5
Debutar	cantar	5
* Decaer	caer	36
Decantar	cantar	5
Decapitar	cantar	5
Decepcionar	cantar	5
Decidir	vivir	51
* Decir		74
Declamar	cantar	5
Declarar	cantar	5
Declinar	cantar	5
Decodificar	atacar	7
Decolorar	cantar	5

Decomisar	cantar	5
Decorar	cantar	5
Decorticar	atacar	7
* Decrecer	obedecer	33
Decretar	cantar	5
Dedicar	atacar	7
* Deducir	traducir	69
Defecar	atacar	7
* Defender	perder	29
Defenestrar	cantar	5
Definir	vivir	51
Deforestar	cantar	5
Deformar	cantar	5
Defraudar	cantar	5
Degenerar	cantar	5
Deglutir	vivir	51
* Degollar	contar	16
Degradar	cantar	5
Degustar	cantar	5
Deificar	atacar	7
Dejar	cantar	5
Delatar	cantar	5
Delegar	pagar	6
Deleitar	cantar	5
Deletrear	cantar	5
Deliberar	cantar	5
Delimitar	cantar	5
Delinear	cantar	5
* Delinquir		75
Delirar	cantar	5
Demacrarse	cantar	5
Demandar	cantar	5
Demarcar	atacar	7
Democratizar	cruzar	8
* Demoler	mover	30
Demorar	cantar	5
* Demostrar	contar	16
Demudarse	cantar	5
* Denegar	negar	14
Denigrar	cantar	5
Denominar	cantar	5
* Denostar	contar	16

Denotar	*cantar*	5	
Denunciar	*cantar*	5	
Deparar	*cantar*	5	
Departir	*vivir*	51	
Depauperar	*cantar*	5	
Depender	*beber*	24	
Depilar	*cantar*	5	
Deplorar	*cantar*	5	
* Deponer	*poner*	41	
Deportar	*cantar*	5	
Depositar	*cantar*	5	
Depravar	*cantar*	5	
Depreciar	*cantar*	5	
Depredar	*cantar*	5	
Deprimir	*vivir*	51	
Depurar	*cantar*	5	
Derivar	*cantar*	5	
Derogar	*pagar*	6	
Derramar	*cantar*	5	
Derrapar	*cantar*	5	
Derrengar	*pagar*	6	
* Derretir	*pedir*	59	
Derribar	*cantar*	5	
Derrocar	*atacar*	7	
Derrochar	*cantar*	5	
Derrotar	*cantar*	5	
* Derruir	*concluir*	69	
Derrumbar	*cantar*	5	
* Desabastecer	*obedecer*	33	
Desabollar	*cantar*	5	
Desabotonar	*cantar*	5	
Desabrigar	*pagar*	6	
Desabrochar	*cantar*	5	
Desacatar	*cantar*	5	
Desacelerar	*cantar*	5	
* Desacertar	*pensar*	13	
Desacomodar	*cantar*	5	
Desaconsejar	*cantar*	5	
Desacoplar	*cantar*	5	
Desacostumbrar	*cantar*	5	
Desacreditar	*cantar*	5	
Desactivar	*cantar*	5	

Desacuartelar	*cantar*	5	
Desafiar	*desviar*	9	
Desafinar	*cantar*	5	
Desagradar	*cantar*	5	
Desagraviar	*cantar*	5	
Desaguar	*averiguar*	11	
Desahogar	*pagar*	6	
Desahuciar	*cantar*	5	(29)
Desairar	*cantar*	5	(10)
Desajustar	*cantar*	5	
Desalar	*cantar*	5	
* Desalentar	*pensar*	13	
Desalinear	*cantar*	5	
Desaliñar	*cantar*	5	
Desalojar	*cantar*	5	
Desalquilar	*cantar*	5	
Desamortizar	*cruzar*	8	
Desamparar	*cantar*	5	
Desamueblar	*cantar*	5	
Desanclar	*cantar*	5	
* Desandar	*andar*	22	
Desangrar	*cantar*	5	
Desanimar	*cantar*	5	
Desanudar	*cantar*	5	
* Desaparecer	*obedecer*	33	
Desaparcar	*atacar*	7	
Desapasionarse	*cantar*	5	
Desapegar	*pagar*	6	
Desapretar	*pensar*	13	
* Desaprobar	*contar*	16	
Desaprovechar	*cantar*	5	
Desarbolar	*cantar*	5	
Desarmar	*cantar*	5	
Desarraigar	*pagar*	6	
Desarreglar	*cantar*	5	
* Desarrendar	*pensar*	13	
Desarrimar	*cantar*	5	
Desarrollar	*cantar*	5	
Desarropar	*cantar*	5	
Desarrugar	*pagar*	6	
Desarticular	*cantar*	5	
* Desasir	*asir*	72	

Desasistir	*vivir*	51	
Desasnar	*cantar*	5	
* Desasosegar	*negar*	14	
Desatar	*cantar*	5	
Desatascar	*atacar*	7	
* Desatender	*perder*	29	
Desatinar	*cantar*	5	
Desatornillar	*cantar*	5	
Desatrancar	*atacar*	7	
Desautorizar	*cruzar*	8	
Desayunar	*cantar*	5	
Desazonar	*cantar*	5	
Desbancar	*atacar*	7	
Desbarajustar	*cantar*	5	
Desbaratar	*cantar*	5	
Desbarbar	*cantar*	5	
Desbarrar	*cantar*	5	
Desbastar	*cantar*	5	
Desbloquear	*cantar*	5	
Desbocar	*atacar*	7	
Desbordar	*cantar*	5	
Desbravar	*cantar*	5	
Desbrozar	*cruzar*	8	
Descabalar	*cantar*	5	
Descabalgar	*pagar*	6	
Descabellar	*cantar*	5	
Descabezar	*cruzar*	8	
Descacharrar	*cantar*	5	
Descafeinar	*cantar*	5	
Descalabrar	*cantar*	5	
Descalcificar	*atacar*	7	
Descalificar	*atacar*	7	
Descalzar	*cruzar*	8	
Descamar	*cantar*	5	
Descambiar	*cantar*	5	
Descansar	*cantar*	5	
Descaperuzar	*cruzar*	8	
Descapotar	*cantar*	5	
Descargar	*pagar*	6	
Descarnar	*cantar*	5	
Descarriar	*desviar*	9	
Descarrilar	*cantar*	5	
Descartar	*cantar*	5	
Descasar	*cantar*	5	
Descascarillar	*cantar*	5	
Descastar	*cantar*	5	
* Descender	*perder*	29	
Descentralizar	*cruzar*	8	
Descentrar	*cantar*	5	
Descerebrar	*cantar*	5	
Descerrajar	*cantar*	5	
Descifrar	*cantar*	5	
Desclasificar	*atacar*	7	
Desclavar	*cantar*	5	
Descocarse	*atacar*	7	
Descodificar	*atacar*	7	
* Descolgar	*rogar*	18	
* Descollar	*contar*	16	
Descolocar	*atacar*	7	
Descolonizar	*cruzar*	8	
Descompensar	*cantar*	5	
* Descomponer	*poner*	41	
Descomprimir	*vivir*	51	
* Desconcertar	*pensar*	13	
Desconchar	*cantar*	5	
Desconectar	*cantar*	5	
Desconfiar	*desviar*	9	
Descongelar	*cantar*	5	
Descongestionar	*cantar*	5	
* Desconocer	*conocer*	32	
Desconsiderar	*cantar*	5	
Descontaminar	*cantar*	5	
* Descontar	*contar*	16	
Descontentar	*cantar*	5	
Descontrolar	*cantar*	5	
Desconvocar	*atacar*	7	
Descorazonar	*cantar*	5	
Descorchar	*cantar*	5	
Descorrer	*beber*	24	
Descoser	*beber*	24	
Descoyuntar	*cantar*	5	
Descremar	*cantar*	5	
* Describir	*vivir*	51	Part. irr. (30)
Descuadrar	*cantar*	5	

Conjugar es fácil

verbos

Descuajar	cantar	5	
Descuajeringar	pagar	6	
Descuartizar	cruzar	8	
* Descubrir	vivir	51	Part. irr. (31)
Descuidar	cantar	5	
* Desdecir	decir	74	
Desdeñar	cantar	5	
Desdibujar	cantar	5	
Desdoblar	cantar	5	
Desdramatizar	cruzar	8	
Desear	cantar	5	
Desecar	atacar	7	
Desechar	cantar	5	
Desembalar	cantar	5	
Desembarazar	cruzar	8	
Desembarcar	atacar	7	
Desembargar	pagar	6	
Desembarrancar	atacar	7	
Desembarrar	cantar	5	
Desembocar	atacar	7	
Desembolsar	cantar	5	
Desembragar	pagar	6	
Desembrollar	cantar	5	
Desembrujar	cantar	5	
Desembuchar	cantar	5	
Desempacar	atacar	7	
Desempañar	cantar	5	
Desempapelar	cantar	5	
Desempaquetar	cantar	5	
Desemparejar	cantar	5	
Desempatar	cantar	5	
* Desempedrar	pensar	13	
Desempeñar	cantar	5	
Desempolvar	cantar	5	
Desempotrar	cantar	5	
Desenamorar	cantar	5	
Desencadenar	cantar	5	
Desencajar	cantar	5	
Desencajonar	cantar	5	
Desencallar	cantar	5	
Desencaminar	cantar	5	
Desencantar	cantar	5	

Desencapotar	cantar	5	
Desencarcelar	cantar	5	
Desenchufar	cantar	5	
Desenclavar	cantar	5	
Desencolar	cantar	5	
Desencorvar	cantar	5	
Desencuadernar	cantar	5	
Desenfadar	cantar	5	
Desenfocar	atacar	7	
Desenfrenar	cantar	5	
Desenfundar	cantar	5	
Desenfurruñar	cantar	5	
Desenganchar	cantar	5	
Desengañar	cantar	5	
Desengrasar	cantar	5	
Desenhebrar	cantar	5	
Desenjaular	cantar	5	
Desenladrillar	cantar	5	
Desenlatar	cantar	5	
Desenlazar	cruzar	8	
Desenmarañar	cantar	5	
Desenmascarar	cantar	5	
Desenraizar	cruzar	8	(10)
Desenredar	cantar	5	
Desenrollar	cantar	5	
Desenroscar	atacar	7	
Desensillar	cantar	5	
* Desentenderse	perder	29	
* Desenterrar	pensar	13	
Desentoldar	cantar	5	
Desentonar	cantar	5	
Desentrañar	cantar	5	
Desentrenar	cantar	5	
* Desentumecer	obedecer	33	
Desenvainar	cantar	5	
* Desenvolver	mover	30	Part. irr. (32)
Desequilibrar	cantar	5	
Desertar	cantar	5	
Desertizar	cruzar	8	
Desescombrar	cantar	5	
Desesperar	cantar	5	
Desestabilizar	cruzar	8	

Conjugar es fácil

Desestimar	cantar	5	
Desfalcar	atacar	7	
* Desfallecer	obedecer	33	
Desfasar	cantar	5	
* Desfavorecer	obedecer	33	
Desfigurar	cantar	5	
Desfilar	cantar	5	
Desflecar	atacar	7	
Desflorar	cantar	5	
Desfogar	pagar	6	
Desfondar	cantar	5	
Desgajar	cantar	5	
Desgañitarse	cantar	5	
Desgarrar	cantar	5	
Desgastar	cantar	5	
Desglosar	cantar	5	
Desgraciar	cantar	5	
Desgranar	cantar	5	
Desgravar	cantar	5	
* Desguarnecer	obedecer	33	
Desguazar	cruzar	8	
Deshabitar	cantar	5	
* Deshacer	hacer	37	
* Deshelar	pensar	13	V. def. (11)
Desheredar	cantar	5	
Deshidratar	cantar	5	
Deshilachar	cantar	5	
Deshilvanar	cantar	5	
Deshinchar	cantar	5	
Deshojar	cantar	5	
Deshollinar	cantar	5	
Deshonrar	cantar	5	
Deshuesar	cantar	5	
Deshumanizar	cruzar	8	
Designar	cantar	5	
Desigualar	cantar	5	
Desilusionar	cantar	5	
Desimantar	cantar	5	
Desincrustar	cantar	5	
Desinfectar	cantar	5	
Desinflar	cantar	5	
Desinformar	cantar	5	

Desinhibir	vivir	51
Desinsectar	cantar	5
Desintegrar	cantar	5
Desinteresarse	cantar	5
Desintoxicar	atacar	7
Desistir	vivir	51
Deslavazar	cruzar	8
Deslegalizar	cruzar	8
* Desleír	reír	63
Desliar	desviar	9
Desligar	pagar	6
Deslindar	cantar	5
Deslizar	cruzar	8
Deslomar	cantar	5
* Deslucir	lucir	70
Deslumbrar	cantar	5
Desmadejarse	cantar	5
Desmadrar	cantar	5
Desmandar	cantar	5
Desmantelar	cantar	5
Desmaquillar	cantar	5
Desmarcarse	atacar	7
Desmayar	cantar	5
Desmejorar	cantar	5
Desmelenar	cantar	5
* Desmembrar	pensar	13
* Desmentir	sentir	65
Desmenuzar	cruzar	8
* Desmerecer	obedecer	33
Desmigajar	cantar	5
Desmigar	pagar	6
Desmilitarizar	cruzar	8
Desmitificar	atacar	7
Desmochar	cantar	5
Desmontar	cantar	5
Desmoralizar	cruzar	8
Desmoronar	cantar	5
Desmotivar	cantar	5
Desmovilizar	cruzar	8
Desnacionalizar	cruzar	8
Desnatar	cantar	5
Desnaturalizar	cruzar	8

127

verbos

Desnivelar	cantar	5	
Desnortarse	cantar	5	
Desnucar	atacar	7	
Desnuclearizar	cruzar	8	
Desnudar	cantar	5	
Desnutrirse	vivir	51	
* Desobedecer	obedecer	33	
* Desobstruir	concluir	59	
Desocupar	cantar	5	
Desodorizar	cruzar	8	
* Desoír	oír	78	
Desojar	cantar	5	
* Desollar	contar	16	
Desorbitar	cantar	5	
Desordenar	cantar	5	
Desorejar	cantar	5	
Desorganizar	cruzar	8	
Desorientar	cantar	5	
* Desosar	contar	16	(33)
Desovar	cantar	5	
Desovillar	cantar	5	
Desoxidar	cantar	5	
Despabilar	cantar	5	
Despachar	cantar	5	
Despachurrar	cantar	5	
Despampanar	cantar	5	
Despanzurrar	cantar	5	
Desparejar	cantar	5	
Desparramar	cantar	5	
Despatarrarse	cantar	5	
Despechugar	pagar	6	
Despedazar	cruzar	8	
* Despedir	pedir	60	
Despegar	pagar	6	
Despeinar	cantar	5	
Despejar	cantar	5	
Despellejar	cantar	5	
Despelotarse	cantar	5	
Despenalizar	cruzar	8	
Despendolarse	cantar	5	
Despeñar	cantar	5	
Despepitarse	cantar	5	

Desperdiciar	cantar	5	
Desperdigar	pagar	6	
Desperezarse	cruzar	8	
Despersonalizar	cruzar	8	
* Despertar	pensar	13	2 part. (34)
Despiezar	cruzar	8	
Despilfarrar	cantar	5	
Despintar	cantar	5	
Despiojar	cantar	5	
Despistar	cantar	5	
Desplanchar	cantar	5	
Desplantar	cantar	5	
Desplazar	cruzar	8	
* Desplegar	negar	14	
Desplomar	cantar	5	
Desplumar	cantar	5	
* Despoblar	contar	16	
Despojar	cantar	5	
Despolitizar	cruzar	8	
Desportillar	cantar	5	
Desposar	cantar	5	
Desposeer	leer	28	
Despotricar	atacar	7	
Despreciar	cantar	5	
Desprender	beber	24	
Despreocuparse	cantar	5	
Desprestigiar	cantar	5	
Despresurizar	cruzar	8	
Desprivatizar	cruzar	8	
Desproveer	leer	28	2 part. (35)
Despuntar	cantar	5	
Desquiciar	cantar	5	
Desquitar	cantar	5	
Desratizar	cruzar	8	
Desriñonar	cantar	5	
Desrizar	cruzar	8	
Destacar	atacar	7	
Destapar	cantar	5	
Destaponar	cantar	5	
Destejer	beber	24	
Destellar	cantar	5	
Destemplar	cantar	5	

Conjugar es fácil

Destensar	*cantar*	5	
* Desteñir	*teñir*	64	
Desternillarse	*cantar*	5	
* Desterrar	*pensar*	13	
Destetar	*cantar*	5	
Destilar	*cantar*	5	
Destinar	*cantar*	5	
* Destituir	*concluir*	59	
Destornillar	*cantar*	5	
Destrenzar	*cruzar*	8	
Destripar	*cantar*	5	
Destronar	*cantar*	5	
Destrozar	*cruzar*	8	
* Destruir	*concluir*	59	
Desubicar	*atacar*	7	
Desunir	*vivir*	51	
Desusar	*cantar*	5	
Desvalijar	*cantar*	5	
Desvalorizar	*cruzar*	8	
* Desvanecer	*obedecer*	33	
Desvariar	*desviar*	9	
Desvelar	*cantar*	5	
Desvencijar	*cantar*	5	
Desvendar	*cantar*	5	
* Desvestir	*pedir*	59	
Desviar		9	
Desvincular	*cantar*	5	
Desvirgar	*pagar*	6	
Desvirtuar	*actuar*	10	
Desvivirse	*vivir*	51	
Detallar	*cantar*	5	
Detectar	*cantar*	5	
* Detener	*tener*	2	
Detentar	*cantar*	5	
Deteriorar	*cantar*	5	
Determinar	*cantar*	5	
Detestar	*cantar*	5	
Devaluar	*actuar*	10	
Devanar	*cantar*	5	
Devastar	*cantar*	5	
Devengar	*pagar*	6	
* Devenir	*venir*	80	

* Devolver	*mover*	30	Par. irr. (36)
Devorar	*cantar*	5	
Diagnosticar	*atacar*	7	
Dializar	*cruzar*	8	
Dialogar	*pagar*	6	
Dibujar	*cantar*	5	
Dictaminar	*cantar*	5	
Dictar	*cantar*	5	
Diezmar	*cantar*	5	
Difamar	*cantar*	5	
Diferenciar	*cantar*	5	
* Diferir	*sentir*	65	
Dificultar	*cantar*	5	
Difuminar	*cantar*	5	
Difundir	*vivir*	51	2 part. (37)
* Digerir	*sentir*	65	
Digitalizar	*cruzar*	8	
Dignarse	*cantar*	5	
Dignificar	*atacar*	7	
Dilapidar	*cantar*	5	
Dilatar	*cantar*	5	
Diligenciar	*cantar*	5	
Dilucidar	*cantar*	5	
* Diluir	*concluir*	59	
Diluviar	*cantar*	5	V. def. (11)
Dimanar	*cantar*	5	
Dimitir	*vivir*	51	
Dinamitar	*cantar*	5	
Dinamizar	*cruzar*	8	
Diplomar	*cantar*	5	
Diptongar	*pagar*	6	
Dirigir		52	2 part. (38)
Dirimir	*vivir*	51	
* *Discernir*		66	
Disciplinar	*cantar*	5	
* Discordar	*contar*	16	
Discrepar	*cantar*	5	
Discriminar	*cantar*	5	
Disculpar	*cantar*	5	
Discurrir	*vivir*	51	
Discutir	*vivir*	51	
Disecar	*atacar*	7	

verbos

Diseccionar	cantar	5	
Diseminar	cantar	5	
* Disentir	sentir	65	
Diseñar	cantar	5	
Disertar	cantar	5	
Disfrazar	cruzar	8	
Disfrutar	cantar	5	
Disgregar	pagar	6	
Disgustar	cantar	5	
Disimilar	cantar	5	
Disimular	cantar	5	
Disipar	cantar	5	
Dislocar	atacar	7	
* Disminuir	concluir	59	
Disociar	cantar	5	
* Disolver	mover	30	Part. irr. (39)
Disparar	cantar	5	
Disparatar	cantar	5	
Dispensar	cantar	5	
Dispersar	cantar	5	
* Disponer	poner	41	Part. irr. (40)
Disputar	cantar	5	
Distanciarse	cantar	5	
Distar	cantar	5	
* Distender	perder	29	
Distinguir		53	2 part. (41)
Distorsionar	cantar	5	
* Distraer	traer	47	
* Distribuir	concluir	59	
Disuadir	vivir	51	
Divagar	pagar	6	
Divergir	dirigir	52	
Diversificar	atacar	7	
* Divertir	sentir	65	
Dividir	vivir	51	
Divinizar	cruzar	8	
Divisar	cantar	5	
Divorciarse	cantar	5	
Divulgar	pagar	6	
Doblar	cantar	5	
Doblegar	pagar	6	
Doctorar	cantar	5	

Documentar	cantar	5
Dogmatizar	cruzar	8
* Doler	mover	30
Domar	cantar	5
Domeñar	cantar	5
Domesticar	atacar	7
Domiciliar	cantar	5
Dominar	cantar	5
Donar	cantar	5
Doparse	cantar	5
Dorar	cantar	5
* Dormir		68
Dormitar	cantar	5
Dosificar	atacar	7
Dotar	cantar	5
Dragar	pagar	6
Dramatizar	cruzar	8
Drenar	cantar	5
Driblar	cantar	5
Drogar	pagar	6
Duchar	cantar	5
Dudar	cantar	5
Dulcificar	atacar	7
Duplicar	atacar	7
Durar	cantar	5

e

Echar	cantar	5
Eclipsar	cantar	5
Economizar	cruzar	8
Edificar	atacar	7
Editar	cantar	5
Educar	atacar	7
Edulcorar	cantar	5
Efectuar	actuar	10
Ejecutar	cantar	5
Ejemplarizar	cruzar	8
Ejemplificar	atacar	7
Ejercer	vencer	26

Conjugar es fácil

Ejercitar	*cantar*	5	
Elaborar	*cantar*	5	
Electrificar	*atacar*	7	
Electrizar	*cruzar*	8	
Electrocutar	*cantar*	5	
Electrolizar	*cruzar*	8	
* Elegir	*corregir*	61	2 part. (42)
Elevar	*cantar*	5	
Elidir	*vivir*	51	
Eliminar	*cantar*	5	
Elogiar	*cantar*	5	
Elucidar	*cantar*	5	
Elucubrar	*cantar*	5	
Eludir	*vivir*	51	
Emanar	*cantar*	5	
Emancipar	*cantar*	5	
Emascular	*cantar*	5	
Embadurnar	*cantar*	5	
Embalar	*cantar*	5	
Embaldosar	*cantar*	5	
Embalsamar	*cantar*	5	
Embalsar	*cantar*	5	
Embarazar	*cruzar*	8	
Embarcar	*atacar*	7	
Embargar	*pagar*	6	
Embarrancar	*atacar*	7	
Embarrar	*cantar*	5	
Embarullar	*cantar*	5	
Embaucar	*atacar*	7	
Embazarse	*cruzar*	8	
Embeber	*beber*	24	
Embelesar	*cantar*	5	
* Embellecer	*obedecer*	33	
* Embestir	*pedir*	60	
Embetunar	*cantar*	5	
* Emblanquecer	*obedecer*	33	
Embobar	*cantar*	5	
Embolsar	*cantar*	5	
Emborrachar	*cantar*	5	
Emborrascarse	*atacar*	7	
Emborronar	*cantar*	5	
Emboscar	*atacar*	7	

Embotar	*cantar*	5	
Embotellar	*cantar*	5	
Embotijar	*cantar*	5	
Embozar	*cruzar*	8	
Embragar	*pagar*	6	
* Embravecer	*obedecer*	33	
Embrear	*cantar*	5	
Embriagar	*pagar*	6	
Embridar	*cantar*	5	
Embrollar	*cantar*	5	
Embromar	*cantar*	5	
Embrujar	*cantar*	5	
* Embrutecer	*obedecer*	33	
Embuchar	*cantar*	5	
Embutir	*vivir*	51	
Emerger	*coger*	25	
Emigrar	*cantar*	5	
Emitir	*vivir*	51	
Emocionar	*cantar*	5	
Empacar	*atacar*	7	
Empachar	*cantar*	5	
Empadronar	*cantar*	5	
Empalagar	*pagar*	6	
Empalar	*cantar*	5	
* Empalidecer	*obedecer*	33	
Empalmar	*cantar*	5	
Empanar	*cantar*	5	
Empantanar	*cantar*	5	
Empañar	*cantar*	5	
Empapar	*cantar*	5	
Empapelar	*cantar*	5	
Empapuzar	*cruzar*	8	
Empaquetar	*cantar*	5	
Emparedar	*cantar*	5	
Emparejar	*cantar*	5	
Emparentar	*cantar*	5	
Empastar	*cantar*	5	
Empatar	*cantar*	5	
Empavonar	*cantar*	5	
* Empecer	*obedecer*	33	
Empecinarse	*cantar*	5	
* Empedrar	*pensar*	13	

Conjugar es fácil

verbos

Empeñar	cantar	5		Encalar	cantar	5
Empeorar	cantar	5		Encallar	cantar	5
* Empequeñecer	obedecer	33		Encallarse	cantar	5
Emperejilar	cantar	5		* Encallecer	obedecer	33
Emperifollar	cantar	5		Encallejonar	cantar	5
Emperrarse	cantar	5		Encamar	cantar	5
* Empezar		15		Encaminar	cantar	5
Empinar	cantar	5		Encanarse	cantar	5
Empitonar	cantar	5		Encandilar	cantar	5
* Emplastecer	obedecer	33		* Encanecer	obedecer	33
Emplazar	cruzar	8		Encanijar	cantar	5
Emplear	cantar	5		Encantar	cantar	5
Emplomar	cantar	5		Encanutar	cantar	5
Emplumar	cantar	5		Encañonar	cantar	5
* Empobrecer	obedecer	33		Encapotar	cantar	5
Empollar	cantar	5		Encapricharse	cantar	5
Empolvar	cantar	5		Encapsular	cantar	5
Emponzoñar	cantar	5		Encapuchar	cantar	5
* Emporcar	trocar	17		Encaramar	cantar	5
Empotrar	cantar	5		Encarar	cantar	5
Emprender	beber	24		Encarcelar	cantar	5
Empujar	cantar	5		* Encarecer	obedecer	33
Empuñar	cantar	5		Encargar	pagar	6
Emular	cantar	5		Encariñar	cantar	5
Emulsionar	cantar	5		Encarnar	cantar	5
Enajenar	cantar	5		Encarnizar	cruzar	8
* Enaltecer	obedecer	33		Encarpetar	cantar	5
Enamorar	cantar	5		Encarrilar	cantar	5
Enamoriscarse	atacar	7		Encartar	cantar	5
Enarbolar	cantar	5		Encartonar	cantar	5
Enarcar	atacar	7		Encasillar	cantar	5
* Enardecer	obedecer	33		Encasquetar	cantar	5
Enarenar	cantar	5		Encasquillar	cantar	5
Encabalgar	pagar	6		Encastrar	cantar	5
Encabestrar	cantar	5		Encausar	cantar	5
Encabezar	cruzar	8		Encauzar	cruzar	8
Encabezonarse	cantar	5		Encebollar	cantar	5
Encabritarse	cantar	5		Encelar	cantar	5
Encabronar	cantar	5		Enceldar	cantar	5
Encadenar	cantar	5		Encenagarse	pagar	6
Encajar	cantar	5		* Encender	perder	29
Encajonar	cantar	5		Encerar	cantar	5

* Encerrar	*pensar*	13	
Encestar	*cantar*	5	
Encharcar	*atacar*	7	
Enchufar	*cantar*	5	
Encintar	*cantar*	5	
Encizañar	*cantar*	5	
Enclaustrar	*cantar*	5	
Enclavar	*cantar*	5	
Encocorar	*cantar*	5	
Encofrar	*cantar*	5	
Encoger	*coger*	25	
Encolar	*cantar*	5	
Encolerizar	*cruzar*	8	
* Encomendar	*pensar*	13	
Encomiar	*cantar*	5	
Enconar	*cantar*	5	
* Encontrar	*contar*	16	
Encopetar	*cantar*	5	
Encorajinar	*cantar*	5	
* Encordar	*contar*	16	
Encorsetar	*cantar*	5	
Encorvar	*cantar*	5	
Encrespar	*cantar*	5	
Encuadernar	*cantar*	5	
Encuadrar	*cantar*	5	
* Encubrir	*vivir*	51	Part. irr. (43)
Encuestar	*cantar*	5	
Encumbrar	*cantar*	5	
Encurdarse	*cantar*	5	
Encurtir	*vivir*	51	
Endemoniar	*cantar*	5	
Enderezar	*cruzar*	8	
Endeudarse	*cantar*	5	
Endilgar	*pagar*	6	
Endiñar	*cantar*	5	
Endiosar	*cantar*	5	
Endomingarse	*pagar*	6	
Endosar	*cantar*	5	
Endulzar	*cruzar*	8	
* Endurecer	*obedecer*	33	
Enemistar	*cantar*	5	
Enervar	*cantar*	5	

Enfadar	*cantar*	5
Enfajar	*cantar*	5
Enfangar	*pagar*	6
Enfatizar	*cruzar*	8
Enfermar	*cantar*	5
Enfervorizar	*cruzar*	8
Enfilar	*cantar*	5
* Enflaquecer	*obedecer*	33
Enfocar	*atacar*	7
Enfoscar	*atacar*	7
Enfrascarse	*atacar*	7
Enfrentar	*cantar*	5
Enfriar	*desviar*	9
Enfundar	*cantar*	5
* Enfurecer	*obedecer*	33
Enfurruñarse	*cantar*	5
Engalanar	*cantar*	5
Enganchar	*cantar*	5
Engañar	*cantar*	5
Engarabitar	*cantar*	5
Engarzar	*cruzar*	8
Engastar	*cantar*	5
Engatusar	*cantar*	5
Engendrar	*cantar*	5
Englobar	*cantar*	5
Englutir	*vivir*	51
Engolar	*cantar*	5
Engolfarse	*cantar*	5
Engolosinar	*cantar*	5
Engomar	*cantar*	5
Engominarse	*cantar*	5
Engordar	*cantar*	5
Engranar	*cantar*	5
* Engrandecer	*obedecer*	33
Engrasar	*cantar*	5
* Engreírse	*reír*	63
Engrescar	*atacar*	7
Engrosar	*cantar*	5
Enguachinar	*cantar*	5
Enguantar	*cantar*	5
Engullir	*mullir*	57
Engurruñar	*cantar*	5

Enharinar	cantar	5	
Enhebrar	cantar	5	
Enjabonar	cantar	5	
Enjaezar	cruzar	8	
Enjalbegar	pagar	6	
Enjaretar	cantar	5	
Enjaular	cantar	5	
Enjoyar	cantar	5	
Enjuagar	pagar	6	
Enjugar	pagar	6	2 part. (44)
Enjuiciar	cantar	5	
Enladrillar	cantar	5	
Enlatar	cantar	5	
Enlazar	cruzar	8	
Enlodar	cantar	5	
* Enloquecer	obedecer	33	
Enlosar	cantar	5	
Enlucir	lucir	70	
Enlutar	cantar	5	
Enmadrarse	cantar	5	
Enmarañar	cantar	5	
Enmarcar	atacar	7	
Enmascarar	cantar	5	
* Enmendar	pensar	13	
* Enmohecer	obedecer	33	
Enmoquetar	cantar	5	
* Enmudecer	obedecer	33	
* Ennegrecer	obedecer	33	
* Ennoblecer	obedecer	33	
Enojar	cantar	5	
* Enorgullecer	obedecer	33	
Enquistar	cantar	5	
Enrabietar	cantar	5	
Enraizar	cruzar	8	(10)
* Enrarecerse	obedecer	33	
Enredar	cantar	5	
Enrejar	cantar	5	
* Enriquecer	obedecer	33	
Enrocar	atacar	7	
* Enrojecer	obedecer	33	
Enrolar	cantar	5	
Enrollar	cantar	5	

* Enronquecer	obedecer	33	
Enroscar	atacar	7	
Ensalzar	cruzar	8	
Ensamblar	cantar	5	
Ensanchar	cantar	5	
* Ensangrentar	pensar	13	
Ensañar	cantar	5	
Ensartar	cantar	5	
Ensayar	cantar	5	
Enseñar	cantar	5	
Enseñorearse	cantar	5	
Ensillar	cantar	5	
Ensimismarse	cantar	5	
* Ensoberbecer	obedecer	33	
* Ensombrecer	obedecer	33	
* Ensordecer	obedecer	33	
Ensortijar	cantar	5	
Ensuciar	cantar	5	
Entablar	cantar	5	
Entablillar	cantar	5	
Entallar	cantar	5	
Entarimar	cantar	5	
Entelar	cantar	5	
* Entender	perder	29	
* Entenebrecer	obedecer	33	
Enterar	cantar	5	
* Enternecer	obedecer	33	
* Enterrar	pensar	13	
Entibiar	cantar	5	
Entintar	cantar	5	
Entoldar	cantar	5	
Entonar	cantar	5	
* Entontecer	obedecer	33	
Entornar	cantar	5	
* Entorpecer	obedecer	33	
Entrampar	cantar	5	
Entrañar	cantar	5	
Entrar	cantar	5	
* Entreabrir	vivir	51	Part. irr. (45)
Entrechocar	atacar	7	
Entrecomillar	cantar	5	
Entrecortar	cantar	5	

Entrecruzar	cruzar	8	
Entregar	pagar	6	
Entrelazar	cruzar	8	
Entremeter	beber	24	
Entremezclar	cantar	5	
Entrenar	cantar	5	
Entresacar	atacar	7	
Entretejer	beber	24	
* Entretener	tener	2	
* Entrever	ver	49	
Entrevistar	cantar	5	
* Entristecer	obedecer	33	
Entrometer	beber	24	
Entroncar	atacar	7	
Entronizar	cruzar	8	
Entubar	cantar	5	
* Entumecer	obedecer	33	
Enturbiar	cantar	5	
Entusiasmar	cantar	5	
Enumerar	cantar	5	
Enunciar	cantar	5	
Envainar	cantar	5	
Envalentonar	cantar	5	
* Envanecer	obedecer	33	
Envarar	cantar	5	
Envasar	cantar	5	
* Envejecer	obedecer	33	
Envenenar	cantar	5	
Enviar	desviar	9	
Enviciar	cantar	5	
Envidar	cantar	5	
Envidiar	cantar	5	
* Envilecer	obedecer	33	
Enviudar	cantar	5	
* Envolver	mover	30	Part. irr. (46)
Enyesar	cantar	5	
Enzarzar	cruzar	8	
Epatar	cantar	5	
Epilogar	pagar	6	
Equidistar	cantar	5	
Equilibrar	cantar	5	
Equipar	cantar	5	

Equiparar	cantar	5	
* Equivaler	valer	48	
Equivocar	atacar	7	
* Erguir		76	
Erigir	dirigir	52	
Erisipelar	cantar	5	
Erizar	cruzar	8	
Erosionar	cantar	5	
Erradicar	atacar	7	
* Errar	pensar	13	(47)
Eructar	cantar	5	
Esbozar	cruzar	8	
Escabechar	cantar	5	
Escabullir	mullir	57	
Escacharrar	cantar	5	
Escachifollar	cantar	5	
Escalar	cantar	5	
Escaldar	cantar	5	
Escalfar	cantar	5	
Escalonar	cantar	5	
Escamar	cantar	5	
Escamotear	cantar	5	
Escampar	cantar	5	V. def. (5)
Escanciar	cantar	5	
Escandalizar	cruzar	8	
Escapar	cantar	5	
Escaquearse	cantar	5	
Escarbar	cantar	5	
Escardar	cantar	5	
Escarchar	cantar	5	V. def. (5)
Escarificar	atacar	7	
* Escarmentar	pensar	13	
* Escarnecer	obedecer	33	
Escasear	cantar	5	
Escatimar	cantar	5	
Escayolar	cantar	5	
Escenificar	atacar	7	
Escindir	vivir	51	
* Esclarecer	obedecer	33	
Esclavizar	cruzar	8	
Esclerosar	cantar	5	
Escobar	cantar	5	

Conjugar es fácil

verbos

* Escocer	*cocer*	34	
Escoger	*coger*	25	
Escolarizar	*cruzar*	8	
Escoltar	*cantar*	5	
Esconder	*beber*	24	
Escorar	*cantar*	5	
Escotar	*cantar*	5	
* Escribir	*vivir*	51	Part. irr. (48)
Escriturar	*cantar*	5	
Escrutar	*cantar*	5	
Escuchar	*cantar*	5	
Escudarse	*cantar*	5	
Escudriñar	*cantar*	5	
Esculpir	*vivir*	51	
Escupir	*vivir*	51	
Escurrir	*vivir*	51	
* Esforzarse	*forzar*	19	
Esfumarse	*cantar*	5	
Esgrimir	*vivir*	51	
Eslabonar	*cantar*	5	
Esmaltar	*cantar*	5	
Esmerarse	*cantar*	5	
Esmerilar	*cantar*	5	
Esnifar	*cantar*	5	
Espabilar	*cantar*	5	
Espachurrar	*cantar*	5	
Espaciar	*cantar*	5	
Espantar	*cantar*	5	
Españolear	*cantar*	5	
Españolizar	*cruzar*	8	
Esparcir		54	
Especializar	*cruzar*	8	
Especificar	*atacar*	7	
Especular	*cantar*	5	
Espejear	*cantar*	5	
Espeluznar	*cantar*	5	
Esperanzar	*cruzar*	8	
Esperar	*cantar*	5	
Espesar	*cantar*	5	
Espetar	*cantar*	5	
Espiar	*desviar*	9	
Espichar	*cantar*	5	

Espigar	*pagar*	6
Espirar	*cantar*	5
Espiritualizar	*cruzar*	8
Espolear	*cantar*	5
Espoliar	*cantar*	5
Espolvorear	*cantar*	5
Esponjar	*cantar*	5
Esposar	*cantar*	5
Espulgar	*pagar*	6
Espumar	*cantar*	5
Espurrear	*cantar*	5
Esputar	*cantar*	5
Esquejar	*cantar*	5
Esquematizar	*cruzar*	8
Esquiar	*desviar*	9
Esquilar	*cantar*	5
Esquilmar	*cantar*	5
Esquinar	*cantar*	5
Esquivar	*cantar*	5
Estabilizar	*cruzar*	8
* Establecer	*obedecer*	33
Estabular	*cantar*	5
Estacionar	*cantar*	5
Estafar	*cantar*	5
Estallar	*cantar*	5
Estampar	*cantar*	5
Estampillar	*cantar*	5
Estancar	*atacar*	7
Estandarizar	*cruzar*	8
* *Estar*		4
Estatalizar	*cruzar*	8
* Estatuir	*concluir*	59
Estenografiar	*desviar*	9
Estercolar	*cantar*	5
Estereotipar	*cantar*	5
Esterilizar	*cruzar*	8
Estibar	*cantar*	5
Estigmatizar	*cruzar*	8
Estilarse	*cantar*	5
Estilizar	*cruzar*	8
Estimar	*cantar*	5
Estimular	*cantar*	5

136

Estipular	cantar	5	
Estirajar	cantar	5	
Estirar	cantar	5	
Estocar	atacar	7	
Estofar	cantar	5	
Estomagar	pagar	6	
Estoquear	cantar	5	
Estorbar	cantar	5	
Estornudar	cantar	5	
Estragar	pagar	6	
Estrangular	cantar	5	
Estraperlear	cantar	5	
Estratificar	atacar	7	
Estrechar	cantar	5	
Estrellar	cantar	5	
* Estremecer	obedecer	33	
Estrenar	cantar	5	
* Estreñir	teñir	64	
Estresar	cantar	5	
Estriar	desviar	9	
Estribar	cantar	5	
Estropear	cantar	5	
Estructurar	cantar	5	
Estrujar	cantar	5	
Estucar	atacar	7	
Estuchar	cantar	5	
Estudiar	cantar	5	
Estuprar	cantar	5	
Eternizar	cruzar	8	
Etimologizar	cruzar	8	
Etiquetar	cantar	5	
Europeizar	cruzar	8	(10)
Evacuar	cantar	5	
Evadir	vivir	51	
Evaluar	actuar	10	
Evangelizar	cruzar	8	
Evaporar	cantar	5	
Evidenciar	cantar	5	
Evitar	cantar	5	
Evocar	atacar	7	
Evolucionar	cantar	5	
Exacerbar	cantar	5	

Exagerar	cantar	5	
Exaltar	cantar	5	
Examinar	cantar	5	
Exasperar	cantar	5	
Excarcelar	cantar	5	
Excavar	cantar	5	
Exceder	beber	24	
Exceptuar	actuar	10	
Excitar	cantar	5	
Exclamar	cantar	5	
Exclaustrar	cantar	5	
* Excluir	concluir	59	
Excomulgar	pagar	6	
Excretar	cantar	5	
Exculpar	cantar	5	
Excusar	cantar	5	
Execrar	cantar	5	
Exfoliar	cantar	5	
Exhalar	cantar	5	
Exhibir	vivir	51	
Exhortar	cantar	5	
Exhumar	cantar	5	
Exigir	dirigir	52	
Exiliar	cantar	5	
Eximir	vivir	51	2 part. (49)
Existir	vivir	51	
Exonerar	cantar	5	
Exorcizar	cruzar	8	
Expandir	vivir	51	
Expansionar	cantar	5	
Expatriar	desviar	9	
Expectorar	cantar	5	
Expedientar	cantar	5	
* Expedir	pedir	60	
Expeler	beber	24	
Expender	beber	24	
Experimentar	cantar	5	
Expiar	desviar	9	
Expirar	cantar	5	
Explayar	cantar	5	
Explicar	atacar	7	
Explicitar	cantar	5	

V

verbos

Explicotearse	cantar	5	
Explorar	cantar	5	
Explosionar	cantar	5	
Explotar	cantar	5	
Expoliar	cantar	5	
* Exponer	poner	41	
Exportar	cantar	5	
Expresar	cantar	5	2 part. (50)
Exprimir	vivir	51	
Expropiar	cantar	5	
Expugnar	cantar	5	
Expulsar	cantar	5	
Expurgar	pagar	6	
Extasiar	desviar	9	
* Extender	perder	29	2 part. (51)
Extenuar	actuar	10	
Exteriorizar	cruzar	8	
Exterminar	cantar	5	
Extinguir	distinguir	53	2 part. (52)
Extirpar	cantar	5	
Extorsionar	cantar	5	
Extractar	cantar	5	
Extraditar	cantar	5	
* Extraer	traer	47	
Extralimitarse	cantar	5	
Extranjerizar	cruzar	8	
Extrañar	cantar	5	
Extrapolar	cantar	5	
Extraviar	desviar	9	
Extremar	cantar	5	
Exudar	cantar	5	
Exultar	cantar	5	
Eyacular	cantar	5	

f

Fabricar	atacar	7	
Fabular	cantar	5	
Facilitar	cantar	5	
Facturar	cantar	5	
Facultar	cantar	5	
Faenar	cantar	5	
Fagocitar	cantar	5	
Fajar	cantar	5	
Faldear	cantar	5	
Fallar	cantar	5	
* Fallecer	obedecer	33	
Falsear	cantar	5	
Falsificar	atacar	7	
Faltar	cantar	5	
Familiarizar	cruzar	8	
Fanatizar	cruzar	8	
Fanfarronear	cantar	5	
Fantasear	cantar	5	
Fardar	cantar	5	
Farfullar	cantar	5	
Farolear	cantar	5	
Fascinar	cantar	5	
Fastidiar	cantar	5	
Fatigar	pagar	6	
* Favorecer	obedecer	33	
Fechar	cantar	5	
Fecundar	cantar	5	
Federar	cantar	5	
Felicitar	cantar	5	
* Fenecer	obedecer	33	
Feriar	cantar	5	
Fermentar	cantar	5	
Fertilizar	cruzar	8	
Festejar	cantar	5	
Festonear	cantar	5	
Fiar	desviar	9	
Fichar	cantar	5	
Figurar	cantar	5	
Fijar	cantar	5	2 part. (53)
Filetear	cantar	5	
Filiar	cantar	5	
Filmar	cantar	5	
Filosofar	cantar	5	
Filtrar	cantar	5	
Finalizar	cruzar	8	
Financiar	cantar	5	

Conjugar es fácil

verbos

Fingir	dirigir	52
Finiquitar	cantar	5
Firmar	cantar	5
Fiscalizar	cruzar	8
Fisgar	pagar	6
Fisgonear	cantar	5
Flagelar	cantar	5
Flamear	cantar	5
Flanquear	cantar	5
Flaquear	cantar	5
Flechar	cantar	5
Fletar	cantar	5
Flexibilizar	cruzar	8
Flexionar	cantar	5
Flirtear	cantar	5
Flojear	cantar	5
Florear	cantar	5
* Florecer	obedecer	33
Flotar	cantar	5
Fluctuar	actuar	10
Fluidificar	atacar	7
* Fluir	concluir	59
Foguear	cantar	5
Foliar	cantar	5
Follar	cantar	5
Fomentar	cantar	5
Fondear	cantar	5
Forcejear	cantar	5
Forestar	cantar	5
Forjar	cantar	5
Formalizar	cruzar	8
Formar	cantar	5
Formatear	cantar	5
Formular	cantar	5
Fornicar	atacar	7
Forrajear	cantar	5
Forrar	cantar	5
* Fortalecer	obedecer	33
Fortificar	atacar	7
* Forzar		19
Fosforescer	obedecer	33
Fosilizarse	cruzar	8

Fotocopiar	cantar	5
Fotografiar	desviar	9
Fracasar	cantar	5
Fraccionar	cantar	5
Fracturar	cantar	5
Fragmentar	cantar	5
Fraguar	averiguar	11
Franquear	cantar	5
Frasear	cantar	5
Fraternizar	cruzar	8
Frecuentar	cantar	5
* Fregar	negar	14
Fregotear	cantar	5
* Freír	reír	63 2 part. (54)
Frenar	cantar	5
Fresar	cantar	5
Friccionar	cantar	5
Frisar	cantar	5
Frivolizar	cruzar	8
Frotar	cantar	5
Fructificar	atacar	7
Fruncir	esparcir	54
Frustrar	cantar	5
Fugarse	pagar	6
Fulgurar	cantar	5
Fulminar	cantar	5
Fumar	cantar	5
Fumigar	pagar	6
Funcionar	cantar	5
Fundamentar	cantar	5
Fundar	cantar	5
Fundir	vivir	51
Fusilar	cantar	5
Fusionar	cantar	5
Fustigar	pagar	6

g

Gafar	cantar	5
Galantear	cantar	5
Galardonar	cantar	5

139

Conjugar es fácil

Gallardear	cantar	5	
Galopar	cantar	5	
Galvanizar	cruzar	8	
Gallear	cantar	5	
Ganar	cantar	5	
Gandulear	cantar	5	
Gangrenarse	cantar	5	
Gansear	cantar	5	
Gañir	bruñir	58	
Garabatear	cantar	5	
Garantizar	cruzar	8	
Gargajear	cantar	5	
Gargarizar	cruzar	8	
Garrapatear	cantar	5	
Garrapiñar	cantar	5	
Gasear	cantar	5	
Gasificar	atacar	7	
Gastar	cantar	5	
Gatear	cantar	5	
* Gemir	pedir	59	
Generalizar	cruzar	8	
Generar	cantar	5	
Germanizar	cruzar	8	
Germinar	cantar	5	
Gestar	cantar	5	
Gesticular	cantar	5	
Gestionar	cantar	5	
Gibar	cantar	5	
Gimotear	cantar	5	
Girar	cantar	5	
Gitanear	cantar	5	
Glasear	cantar	5	
Globalizar	cruzar	8	
Gloriar	desviar	9	
Glorificar	atacar	7	
Glosar	cantar	5	
* Gobernar	pensar	13	
Golear	cantar	5	
Golfear	cantar	5	
Golosear	cantar	5	

Golpear	cantar	5	
Golpetear	cantar	5	
Gorgoritear	cantar	5	
Gorgotear	cantar	5	
Gorjear	cantar	5	
Gorronear	cantar	5	
Gotear	cantar	5	
Gozar	cruzar	8	
Grabar	cantar	5	
Graduar	actuar	10	
Granar	cantar	5	
Granizar	cruzar	8	V. def. (11)
Granjearse	cantar	5	
Granular	cantar	5	
Grapar	cantar	5	
Gratificar	atacar	7	
Gratinar	cantar	5	
Gravar	cantar	5	
Gravitar	cantar	5	
Graznar	cantar	5	
Grillarse	cantar	5	
Grisear	cantar	5	
Gritar	cantar	5	
Gruñir	bruñir	58	
Guardar	cantar	5	
* Guarecer	obedecer	33	
* Guarnecer	obedecer	33	
Guarnicionar	cantar	5	
Guarrear	cantar	5	
Guasearse	cantar	5	
Guerrear	cantar	5	
Guerrillear	cantar	5	
Guiar	desviar	9	
Guillotinar	cantar	5	
Guiñar	cantar	5	
Guipar	cantar	5	
Guisar	cantar	5	
Guisotear	cantar	5	
Gulusmear	cantar	5	
Gustar	cantar	5	

140

h

* Haber		1	
Habilitar	cantar	5	
Habitar	cantar	5	
Habituar	actuar	10	
Hablar	cantar	5	
* Hacer		37	
Hacinar	cantar	5	
Halagar	pagar	6	
Hallar	cantar	5	
Haraganear	cantar	5	
Hartar	cantar	5	2 part. (55)
Hastiar	desviar	9	
Hebraizar	cruzar	8	(10)
Hechizar	cruzar	8	
* Heder	perder	29	
* Helar	pensar	13	V. def. (11)
Helenizar	cruzar	8	
* Henchir	pedir	60	(56)
* Hendir	discernir	66	(57)
* Heñir	teñir	64	
Heredar	cantar	5	
* Herir	sentir	65	
Hermanar	cantar	5	
Hermosear	cantar	5	
Herniarse	cantar	5	
* Herrar	pensar	13	
Herrumbrar	cantar	5	
* Hervir	sentir	65	
Hibernar	cantar	5	
Hidratar	cantar	5	
Higienizar	cruzar	8	
Hilar	cantar	5	
Hilvanar	cantar	5	
Himplar	cantar	5	
Hincar	atacar	7	
Hinchar	cantar	5	

Hipar	cantar	5	
Hipertrofiarse	cantar	5	
Hipnotizar	cruzar	8	
Hipotecar	atacar	7	
Hispanizar	cruzar	8	
Historiar	cantar	5	(58)
Hocicar	atacar	7	
Hojaldrar	cantar	5	
Hojear	cantar	5	
* Holgar	rogar	18	
Holgazanear	cantar	5	
* Hollar	contar	16	
Homenajear	cantar	5	
Homogeneizar	cruzar	8	(10)
Homologar	pagar	6	
Hondear	cantar	5	
Honorificar	atacar	7	
Honrar	cantar	5	
Horadar	cantar	5	
Hormiguear	cantar	5	
Hornear	cantar	5	
Horripilar	cantar	5	
Horrorizar	cruzar	8	
Hospedar	cantar	5	
Hospitalizar	cruzar	8	
Hostigar	pagar	6	
Hostilizar	cruzar	8	
Hozar	cruzar	8	
* Huir	concluir	59	
Humanizar	cruzar	8	
Humar	cantar	5	
Humear	cantar	5	
* Humedecer	obedecer	33	
Humidificar	atacar	7	
Humillar	cantar	5	
Hundir	vivir	51	
Hurgar	pagar	6	
Huronear	cantar	5	
Hurtar	cantar	5	
Husmear	cantar	5	

Conjugar es fácil

verbos

Idealizar	cruzar	8
Idear	cantar	5
Identificar	atacar	7
Idiotizar	cruzar	8
Idolatrar	cantar	5
Ignorar	cantar	5
Igualar	cantar	5
Ilegitimar	cantar	5
Iluminar	cantar	5
Ilusionar	cantar	5
Ilustrar	cantar	5
Imaginar	cantar	5
Imantar	cantar	5
Imbricar	atacar	7
* Imbuir	concluir	59
Imitar	cantar	5
Impacientar	cantar	5
Impactar	cantar	5
Impartir	vivir	51
* Impedir	pedir	60
Impeler	beber	24
Imperar	cantar	5
Impermeabilizar	cruzar	8
Impersonalizar	cruzar	8
Implantar	cantar	5
Implementar	cantar	5
Implicar	atacar	7
Implorar	cantar	5
* Imponer	poner	41
Importar	cantar	5
Importunar	cantar	5
Imposibilitar	cantar	5
Impostar	cantar	5
Imprecar	atacar	7
Impregnar	cantar	5
Impresionar	cantar	5
Imprimir	vivir	51	2 part. (59)
Improvisar	cantar	5

Impugnar	cantar	5	
Impulsar	cantar	5	
Imputar	cantar	5	
Inaugurar	cantar	5	
Incapacitar	cantar	5	
Incardinar	cantar	5	
Incautarse	cantar	5	
Incendiar	cantar	5	
* Incensar	pensar	13	
Incentivar	cantar	5	
Incidir	vivir	51	
Incinerar	cantar	5	
Incitar	cantar	5	
Inclinar	cantar	5	
* Incluir	concluir	59	2 part. (60)
Incoar	cantar	5	V. def. (61)
Incomodar	cantar	5	
Incomunicar	atacar	7	
Incordiar	cantar	5	
Incorporar	cantar	5	
Incursionar	cantar	5	
Incrementar	cantar	5	
Increpar	cantar	5	
Incriminar	cantar	5	
Incrustar	cantar	5	
Incubar	cantar	5	
Inculcar	atacar	7	
Inculpar	cantar	5	
Incumbir	vivir	51	V. def. (5)
Incumplir	vivir	51	
Incurrir	vivir	51	2 part. (62)
Incursionar	cantar	5	
Indagar	pagar	6	
Indemnizar	cruzar	8	
Independizar	cruzar	8	
Indicar	atacar	7	
Indigestarse	cantar	5	
Indignar	cantar	5	
Indisciplinarse	cantar	5	
* Indisponer	poner	41	
Individualizar	cruzar	8	
* Inducir	traducir	69	

verbos

Indultar	cantar	5	
Industrializar	cruzar	8	
Infamar	cantar	5	
Infartar	cantar	5	
Infectar	cantar	5	
* Inferir	sentir	65	
Infestar	cantar	5	
Infiltrar	cantar	5	
Inflamar	cantar	5	
Inflar	cantar	5	
Infligir	dirigir	52	
Influenciar	cantar	5	
* Influir	concluir	59	
Informar	cantar	5	
Informatizar	cruzar	8	
Infrautilizar	cruzar	8	
Infravalorar	cantar	5	
Infringir	dirigir	52	
Infundir	vivir	51	2 part. (63)
Ingeniar	cantar	5	
* Ingerir	sentir	65	
Ingresar	cantar	5	
Inhabilitar	cantar	5	
Inhalar	cantar	5	
Inhibir	vivir	51	
Inhumar	cantar	5	
Iniciar	cantar	5	
Inicializar	cruzar	8	
* Injerir	sentir	65	
Injertar	cantar	5	2 part. (64)
Injuriar	cantar	5	
Inmigrar	cantar	5	
* Inmiscuir	concluir	59	
Inmolar	cantar	5	
Inmortalizar	cruzar	8	
Inmovilizar	cruzar	8	
Inmunizar	cruzar	8	
Inmutar	cantar	5	
Innovar	cantar	5	
Inocular	cantar	5	
Inquietar	cantar	5	
* Inquirir	adquirir	67	

Insalivar	cantar	5	
* Inscribir	vivir	51	Part. irr. (65)
Inseminar	cantar	5	
Insensibilizar	cruzar	8	
Insertar	cantar	5	2 part. (66)
Insinuar	actuar	10	
Insistir	vivir	51	
Insolentar	cantar	5	
Insonorizar	cruzar	8	
Inspeccionar	cantar	5	
Inspirar	cantar	5	
Instalar	cantar	5	
Instar	cantar	5	
Instaurar	cantar	5	
Instigar	pagar	6	
Instilar	cantar	5	
Institucionalizar	cruzar	8	
* Instituir	concluir	59	
* Instruir	concluir	59	
Instrumentar	cantar	5	
Instrumentalizar	cruzar	8	
Insubordinar	cantar	5	
Insuflar	cantar	5	
Insultar	cantar	5	
Insurreccionarse	cantar	5	
Integrar	cantar	5	
Intelectualizar	cruzar	8	
Intensificar	atacar	7	
Intentar	cantar	5	
Interaccionar	cantar	5	
Intercalar	cantar	5	
Intercambiar	cantar	5	
Interceder	beber	24	
Interceptar	cantar	5	
Interesar	cantar	5	
* Interferir	sentir	65	
Interiorizar	cruzar	8	
Intermediar	cantar	5	
Internacionalizar	cruzar	8	
Internar	cantar	5	
Interpelar	cantar	5	
Interpolar	cantar	5	

Conjugar es fácil

verbos

* Interponer	*poner*	41	
Interpretar	*cantar*	5	
Interrogar	*pagar*	6	
Interrumpir	*vivir*	51	
* Intervenir	*venir*	80	
Interviuvar	*cantar*	5	
Intimar	*cantar*	5	
Intimidar	*cantar*	5	
Intitular	*cantar*	5	
Intoxicar	*atacar*	7	
Intranquilizar	*cruzar*	8	
Intrigar	*pagar*	6	
Intrincar	*atacar*	7	
* Introducir	*traducir*	69	
Intubar	*cantar*	5	
* Intuir	*concluir*	59	
Inundar	*cantar*	5	
Inutilizar	*cruzar*	8	
Invadir	*vivir*	51	
Invalidar	*cantar*	5	
Inventar	*cantar*	5	
Inventariar	*desviar*	9	
Invernar	*cantar*	5	
* Invertir	*sentir*	65	2 part. (67)
Investigar	*pagar*	6	
* Investir	*pedir*	60	
Invitar	*cantar*	5	
Invocar	*atacar*	7	
Involucionar	*cantar*	5	
Involucrar	*cantar*	5	
Inyectar	*cantar*	5	
Ionizar	*cruzar*	8	
* Ir		77	
Irisar	*cantar*	5	
Ironizar	*cruzar*	8	
Irradiar	*cantar*	5	
Irrigar	*pagar*	6	
Irritar	*cantar*	5	
Irrumpir	*vivir*	51	
Islamizar	*cruzar*	8	
Italianizar	*cruzar*	8	

Iterar	*cantar*	5	
Izar	*cruzar*	8	

J

Jabonar	*cantar*	5	
Jactarse	*cantar*	5	
Jadear	*cantar*	5	
Jalar	*cantar*	5	
Jalear	*cantar*	5	
Jalonar	*cantar*	5	
Jamar	*cantar*	5	
Jaranear	*cantar*	5	
Jarrear	*cantar*	5	
Jaspear	*cantar*	5	
Jerarquizar	*cruzar*	8	
Jeringar	*pagar*	6	
Joder	*beber*	24	
Jorobar	*cantar*	5	
Jubilar	*cantar*	5	
Judaizar	*cruzar*	8	(10)
Juerguearse	*cantar*	5	
* *Jugar*		21	
Juguetear	*cantar*	5	
Juntar	*cantar*	5	2 part. (68)
Juramentar	*cantar*	5	
Jurar	*cantar*	5	
Justificar	*atacar*	7	
Justipreciar	*cantar*	5	
Juzgar	*pagar*	6	

L

Labializar	*cruzar*	8	
Laborar	*cantar*	5	
Labrar	*cantar*	5	
Lacerar	*cantar*	5	
Lacrar	*cantar*	5	
Lactar	*cantar*	5	

Conjugar es fácil

Ladear	cantar	5	
Ladrar	cantar	5	
Ladrillar	cantar	5	
Lagrimear	cantar	5	
Laicizar	cruzar	8	
Lamentar	cantar	5	
Lamer	beber	24	
Laminar	cantar	5	
Lampar	cantar	5	
Lancear	cantar	5	
* Languidecer	obedecer	33	
Lanzar	cruzar	8	
Lapidar	cantar	5	
Laquear	cantar	5	
Largar	pagar	6	
Lastimar	cantar	5	
Lastrar	cantar	5	
Lateralizar	cruzar	8	
Latinizar	cruzar	8	
Latir	vivir	51	
Laurear	cantar	5	
Lavar	cantar	5	
Lavotear	cantar	5	
Laxar	cantar	5	
* Leer		28	
Legalizar	cruzar	8	
Legar	pagar	6	
Legislar	cantar	5	
Legitimar	cantar	5	
Legrar	cantar	5	
Lesionar	cantar	5	
Levantar	cantar	5	
Levar	cantar	5	
Levitar	cantar	5	
Lexicalizar	cruzar	8	
Liar	desviar	9	
Libar	cantar	5	
Liberalizar	cruzar	8	
Liberar	cantar	5	
Libertar	cantar	5	
Librar	cantar	5	
Licenciar	cantar	5	

Licitar	cantar	5	
Licuar	cantar	5	(6)
Liderar	cantar	5	
Lidiar	cantar	5	
Ligar	pagar	6	
Lijar	cantar	5	
Limar	cantar	5	
Limitar	cantar	5	
Limosnear	cantar	5	
Limpiar	cantar	5	
Linchar	cantar	5	
Lindar	cantar	5	
Liofilizar	cruzar	8	
Liquidar	cantar	5	
Lisiar	cantar	5	
Lisonjear	cantar	5	
Listar	cantar	5	
Litigar	pagar	6	
Litografiar	desviar	9	
Lizar	cruzar	8	
Llagar	pagar	6	
Llamar	cantar	5	
Llamear	cantar	5	
Llanear	cantar	5	
Llegar	pagar	6	
Llenar	cantar	5	
Llevar	cantar	5	
Llorar	cantar	5	
Lloriquear	cantar	5	
* Llover	mover	30	V. def. (11)
Llovíznar	cantar	5	V. def. (11)
Loar	cantar	5	
Localizar	cruzar	8	
Lograr	cantar	5	
Loquear	cantar	5	
Lubricar	atacar	7	
Lubrificar	atacar	7	
* Lucir		70	
Lucrar	cantar	5	
Lucubrar	cantar	5	
Luchar	cantar	5	

V

Conjugar es fácil

verbos

Lustrar	cantar	5	
Luxar	cantar	5	

Macerar	cantar	5	
Machacar	atacar	7	
Madrugar	pagar	6	
Madurar	cantar	5	
Magnetizar	cruzar	8	
Magnificar	atacar	7	
Magrear	cantar	5	
Magullar	cantar	5	
Majar	cantar	5	
Malcasar	cantar	5	
Malcomer	beber	24	
Malcriar	desviar	9	
* Maldecir	bendecir	73	2 part. (69)
Malear	cantar	5	
Maleducar	atacar	7	
Malgastar	cantar	5	
* Malherir	sentir	65	
Malhumorar	cantar	5	
Maliciar	cantar	5	
Malmeter	beber	24	
Malograr	cantar	5	
Maltear	cantar	5	
* Maltraer	traer	47	
Maltratar	cantar	5	
Malvender	beber	24	
Malversar	cantar	5	
Malvivir	vivir	51	
Mamar	cantar	5	
Manar	cantar	5	
Manchar	cantar	5	
Mancillar	cantar	5	
Mancipar	cantar	5	
Mancomunar	cantar	5	
Mandar	cantar	5	
Manducar	atacar	7	
Manejar	cantar	5	

Mangar	pagar	6	
Mangonear	cantar	5	
Maniatar	cantar	5	
* Manifestar	pensar	13	2 part. (70)
Maniobrar	cantar	5	
Manipular	cantar	5	
Manosear	cantar	5	
Manotear	cantar	5	
Mantear	cantar	5	
* Mantener	tener	2	
Manufacturar	cantar	5	
Manumitir	vivir	51	
* Manuscribir	vivir	51	Part. irr. (71)
Maquilar	cantar	5	
Maquillar	cantar	5	
Maquinar	cantar	5	
Maquinizar	cruzar	8	
Maravillar	cantar	5	
Marcar	atacar	7	
Marchar	cantar	5	
Marchitar	cantar	5	2 part. (72)
Marear	cantar	5	
Marginar	cantar	5	
Maridar	cantar	5	
Marinar	cantar	5	
Mariposear	cantar	5	
Marrar	cantar	5	
Marrullar	cantar	5	
Martillar	cantar	5	
Martillear	cantar	5	
Martirizar	cruzar	8	
Masacrar	cantar	5	
Mascar	atacar	7	
Masculinizar	cruzar	8	
Mascullar	cantar	5	
Masificar	atacar	7	
Masticar	atacar	7	
Masturbar	cantar	5	
Matar	cantar	5	
Matasellar	cantar	5	
Materializar	cruzar	8	
Maternizar	cruzar	8	

Conjugar es fácil

verbos

Matizar	cruzar	8
Matricular	cantar	5
Matrimoniar	cantar	5
Maullar	cantar	12
Maximizar	cruzar	8
Mear	cantar	5
Mecanizar	cruzar	8
Mecanografiar	desviar	9
Mecer	vencer	26
Mechar	cantar	5
Mediar	cantar	5
Mediatizar	cruzar	8
Medicar	atacar	7
Medicinar	cantar	5
* Medir	pedir	60
Meditar	cantar	5
Medrar	cantar	5
Mejorar	cantar	5
Mellar	cantar	5
Memorizar	cruzar	8
Mencionar	cantar	5
Mendigar	pagar	6
Menear	cantar	5
Menguar	averiguar	11
Menoscabar	cantar	5
Menospreciar	cantar	5
Menstruar	actuar	10
Mentalizar	cruzar	8
* Mentar	pensar	13
* Mentir	sentir	65
Menudear	cantar	5
Mercadear	cantar	5
Mercantilizar	cruzar	8
Mercar	atacar	7
* Merecer	obedecer	33
* Merendar	pensar	13
Mermar	cantar	5
Merodear	cantar	5
Mesar	cantar	5
Mestizar	cruzar	8
Mesurar	cantar	5
Metaforizar	cruzar	8

Metalizar	cruzar	8
Metamorfosear	cantar	5
Meteorizar	cruzar	8
Meter	beber	24
Metodizar	cruzar	8
Mezclar	cantar	5
Microfilmar	cantar	5
Migar	pagar	6
Militar	cantar	5
Militarizar	cruzar	8
Mimar	cantar	5
Minar	cantar	5
Mineralizar	cruzar	8
Minimizar	cruzar	8
Ministrar	cantar	5
Minusvalorar	cantar	5
Mirar	cantar	5
Mistificar	atacar	7
Mitificar	atacar	7
Mitigar	pagar	6
Mixtificar	atacar	7
Mocar	atacar	7
Modelar	cantar	5
Moderar	cantar	5
Modernizar	cruzar	8
Modificar	atacar	7
Modular	cantar	5
Mofar	cantar	5
Mojar	cantar	5
Moldar	cantar	5
Moldear	cantar	5
* Moler	mover	30
Molestar	cantar	5
Momificar	atacar	7
Mondar	cantar	5
Monologar	pagar	6
Monopolizar	cruzar	8
Monoptongar	pagar	6
Montar	cantar	5
Monumentalizar	cruzar	8
Moquear	cantar	5
Moralizar	cruzar	8

Conjugar es fácil

verbos

Morar	cantar	5	
* Morder	mover	30	
Mordisquear	cantar	5	
Morigerar	cantar	5	
* Morir	dormir	68	Part. irr. (73)
Mortificar	atacar	7	
Mosconear	cantar	5	
Mosquear	cantar	5	
* Mostrar	contar	16	
Motear	cantar	5	
Motejar	cantar	5	
Motivar	cantar	5	
Motorizar	cruzar	8	
* Mover		30	
Movilizar	cruzar	8	
Mudar	cantar	5	
Mugir	dirigir	52	
Mullir		57	
Multar	cantar	5	
Multicopiar	cantar	5	
Multiplicar	atacar	7	
Municipalizar	cruzar	8	
Murar	cantar	5	
Murmurar	cantar	5	
Musitar	cantar	5	
Mustiar	cantar	5	
Mutar	cantar	5	
Mutilar	cantar	5	

n

* Nacer		31	2 part. (74)
Nacionalizar	cruzar	8	
Nadar	cantar	5	
Narcotizar	cruzar	8	
Narcofinanciar	cantar	5	
Narrar	cantar	5	
Nasalizar	cruzar	8	
Naturalizar	cruzar	8	
Naufragar	pagar	6	

Navegar	pagar	6	
Necesitar	cantar	5	
* Negar		14	
Negociar	cantar	5	
Negrear	cantar	5	
Neutralizar	cruzar	8	
* Nevar	pensar	13	V. def. (11)
Ningunear	cantar	5	
Niñear	cantar	5	
Niquelar	cantar	5	
Nivelar	cantar	5	
Nombrar	cantar	5	
Nominar	cantar	5	
Noquear	cantar	5	
Normalizar	cruzar	8	
Notar	cantar	5	
Notificar	atacar	7	
Novelar	cantar	5	
Nublar	cantar	5	
Numerar	cantar	5	
Nutrir	vivir	51	

o

Obcecarse	atacar	7	
* Obedecer		33	
Objetar	cantar	5	
Objetivar	cantar	5	
Obligar	pagar	6	
Obliterar	cantar	5	
Obnubilar	cantar	5	
Obrar	cantar	5	
Obsequiar	cantar	5	
Observar	cantar	5	
Obsesionar	cantar	5	
Obstaculizar	cruzar	8	
Obstar	cantar	5	
Obstinarse	cantar	5	
* Obstruir	concluir	59	
* Obtener	tener	2	

Conjugar es fácil

Obturar	cantar	5	
Obviar	cantar	5	
Ocasionar	cantar	5	
Ociar	cantar	5	
* Ocluir	concluir	59	
Ocultar	cantar	5	
Ocupar	cantar	5	
Ocurrir	vivir	51	
Odiar	cantar	5	
Ofender	beber	24	
Ofertar	cantar	5	
Oficializar	cruzar	8	
Oficiar	cantar	5	
* Ofrecer	obedecer	33	
Ofrendar	cantar	5	
Ofuscar	atacar	7	
* Oír		78	
Ojear	cantar	5	
* Oler		38	
Olfatear	cantar	5	
Olisquear	cantar	5	
Olvidar	cantar	5	
Omitir	vivir	51	2 part. (75)
Ondear	cantar	5	
Ondular	cantar	5	
Operar	cantar	5	
Opinar	cantar	5	
* Oponer	poner	41	
Opositar	cantar	5	
Oprimir	vivir	51	
Optar	cantar	5	
Optimar	cantar	5	
Optimizar	cruzar	8	
Orar	cantar	5	
Ordenar	cantar	5	
Ordeñar	cantar	5	
Orear	cantar	5	
Organizar	cruzar	8	
Orientar	cantar	5	
Originar	cantar	5	
Orillar	cantar	5	
Orinar	cantar	5	

Orlar	cantar	5	
Ornamentar	cantar	5	
Ornar	cantar	5	
Orquestar	cantar	5	
Osar	cantar	5	
Oscilar	cantar	5	
* Oscurecer	obedecer	33	V. def. (11)
Ostentar	cantar	5	
Otear	cantar	5	
Otorgar	pagar	6	
Ovacionar	cantar	5	
Ovalar	cantar	5	
Ovar	cantar	5	
Ovillar	cantar	5	
Ovular	cantar	5	
Oxidarse	cantar	5	
Oxigenar	cantar	5	

p

* Pacer	nacer	31	
Pacificar	atacar	7	
Pactar	cantar	5	
* Padecer	obedecer	33	
Pagar		6	
Paginar	cantar	5	
Paladear	cantar	5	
Palatalizar	cruzar	8	
Paliar	cantar	5	
* Palidecer	obedecer	33	
Palmar	cantar	5	
Palmear	cantar	5	
Palmotear	cantar	5	
Palpar	cantar	5	
Palpitar	cantar	5	
Panificar	atacar	7	
Papear	cantar	5	
Parabolizar	cruzar	8	
Parafrasear	cantar	5	
Paralizar	cruzar	8	

verbos

Parangonar	cantar	5		Peinar	cantar	5
Parapetarse	cantar	5		Pelar	cantar	5
Parar	cantar	5		Pelear	cantar	5
Parcelar	cantar	5		Peligrar	cantar	5
Parchear	cantar	5		Pellizcar	atacar	7
Parcializar	cruzar	8		Pelotear	cantar	5
* Parecer	obedecer	33		Penalizar	cruzar	8
Parir	vivir	51		Penar	cantar	5
Parlamentar	cantar	5		Pender	beber	24
Parlar	cantar	5		Pendonear	cantar	5
Parlotear	cantar	5		Penetrar	cantar	5
Parodiar	cantar	5		* Pensar		13
Parpadear	cantar	5		Pensionar	cantar	5
Parrandear	cantar	5		Peraltar	cantar	5
Participar	cantar	5		Percatarse	cantar	5
Particularizar	cruzar	8		Percibir	vivir	51
Partir	vivir	51		Percutir	vivir	51
Pasar	cantar	5		* Perder		29
Pasear	cantar	5		Perdonar	cantar	5
Pasmar	cantar	5		Perdurar	cantar	5
Pastar	cantar	5		* Perecer	obedecer	33
Pasteurizar	cruzar	8		Peregrinar	cantar	5
Pastorear	cantar	5		Perennizar	cruzar	8
Patalear	cantar	5		Perfeccionar	cantar	5
Patear	cantar	5		Perfilar	cantar	5
Patentar	cantar	5		Perforar	cantar	5
Patentizar	cruzar	8		Perfumar	cantar	5
Patinar	cantar	5		Pergeñar	cantar	5
Patrocinar	cantar	5		Periclitar	cantar	5
Patrullar	cantar	5		Peritar	cantar	5
Pausar	cantar	5		Perjudicar	atacar	7
Pautar	cantar	5		Perjurar	cantar	5
Pavimentar	cantar	5		Perlar	cantar	5
Pavonear	cantar	5		* Permanecer	obedecer	33
Peatonalizar	cruzar	8		Permitir	vivir	51
Pecar	atacar	7		Permutar	cantar	5
Pechar	cantar	5		Pernoctar	cantar	5
Pedalear	cantar	5		Perorar	cantar	5
* Pedir		60		Perpetrar	cantar	5
Pedorrear	cantar	5		Perpetuar	actuar	10
Pegar	pagar	6		* Perseguir	seguir	62
Pegotear	cantar	5		Perseverar	cantar	5

Conjugar es fácil

Persignar	*cantar*	5	
Persistir	*vivir*	51	
Personalizar	*cruzar*	8	
Personarse	*cantar*	5	
Personificar	*atacar*	7	
Persuadir	*vivir*	51	
* Pertenecer	*obedecer*	33	
Pertrechar	*cantar*	5	
Perturbar	*cantar*	5	
* Pervertir	*sentir*	65	
Pervivir	*vivir*	51	
Pesar	*cantar*	5	
Pescar	*atacar*	7	
Pespuntear	*cantar*	5	
Pestañear	*cantar*	5	
Petar	*cantar*	5	
Petardear	*cantar*	5	
Peticionar	*cantar*	5	
Petrificar	*atacar*	7	
Piafar	*cantar*	5	
Piar	*desviar*	9	
Picar	*atacar*	7	
Picotear	*cantar*	5	
Pifiar	*cantar*	5	
Pigmentar	*cantar*	5	
Pillar	*cantar*	5	
Pilotar	*cantar*	5	
Pimplar	*cantar*	5	
Pincelar	*cantar*	5	
Pinchar	*cantar*	5	
Pintar	*cantar*	5	
Pintarrajear	*cantar*	5	
Pinzar	*cruzar*	8	
Pirarse	*cantar*	5	
Piratear	*cantar*	5	
Piropear	*cantar*	5	
Pirrarse	*cantar*	5	
Piruetear	*cantar*	5	
Pisar	*cantar*	5	
Pisotear	*cantar*	5	
Pitar	*cantar*	5	
Pitorrearse	*cantar*	5	

Pivotar	*cantar*	5	
* Placer		39	V. def.
Plagar	*pagar*	6	
Plagiar	*cantar*	5	
Planchar	*cantar*	5	
Planear	*cantar*	5	
Planificar	*atacar*	7	
Plantar	*cantar*	5	
Plantear	*cantar*	5	
Plantificar	*atacar*	7	
Plañir	*bruñir*	58	
Plasmar	*cantar*	5	
Plastificar	*atacar*	7	
Platear	*cantar*	5	
Platicar	*atacar*	7	
* Plegar	*negar*	14	
Pleitear	*cantar*	5	
Plisar	*cantar*	5	
Pluralizar	*cruzar*	8	
* Poblar	*contar*	16	
Podar	*cantar*	5	
* Poder		40	
Poetizar	*cruzar*	8	
Polarizar	*cruzar*	8	
Polemizar	*cruzar*	8	
Policromar	*cantar*	5	
Polinizar	*cruzar*	8	
Politizar	*cruzar*	8	
Ponderar	*cantar*	5	
* Poner		41	
Pontificar	*atacar*	7	
Popularizar	*cruzar*	8	
Pordiosear	*cantar*	5	
Porfiar	*desviar*	9	
Pormenorizar	*cruzar*	8	
Portar	*cantar*	5	
Portear	*cantar*	5	
Posar	*cantar*	5	
* Poseer	*leer*	28	2 part. (76)
Posesionar	*cantar*	5	
Posibilitar	*cantar*	5	
Posicionar	*cantar*	5	

Conjugar es fácil

verbos

Positivar	cantar	5	
* Posponer	poner	41	
Postergar	pagar	6	
Postinear	cantar	5	
Postrarse	cantar	5	
Postular	cantar	5	
Potabilizar	cruzar	8	
Potar	cantar	5	
Potenciar	cantar	5	
Practicar	atacar	7	
Precaver	beber	24	
Preceder	beber	24	
Preciarse	cantar	5	
Precintar	cantar	5	
Precipitar	cantar	5	
Precisar	cantar	5	
* Preconcebir	pedir	60	
Preconizar	cruzar	8	
Predatar	cantar	5	
* Predecir	decir	74	2 part. (77)
Predestinar	cantar	5	
Predeterminar	cantar	5	
Predicar	atacar	7	
* Predisponer	poner	41	
Predominar	cantar	5	
Preexistir	vivir	51	
* Preferir	sentir	65	
Prefigurar	cantar	5	
Prefijar	cantar	5	
Pregonar	cantar	5	
Preguntar	cantar	5	
Prejuzgar	pagar	6	
Preludiar	cantar	5	
Premeditar	cantar	5	
Premiar	cantar	5	
Prendar	cantar	5	
Prender	beber	24	2 part. (78)
Prensar	cantar	5	
Preñar	cantar	5	
Preocupar	cantar	5	
Preparar	cantar	5	
Preponderar	cantar	5	

Presagiar	cantar	5	
Prescindir	vivir	51	
* Prescribir	vivir	51	Part. irr. (79)
Preseleccionar	cantar	5	
Presenciar	cantar	5	
Presentar	cantar	5	
* Presentir	sentir	65	
Preservar	cantar	5	
Presidir	vivir	51	
Presintonizar	cruzar	8	
Presionar	cantar	5	
Prestar	cantar	5	
Prestigiar	cantar	5	
Presumir	vivir	51	2 part. (80)
* Presuponer	poner	41	
Presupuestar	cantar	5	
Presurizar	cruzar	8	
Pretender	beber	24	
Pretextar	cantar	5	
* Prevalecer	obedecer	33	
Prevaricar	atacar	7	
* Prevenir	venir	80	
* Prever	ver	49	
Primar	cantar	5	
Pringar	pagar	6	
Privar	cantar	5	
Privatizar	cruzar	8	
Privilegiar	cantar	5	
* Probar	contar	16	
Proceder	beber	24	
Procesar	cantar	5	
Proclamar	cantar	5	
Procrear	cantar	5	
Procurar	cantar	5	
Prodigar	pagar	6	
* Producir	traducir	69	
Profanar	cantar	5	
* Proferir	sentir	65	
Profesar	cantar	5	
Profesionalizar	cruzar	8	
Profetizar	cruzar	8	
Profundizar	cruzar	8	

Conjugar es fácil

Programar	cantar	5	
Progresar	cantar	5	
Prohibir		55	
Proliferar	cantar	5	
Prologar	pagar	6	
Prolongar	pagar	6	
Promediar	cantar	5	
Prometer	beber	24	
Promocionar	cantar	5	
* Promover	mover	30	
Promulgar	pagar	6	
Pronosticar	atacar	7	
Pronunciar	cantar	5	
Propagar	pagar	6	
Propalar	cantar	5	
Propasar	cantar	5	
Propender	beber	24	2 part. (81)
Propiciar	cantar	5	
Propinar	cantar	5	
* Proponer	poner	41	
Proporcionar	cantar	5	
Propugnar	cantar	5	
Propulsar	cantar	5	
Prorratear	cantar	5	
Prorrogar	pagar	6	
Prorrumpir	vivir	51	
* Proscribir	vivir	51	Part. irr. (82)
* Proseguir	seguir	62	
Prosificar	atacar	7	
Prosperar	cantar	5	
Prosternarse	cantar	5	
* Prostituir	concluir	59	
Prostrar	cantar	5	
Protagonizar	cruzar	8	
Proteger	coger	25	
Protestar	cantar	5	
* Proveer	leer	26	2 part. (83)
* Provenir	venir	80	
Provocar	atacar	7	
Proyectar	cantar	5	
Psicoanalizar	cruzar	8	
Publicar	atacar	7	

Publicitar	cantar	5	
* Pudrir	vivir	51	Part. irr. (84)
Puentear	cantar	5	
Pugnar	cantar	5	
Pujar	cantar	5	
Pulimentar	cantar	5	
Pulir	abolir	71	
Pulsar	cantar	5	
Pulular	cantar	5	
Pulverizar	cruzar	8	
Puntear	cantar	5	
Puntualizar	cruzar	8	
Puntuar	actuar	10	
Punzar	cruzar	8	
Purgar	pagar	6	
Purificar	atacar	7	
Putear	cantar	5	

q

Quebrantar	cantar	5
* Quebrar	pensar	13
Quedar	cantar	5
Quejarse	cantar	5
Quemar	cantar	5
Querellarse	cantar	5
* *Querer*		42
Quintuplicar	atacar	7
Quitar	cantar	5

r

Rabiar	cantar	5
Racanear	cantar	5
Racionalizar	cruzar	8
Racionar	cantar	5
Radiar	cantar	5
Radicalizar	cruzar	8

Conjugar es fácil

verbos

Radicar	atacar	7	
Radiodifundir	vivir	51	
Radiografiar	desviar	9	
Radiotelegrafiar	desviar	9	
* Raer	caer	36	2 part. (85)
Rajar	cantar	5	
Ralentizar	cruzar	8	
Rallar	cantar	5	
Ramificar	atacar	7	
Ramonear	cantar	5	
Rapar	cantar	5	
Raptar	cantar	5	
Rarificar	atacar	7	
Rasar	cantar	5	
Rascar	atacar	7	
Rasgar	pagar	6	
Rasguear	cantar	5	
Raspar	cantar	5	
Rastrear	cantar	5	
Rastrillar	cantar	5	
Rastrojar	cantar	5	
Rasurar	cantar	5	
Ratificar	atacar	7	
Rayar	cantar	5	
Razonar	cantar	5	
* Reabrir	vivir	51	Part. irr. (86)
Reabsorber	beber	24	
Reaccionar	cantar	5	
Reactivar	cantar	5	
Readaptar	cantar	5	
Readmitir	vivir	51	
Reafirmar	cantar	5	
Reagrupar	cantar	5	
Reajustar	cantar	5	
Realistarse	cantar	5	
Realizar	cruzar	8	
Realquilar	cantar	5	
Realzar	cruzar	8	
Reanimar	cantar	5	
Reanudar	cantar	5	
* Reaparecer	obedecer	33	
Rearmar	cantar	5	

Reavivar	cantar	5	
Rebajar	cantar	5	
Rebanar	cantar	5	
Rebañar	cantar	5	
Rebasar	cantar	5	
Rebatir	vivir	51	
Rebelarse	cantar	5	
* Reblandecer	obedecer	33	
Rebobinar	cantar	5	
Rebordear	cantar	5	
Rebosar	cantar	5	
Rebotar	cantar	5	
Rebozar	cruzar	8	
Rebrotar	cantar	5	
Rebuscar	atacar	7	
Rebuznar	cantar	5	
Recabar	cantar	5	
* Recaer	caer	36	
Recalar	cantar	5	
Recalcar	atacar	7	
* Recalentar	pensar	13	
Recamar	cantar	5	
Recambiar	cantar	5	
Recapacitar	cantar	5	
Recapitular	cantar	5	
Recargar	pagar	6	
Recatarse	cantar	5	
Recauchutar	cantar	5	
Recaudar	cantar	5	
Recelar	cantar	5	
Recetar	cantar	5	
Rechazar	cruzar	8	
Rechinar	cantar	5	
Rechistar	cantar	5	
Recibir	vivir	51	
Reciclar	cantar	5	
Recidivar	cantar	5	
Recitar	cantar	5	
Reclamar	cantar	5	
Reclinar	cantar	5	
* Recluir	concluir	59	2 part. (87)
Reclutar	cantar	5	

154

Recobrar	cantar	5	
* Recocer	cocer	34	
Recochinearse	cantar	5	
Recoger	coger	25	
Recolectar	cantar	5	
* Recomendar	pensar	13	
* Recomenzar	empezar	15	
Recomerse	beber	24	
Recompensar	cantar	5	
* Recomponer	poner	41	
Reconcentrar	cantar	5	
Reconciliar	cantar	5	
Reconcomerse	beber	24	
* Reconducir	traducir	69	
Reconfirmar	cantar	5	
Reconfortar	cantar	5	
* Reconocer	conocer	32	
Reconquistar	cantar	5	
Reconsiderar	cantar	5	
* Reconstituir	concluir	59	
* Reconstruir	concluir	59	
* Recontar	contar	16	
* Reconvenir	venir	80	
* Reconvertir	sentir	64	
Recopilar	cantar	5	
* Recordar	contar	16	
Recorrer	beber	24	
Recortar	cantar	5	
Recoser	beber	24	
* Recostar	contar	16	
Recrear	cantar	5	
Recriminar	cantar	5	
* Recrudecer	obedecer	33	
Rectificar	atacar	7	
Recuadrar	cantar	5	
* Recubrir	vivir	51	Part. irr. (88)
Recular	cantar	5	
Recuperar	cantar	5	
Recurrir	vivir	51	
Recusar	cantar	5	
Redactar	cantar	5	
Redimir	vivir	51	
* Redistribuir	concluir	59	
Redoblar	cantar	5	
Redondear	cantar	5	
* Reducir	traducir	69	
Redundar	cantar	5	
Reduplicar	atacar	7	
Reedificar	atacar	7	
Reeditar	cantar	5	
Reeducar	atacar	7	
* Reelegir	corregir	61	2 part. (89)
Reembarcar	atacar	7	
Reembolsar	cantar	5	
Reemplazar	cruzar	8	
Reencarnar	cantar	5	
* Reencontrar	contar	16	
Reencuadernar	cantar	5	
Reenganchar	cantar	5	
Reensayar	cantar	5	
Reenviar	desviar	9	
Reestrenar	cantar	5	
Reestructurar	cantar	5	
Reexaminar	cantar	5	
* Reexpedir	pedir	60	
Reexportar	cantar	5	
* Referir	sentir	65	
Refinar	cantar	5	
Reflejar	cantar	5	
Reflexionar	cantar	5	
* Reflorecer	obedecer	33	
Reflotar	cantar	5	
* Refluir	concluir	59	
Refocilarse	cantar	5	
Reforestar	cantar	5	
Reformar	cantar	5	
* Reforzar	forzar	19	
Refractar	cantar	5	
* Refregar	negar	14	
* Refreír	reír	63	2 part. (90)
Refrenar	cantar	5	
Refrendar	cantar	5	
Refrescar	atacar	7	
Refrigerar	cantar	5	

Conjugar es fácil

Refugiarse	*cantar*	5	
Refulgir	*dirigir*	52	
Refundir	*vivir*	51	
Refunfuñar	*cantar*	5	
Refutar	*cantar*	5	
Regalar	*cantar*	5	
Regañar	*cantar*	5	
* Regar	*negar*	14	
Regatear	*cantar*	5	
Regenerar	*cantar*	5	
Regentar	*cantar*	5	
* Regir	*corregir*	61	2 part. (91)
Registrar	*cantar*	5	
Reglamentar	*cantar*	5	
Reglar	*cantar*	5	
Regocijar	*cantar*	5	
Regodearse	*cantar*	5	
Regresar	*cantar*	5	
Regular	*cantar*	5	
Regularizar	*cruzar*	8	
Regurgitar	*cantar*	5	
Rehabilitar	*cantar*	5	
* Rehacer	*hacer*	37	
Rehogar	*pagar*	6	
* Rehuir	*concluir*	69	
* Rehumedecer	*obedecer*	33	
Rehundir	*reunir*	56	
Rehusar	*maullar*	12	
Reimplantar	*cantar*	5	
Reimportar	*cantar*	5	
Reimprimir	*vivir*	51	2 part. (92)
Reinar	*cantar*	5	
Reinaugurar	*cantar*	5	
Reincidir	*vivir*	51	
Reincorporar	*cantar*	5	
Reingresar	*cantar*	5	
* Reinscribir	*vivir*	51	Part. irr. (93)
Reinsertar	*cantar*	5	
Reinstalar	*cantar*	5	
Reintegrar	*cantar*	5	
* *Reír*		63	
Reiterar	*cantar*	5	

Reivindicar	*atacar*	7	
Rejonear	*cantar*	5	
* Rejuvenecer	*obedecer*	33	
Relacionar	*cantar*	5	
Relajarse	*cantar*	5	
Relamer	*beber*	24	
Relampaguear	*cantar*	5	V. def. (11)
Relanzar	*cruzar*	8	
Relatar	*cantar*	5	
Relativizar	*cruzar*	8	
* Releer	*leer*	28	
Relegar	*pagar*	6	
Relevar	*cantar*	5	
Religar	*pagar*	6	
Relinchar	*cantar*	5	
Rellenar	*cantar*	5	
* Relucir	*lucir*	70	
Relumbrar	*cantar*	5	
Remachar	*cantar*	5	
Remangar	*pagar*	6	
Remansarse	*cantar*	5	
Remar	*cantar*	5	
Remarcar	*atacar*	7	
Rematar	*cantar*	5	
Rembolsar	*cantar*	5	
Remedar	*cantar*	5	
Remediar	*cantar*	5	
Rememorar	*cantar*	5	
* Remendar	*pensar*	13	
Remeter	*beber*	24	
Remitir	*vivir*	51	
Remodelar	*cantar*	5	
Remojar	*cantar*	5	
Remolcar	*atacar*	7	
Remolonear	*cantar*	5	
Remontar	*cantar*	5	
* Remorder	*mover*	30	
* Remover	*mover*	30	2 part. (94)
Remozar	*cruzar*	8	
Remplazar	*cruzar*	8	
Remunerar	*cantar*	5	
* Renacer	*nacer*	31	

Renacionalizar	*cruzar*	8
Rencontrar	*contar*	16
* Rendir	*pedir*	60
* Renegar	*negar*	14
Renegociar	*cantar*	5
Renombrar	*cantar*	5
* Renovar	*contar*	16
Renquear	*cantar*	5
Renunciar	*cantar*	5
* Reñir	*teñir*	64
Reorganizar	*cruzar*	8
Repanchingarse	*pagar*	6
Reparar	*cantar*	5
Repartir	*vivir*	51
Repasar	*cantar*	5
Repatear	*cantar*	5
Repatriar	*desviar*	9
Repeinar	*cantar*	5
Repeler	*beber*	24
Repensar	*pensar*	13
Repercutir	*vivir*	51
Repescar	*atacar*	7
* Repetir	*pedir*	60
Repicar	*atacar*	7
Repintar	*cantar*	5
Repiquetear	*cantar*	5
Replantar	*cantar*	5
Replantear	*cantar*	5
* Replegar	*negar*	14
Replicar	*atacar*	7
* Repoblar	*contar*	16
* Reponer	*poner*	41
Reportar	*cantar*	5
Reposar	*cantar*	5
Repostar	*cantar*	5
Reprender	*beber*	24
Representar	*cantar*	5
Reprimir	*vivir*	51
* Reprobar	*contar*	16
Reprocesar	*cantar*	5
Reprochar	*cantar*	5
* Reproducir	*traducir*	69

Reptar	*cantar*	5	
Repudiar	*cantar*	5	
Repugnar	*cantar*	5	
Repujar	*cantar*	5	
Repulir	*vivir*	51	
Reputar	*cantar*	5	
* Requebrar	*pensar*	13	
* Requerir	*sentir*	65	
Requisar	*cantar*	5	
Resaltar	*cantar*	5	
Resarcir	*esparcir*	54	
Resbalar	*cantar*	5	
Rescatar	*cantar*	5	
Rescindir	*vivir*	51	
* Rescribir	*vivir*	51	Part. irr. (95)
Resecar	*atacar*	7	
* Resentirse	*sentir*	65	
Reseñar	*cantar*	5	
Reservar	*cantar*	5	
Resfriar	*desviar*	9	
Resguardar	*cantar*	5	
Residir	*vivir*	51	
Resignar	*cantar*	5	
Resinar	*cantar*	5	
Resistir	*vivir*	51	
* Resolver	*mover*	30	Part. irr. (96)
* Resonar	*contar*	16	
Resoplar	*cantar*	5	
Respaldar	*cantar*	5	
Respetar	*cantar*	5	
Respingar	*pagar*	6	
Respirar	*cantar*	5	
* Resplandecer	*obedecer*	33	
Responder	*beber*	24	
Responsabilizar	*cruzar*	8	
Resquebrajar	*cantar*	5	
* Restablecer	*obedecer*	33	
Restallar	*cantar*	5	
Restañar	*cantar*	5	
Restar	*cantar*	5	
Restaurar	*cantar*	5	
* Restituir	*concluir*	59	

verbos

* Restregar	negar	14	
Restringir	dirigir	52	
Restructurar	cantar	5	
Resucitar	cantar	5	
Resultar	cantar	5	
Resumir	vivir	51	
Resurgir	dirigir	52	
Retar	cantar	5	
Retardar	cantar	5	
* Retener	tener	2	
* Retentar	pensar	13	
* Reteñir	teñir	62	2 part. (97)
Retirar	cantar	5	
Retocar	atacar	7	
Retomar	cantar	5	
Retoñar	cantar	5	
* Retorcer	cocer	34	2 part. (98)
Retornar	cantar	5	
Retozar	cruzar	8	
Retractarse	cantar	5	
* Retraer	traer	47	
Retransmitir	vivir	51	
Retrasar	cantar	5	
Retratar	cantar	5	
Retreparse	cantar	5	
* Retribuir	concluir	59	
Retroceder	beber	24	
* Retrotraer	traer	47	
Retumbar	cantar	5	
Reunificar	atacar	7	
Reunir		56	
Revacunar	cantar	5	
Revalidar	cantar	5	
Revalorizar	cruzar	8	
Revaluar	actuar	10	
Revelar	cantar	5	
Revender	beber	24	
* Reventar	pensar	13	
Reverberar	cantar	5	
* Reverdecer	obedecer	33	
Reverenciar	cantar	5	
* Revertir	sentir	65	

* Revestir	pedir	60	
Revindicar	atacar	7	
Revisar	cantar	5	
Revitalizar	cruzar	8	
Revivir	vivir	51	
Revocar	atacar	7	
* Revolcar	trocar	17	
Revolotear	cantar	5	
Revolucionar	cantar	5	
* Revolver	mover	30	Part. irr. (99)
Rezagarse	pagar	6	
Rezar	cruzar	8	
Rezongar	pagar	6	
Rezumar	cantar	5	
Ribetear	cantar	5	
Ridiculizar	cruzar	8	
Rielar	cantar	5	V def. (11)
Rifar	cantar	5	
Rimar	cantar	5	
Ripiar	cantar	5	
Rivalizar	cruzar	8	
Rizar	cruzar	8	
Robar	cantar	5	
* Robustecer	obedecer	33	
Rociar	desviar	9	
* Rodar	contar	16	
Rodear	cantar	5	
* *Roer*		43	
* *Rogar*		18	
Romanizar	cruzar	8	
* Romper	beber	24	Part. irr. (100)
Roncar	atacar	7	
Rondar	cantar	5	
Ronronear	cantar	5	
Ronzar	cruzar	8	
Roscar	atacar	7	
Rotar	cantar	5	
Rotular	cantar	5	
Roturar	cantar	5	
Rozar	cruzar	8	
Ruborizar	cruzar	8	
Rubricar	atacar	7	

Conjugar es fácil

Rugir	dirigir	52	
Rular	cantar	5	
Rumiar	cantar	5	
Rumorear	cantar	5	
Runrunear	cantar	5	
Rutilar	cantar	5	V. def. (11)

S

* Saber		44	
Sablear	cantar	5	
Saborear	cantar	5	
Sabotear	cantar	5	
Sacar	atacar	7	
Saciar	cantar	5	
Sacralizar	cruzar	8	
Sacramentar	cantar	5	
Sacrificar	atacar	7	
Sacudir	vivir	51	
Sajar	cantar	5	
Salar	cantar	5	
Saldar	cantar	5	
* Salir		79	
Salivar	cantar	5	
Salmodiar	cantar	5	
Salpicar	atacar	7	
* Salpimentar	pensar	13	
Saltar	cantar	5	
Saltear	cantar	5	
Saludar	cantar	5	
Salvaguardar	cantar	5	
Salvar	cantar	5	2 part. (101)
Sanar	cantar	5	
Sancionar	cantar	5	
Sanear	cantar	5	
Sangrar	cantar	5	
Santificar	atacar	7	
Santiguar	averiguar	11	
Saquear	cantar	5	
Satinar	cantar	5	

Satirizar	cruzar	8
* Satisfacer		45
Saturar	cantar	5
Sazonar	cantar	5
Secar	atacar	7
Seccionar	cantar	5
Secretar	cantar	5
Secretear	cantar	5
Secuenciar	cantar	5
Secuestrar	cantar	5
Secularizar	cruzar	8
Secundar	cantar	5
Sedar	cantar	5
Sedimentar	cantar	5
* Seducir	traducir	69
* Segar	negar	14
Segmentar	cantar	5
Segregar	pagar	6
Seguir		62
Seleccionar	cantar	5
Sellar	cantar	5
* Sembrar	pensar	13
Semejar	cantar	5
Sensibilizar	cruzar	8
* Sentar	pensar	13
Sentenciar	cantar	5
* Sentir		65
Señalar	cantar	5
Señalizar	cruzar	8
Separar	cantar	5
Sepultar	cantar	5
* Ser		3
Serenar	cantar	5
Seriar	cantar	5
Sermonear	cantar	5
Serpentear	cantar	5
* Serrar	pensar	13
* Servir	pedir	60
Sesear	cantar	5
Sesgar	pagar	6
Sestear	cantar	5
Sextuplicar	atacar	7

verbos

Significar	atacar	7	
Silabear	cantar	5	
Silbar	cantar	5	
Silenciar	cantar	5	
Siluetear	cantar	5	
Simbolizar	cruzar	8	
Simpatizar	cruzar	8	
Simplificar	atacar	7	
Simular	cantar	5	
Simultanear	cantar	5	
Sincerarse	cantar	5	
Sincopar	cantar	5	
Sincronizar	cruzar	8	
Sindicarse	atacar	7	
Singularizar	cruzar	8	
Sintetizar	cruzar	8	
Sintonizar	cruzar	8	
Sisar	cantar	5	
Sisear	cantar	5	
Sistematizar	cruzar	8	
Sitiar	cantar	5	
Situar	actuar	10	
Sobar	cantar	5	
Sobornar	cantar	5	
Sobrar	cantar	5	
Sobrealimentar	cantar	5	
Sobreañadir	vivir	51	
Sobrecargar	pagar	6	
Sobrecoger	coger	25	
Sobreexcitar	cantar	5	
Sobrehilar	cantar	5	
Sobrellevar	cantar	5	
* Sobrentender	perder	29	
Sobremedicar	cantar	5	
Sobrepasar	atacar	7	
* Sobreponer	poner	41	
* Sobresalir	salir	79	
Sobresaltar	cantar	5	
* Sobreseer	leer	28	
Sobrestimar	cantar	5	
* Sobrevenir	venir	80	
Sobrevivir	vivir	51	

* Sobrevolar	contar	16	
Socarrar	cantar	5	
Socavar	cantar	5	
Socializar	cruzar	8	
Socorrer	beber	24	
Sofisticar	atacar	7	
Soflamar	cantar	5	
Sofocar	atacar	7	
* Sofreír	reír	61	2 part. (102)
Sojuzgar	pagar	6	
Solapar	cantar	5	
Solazar	cruzar	8	
* Soldar	contar	16	
Solear	cantar	5	
Solemnizar	cruzar	8	
* Soler		46	V. def.
Solfear	cantar	5	
Solicitar	cantar	5	
Solidarizarse	cruzar	8	
Solidificar	atacar	7	
Soliloquiar	cantar	5	
Soliviantar	cantar	5	
* Soltar	contar	16	2 part. (103)
Solucionar	cantar	5	
Solventar	cantar	5	
Sollozar	cruzar	8	
Sombrear	cantar	5	
Someter	beber	24	
* Sonar	contar	16	
Sondar	cantar	5	
Sondear	cantar	5	
Sonorizar	cruzar	8	
* Sonreír	reír	63	
Sonrojarse	cantar	5	
Sonsacar	atacar	7	
* Soñar	contar	16	
Sopapear	cantar	5	
Sopar	cantar	5	
Sopesar	cantar	5	
Soplar	cantar	5	
Soportar	cantar	5	
Sorber	beber	24	

160

Sorprender	*beber*	24
Sortear	*cantar*	5
* Sosegar	*negar*	14
Soslayar	*cantar*	5
Sospechar	*cantar*	5
* Sostener	*tener*	2
* Soterrar	*pensar*	13
Sovietizar	*cruzar*	8
Suavizar	*cruzar*	8
Subalimentar	*cantar*	5
Subalternar	*cantar*	5
* Subarrendar	*pensar*	13
Subastar	*cantar*	5
Subdelegar	*pagar*	6
Subdividir	*vivir*	51
Subestimar	*cantar*	5
Subir	*vivir*	51
Subjetivar	*cantar*	5
Sublevar	*cantar*	5
Sublimar	*cantar*	5
Subordinar	*cantar*	5
Subrayar	*cantar*	5
Subrogar	*pagar*	6
Subsanar	*cantar*	5
Subsidiar	*cantar*	5
Subsistir	*vivir*	51
Subsumir	*vivir*	51
Subtitular	*cantar*	5
Subvencionar	*cantar*	5
* Subvenir	*venir*	80
* Subyacer	*yacer*	50
Subyugar	*pagar*	6
Succionar	*cantar*	5
Suceder	*beber*	24
Sucumbir	*vivir*	51
Sudar	*cantar*	5
Sufragar	*pagar*	6
Sufrir	*vivir*	51
* Sugerir	*sentir*	65
Sugestionarse	*cantar*	5
Suicidarse	*cantar*	5
Sujetar	*cantar*	5	2 part. (104)

Sulfatar	*cantar*	5	
Sulfurar	*cantar*	5	
Sumar	*cantar*	5	
Sumariar	*cantar*	5	
Sumergir	*dirigir*	52	
Suministrar	*cantar*	5	
Sumir	*vivir*	51	
Supeditar	*cantar*	5	
Superabundar	*cantar*	5	
Superar	*cantar*	5	
* Superponer	*poner*	41	
Supervalorar	*cantar*	5	
Supervisar	*cantar*	5	
Suplantar	*cantar*	5	
Suplicar	*atacar*	7	
Suplir	*vivir*	51	
* Suponer	*poner*	41	
Suprimir	*vivir*	51	
Supurar	*cantar*	5	
Surcar	*atacar*	7	
Surgir	*dirigir*	52	
Surtir	*vivir*	51	
Suscitar	*cantar*	5	
* Suscribir	*vivir*	51	Part. irr. (105)
Suspender	*beber*	24	2 part. (106)
Suspirar	*cantar*	5	
Sustanciar	*cantar*	5	
Sustantivar	*cantar*	5	
Sustentar	*cantar*	5	
* Sustituir	*concluir*	59	2 part. (107)
* Sustraer	*traer*	47	
Susurrar	*cantar*	5	
Suturar	*cantar*	5	

t

Tabicar	*atacar*	7
Tablear	*cantar*	5
Tabular	*cantar*	5
Tachar	*cantar*	5

verbos

Tachonar	cantar	5	
Taconear	cantar	5	
Tajar	cantar	5	
Taladrar	cantar	5	
Talar	cantar	5	
Tallar	cantar	5	
Tambalear	cantar	5	
Tamborilear	cantar	5	
Tamizar	cruzar	8	
Tantear	cantar	5	
Tañer		27	
Tapar	cantar	5	
Tapiar	cantar	5	
Tapizar	cruzar	8	
Taponar	cantar	5	
Taquigrafiar	desviar	9	
Tarar	cantar	5	
Taracear	cantar	5	
Tararear	cantar	5	
Tardar	cantar	5	
Tarifar	cantar	5	
Tarjetearse	cantar	5	
Tartajear	cantar	5	
Tartamudear	cantar	5	
Tasar	cantar	5	
Tatarear	cantar	5	
Tatuar	actuar	10	
Teatralizar	cruzar	8	
Techar	cantar	5	
Teclear	cantar	5	
Tecnificar	atacar	7	
Teledirigir	dirigir	52	
Tejer	beber	24	
Telefonear	cantar	5	
Telegrafiar	desviar	9	
Televisar	cantar	5	
* Temblar	pensar	13	
Temblequear	cantar	5	
Temer	beber	24	
Temperar	cantar	5	
Templar	cantar	5	
Temporizar	cruzar	8	

* Tender	perder	29	
* Tener		2	
Tensar	cantar	5	
* Tentar	pensar	13	
* Teñir		64	2 part. (97)
Teologizar	cruzar	8	
Teorizar	cruzar	8	
Terciar	cantar	5	
Tergiversar	cantar	5	
Terminar	cantar	5	
Terraplenar	cantar	5	
Tersar	cantar	5	
Testar	cantar	5	
Testificar	atacar	7	
Testimoniar	cantar	5	
Tildar	cantar	5	
Timar	cantar	5	
Timbrar	cantar	5	
Tintar	cantar	5	
Tintinear	cantar	5	
Tipificar	atacar	7	
Tiranizar	cruzar	8	
Tirar	cantar	5	
Tiritar	cantar	5	
Tirotear	cantar	5	
Titilar	cantar	5	
Titubear	cantar	5	
Titular	cantar	5	
Titularizar	cruzar	8	
Tiznar	cantar	5	
Tocar	atacar	7	
Toldar	cantar	5	
Tolerar	cantar	5	
Tomar	cantar	5	
Tonificar	atacar	7	
Tonsurar	cantar	5	
Tontear	cantar	5	
Topar	cantar	5	
Toquetear	cantar	5	
* Torcer	cocer	34	2 part. (108)
Torear	cantar	5	
Tornar	cantar	5	

Conjugar es fácil

Tornasolar	cantar	5	
Tornear	cantar	5	
Torpedear	cantar	5	
Torrarse	cantar	5	
Torrefactar	cantar	5	2 part. (109)
Torturar	cantar	5	
Toser	beber	24	
* Tostar	contar	16	
Totalizar	cruzar	8	
Trabajar	cantar	5	
Trabar	cantar	5	
* Traducir		69	
* Traer		47	
Traficar	atacar	7	
Tragar	pagar	6	
Traicionar	cantar	5	
Trajearse	cantar	5	
Trajinar	cantar	5	
Tramar	cantar	5	
Tramitar	cantar	5	
Trampear	cantar	5	
Trancar	atacar	7	
Tranquilizar	cruzar	8	
Transbordar	cantar	5	
* Transcribir	vivir	51	Part. irr. (110)
Transcurrir	vivir	51	
* Transferir	sentir	64	
Transfigurar	cantar	5	
Transformar	cantar	5	
Transfundir	vivir	51	
Transgredir	abolir	71	V. def.
Transigir	dirigir	52	
Transitar	cantar	5	
Transliterar	cantar	5	
Transmigrar	cantar	5	
Transmitir	vivir	51	
Transmutar	cantar	5	
Transparentar	cantar	5	
Transpirar	cantar	5	
Transportar	cantar	5	
Trapacear	cantar	5	
Trapichear	cantar	5	

Traquetear	cantar	5	
Trasbordar	cantar	5	
* Trascender	perder	29	
* Trasegar	negar	14	
Trashumar	cantar	5	
Trasladar	cantar	5	
* Traslucirse	lucir	70	
Trasmutar	cantar	5	
Trasnochar	cantar	5	
Traspapelarse	cantar	5	
Traspasar	cantar	5	
Trasplantar	cantar	5	
* Trasponer	poner	41	
Trasquilar	cantar	5	
Trastabillar	cantar	5	
Trastear	cantar	5	
Trastocar	atacar	7	
Trastornar	cantar	5	
Trasvasar	cantar	5	
Tratar	cantar	5	
Traumatizar	cruzar	8	
* Travestirse	pedir	60	
Trazar	cruzar	8	
Tremolar	cantar	5	
Trenzar	cruzar	8	
Trepanar	cantar	5	
Trepar	cantar	5	
Trepidar	cantar	5	
Tributar	cantar	5	
Tricotar	cantar	5	
Trillar	cantar	5	
Trinar	cantar	5	
Trincar	atacar	7	
Trinchar	cantar	5	
Triplicar	atacar	7	
Triptongar	pagar	6	
Tripular	cantar	5	
Triturar	cantar	5	
Triunfar	cantar	5	
Trivializar	cruzar	8	
Trizar	cruzar	8	
* Trocar		17	

Conjugar es fácil

verbos

Trocear	*cantar*	5	
Trompetear	*cantar*	5	
* Tronar	*contar*	16	V. def. (11)
Tronchar	*cantar*	5	
* Tropezar	*empezar*	15	
Troquelar	*cantar*	5	
Trotar	*cantar*	5	
Trovar	*cantar*	5	
Trucar	*atacar*	7	
Trufar	*cantar*	5	
Truncar	*atacar*	7	
Tullir	*mullir*	57	
Tumbar	*cantar*	5	
Tundir	*vivir*	51	
Tupir	*vivir*	51	
Turbar	*cantar*	5	
Turnar	*cantar*	5	
Tutear	*cantar*	5	
Tutelar	*cantar*	5	

u

Ubicar	*atacar*	7
Ufanarse	*cantar*	5
Ulcerar	*cantar*	5
Ultimar	*cantar*	5
Ultrajar	*cantar*	5
Ulular	*cantar*	5
Uncir	*esparcir*	54
Ungir	*dirigir*	52
Unificar	*atacar*	7
Uniformar	*cantar*	5
Unir	*vivir*	51
Universalizar	*cruzar*	8
Untar	*cantar*	5
Urbanizar	*cruzar*	8
Urdir	*vivir*	51
Urgir	*dirigir*	52
Usar	*cantar*	5
Usufructuar	*actuar*	10

Usurar	*cantar*	5
Usurpar	*cantar*	5
Utilizar	*cruzar*	8

V

Vacar	*atacar*	7	
Vaciar	*desviar*	9	
Vacilar	*cantar*	5	
Vacunar	*cantar*	5	
Vadear	*cantar*	5	
Vagabundear	*cantar*	5	
Vagar	*pagar*	6	
Vaguear	*cantar*	5	
* Valer		48	
Validar	*cantar*	5	
Vallar	*cantar*	5	
Valorar	*cantar*	5	
Valorizar	*cruzar*	8	
Vanagloriarse	*cantar*	5	
Vaporizar	*cruzar*	8	
Vapulear	*cantar*	5	
Varar	*cantar*	5	
Variar	*desviar*	9	
Vaticinar	*cantar*	5	
Vedar	*cantar*	5	
Vegetar	*cantar*	5	
Vejar	*cantar*	5	
Velar	*cantar*	5	
Vencer		26	
Vendar	*cantar*	5	
Vender	*beber*	24	
Vendimiar	*cantar*	5	
Venerar	*cantar*	5	
Vengar	*pagar*	6	
* Venir		80	
Ventajear	*cantar*	5	
Ventear	*cantar*	5	V. def. (11)
Ventilar	*cantar*	5	
Ventisquear	*atacar*	7	V. def. (11)

Conjugar es fácil

Ventosear	*cantar*	5
* Ver		49
Veranear	*cantar*	5
Verdear	*cantar*	5
Verificar	*atacar*	7
Versar	*cantar*	5
Versificar	*atacar*	7
Vertebrar	*cantar*	5
* Verter	*perder*	29
* Vestir	*pedir*	60
Vetar	*cantar*	5
Vetear	*cantar*	5
Viabilizar	*cruzar*	8
Viajar	*cantar*	5
Vibrar	*cantar*	5
Viciar	*cantar*	5
Victorear	*cantar*	5
Vidriar	*cantar*	5
Vigilar	*cantar*	5
Vigorizar	*cruzar*	8
Vilipendiar	*cantar*	5
Vincular	*cantar*	5
Vindicar	*atacar*	7
Violar	*cantar*	5
Violentar	*cantar*	5
Virar	*cantar*	5
Virilizarse	*cruzar*	8
Visar	*cantar*	5
Visibilizar	*cruzar*	8
Visionar	*cantar*	5
Visitar	*cantar*	5
Vislumbrar	*cantar*	5
Visualizar	*cruzar*	8
Vitorear	*cantar*	5
Vitrificar	*atacar*	7
Vituperar	*cantar*	5
Vivaquear	*cantar*	5
Vivificar	*atacar*	7
Vivir		51
Vocalizar	*cruzar*	8
Vocear	*cantar*	5
Vociferar	*cantar*	5

* Volar	*contar*	16	
Volatilizar	*cruzar*	8	
* Volcar	*trocar*	17	
Volear	*cantar*	5	
Voltear	*cantar*	5	
* Volver	*mover*	30	Part. irr. (111)
Vomitar	*cantar*	5	
Vosear	*cantar*	5	
Votar	*cantar*	5	
Vulcanizar	*cruzar*	8	
Vulgarizar	*cruzar*	8	
Vulnerar	*cantar*	5	

Xerocopiar	*cantar*	5
Xerografiar	*desviar*	9

* *Yacer*		50
Yantar	*cantar*	5
Yermar	*cantar*	5
Yodurar	*cantar*	5
Yugular	*cantar*	5
Yuntar	*cantar*	5
* Yuxtaponer	*poner*	41

Zafarse	*cantar*	5
* Zaherir	*sentir*	64
Zamarrear	*cantar*	5
Zambullir	*mullir*	57
Zampar	*cantar*	5

verbos

Zanganear	cantar	5	Zigzaguear	cantar	5
Zanjar	cantar	5	Zonificar	atacar	7
Zapar	cantar	5	Zorrear	cantar	5
Zapatear	cantar	5	Zozobrar	cantar	5
Zarandear	cantar	5	Zumbar	cantar	5
Zarpar	cantar	5	Zurcir	esparcir	54
Zascandilear	cantar	5	Zurrar	cantar	5

NOTAS

(1) **Abierto**.

(2) **Absuelto**.

(3) **Absorbido** y *absorto*.

(4) **Abstraído** y *abstracto*.

(5) Defectivo terciopersonal.

(6) Se acentúa como *averiguar* (*Tabla 11*, pág. 33) y es incorrecta la acentuación *adecúa, adecúe*, etc. Lo mismo para *licuar*.

(7) **Adscrito**.

(8) Como *abolir*, pero se está extendiendo el uso de otras formas, p. ej.: *agrede, agredan, agreda...*, etc.

(9) La acentuación de este verbo varía: coincide con *desviar* pero también encontramos *agrio, agrias*, etc.

(10) Cuando el radical es tónico lleva acento escrito sobre la *-i* (pres. ind.: *aíslo, aíslas, aísla, aisla*; pres. subj.: *aísle, aisles, aísle, aíslen;* imperativo: *aísla, aísle, aíslen*. Lo mismo para *desairar, desenraizar, enraizar, europeizar, hebraizar, homogeneizar, judaizar*.

(11) Defectivo unipersonal atmosférico.

(12) El verbo *apostar*, en el sentido de colocar a alguien vigilando en un sitio, es regular, como *cantar* (*Tabla 5*, pág. 27).

(13) El verbo *argüir* suprime la diéresis cuando se intercala la *-y* entre el radical y la terminación; p. ej.: *arguyó*.

(14) Hay dos verbos *asolar:* «su significado es diferente y uno es regular y otro irregular» (como *contar, Tabla 16*, pág. 38). Ahora se tiende a conjugar los dos como regulares.

(15) **Atendido** y *atento*.

(16) *Atestar*, en el sentido de «abarrotar», puede ser irregular (como *pensar, Tabla 13*. pág. 35).

(17) Sólo se conjugan las formas que tienen *-i* en la terminación. Los demás se sustituyen por *balbucear*.

(18) **Bendecido** y *bendito*.

(19) **Circuncidado** y *circunciso*.

(20) **Circunscrito**.

(21) **Compelido** y *compulso*.

(22) **Comprimido** y *compreso*.

(23) **Confesado** y *confuso*.

(24) **Confundido** y *confeso*.

(25) **Convertido** y *converso*.

(26) **Corregido** y *correcto*.

(27) **Corrompido** y *corrupto*.

(28) **Cubierto**.

(29) La tendencia actual es la de pronunciar *-au* como diptongo: *desahucio*.

(30) **Descrito**.

(31) **Descubierto**.

(32) **Desenvuelto**.

(33) Añade una *h* delante del diptongo *-ue*. Pero se emplea mucho más el verbo regular *deshuesar*.

(34) **Despertado** y *despierto*.

(35) **Desproveído** y *desprovisto*.

(36) **Devuelto**.

(37) **Difundido** y *difuso*.

(38) **Dirigido** y *directo*.

(39) **Disuelto**.

(40) **Dispuesto**.

(41) **Distinguido** y *distinto*.

(42) **Elegido** y *electo*.

(43) **Encubierto**.

(44) **Enjugado** y *enjuto*.

(45) **Entreabierto**.

(46) **Envuelto**.

Conjugar es fácil

verbos

(47) Tiene además modificación ortográfica: sustituye la -i del diptongo -ie por -y (*yerro, yerras,* etc.).

(48) **Escrito.**

(49) **Eximido** y *exento.*

(50) **Expresado** y *expreso.*

(51) **Extendido** y *extenso.*

(52) **Extinguido** y *extinto.*

(53) **Fijado** y *fijo.*

(54) **Freído** y *frito.*

(55) **Hartado** y *harto.*

(56) La supresión de la -i de las 3ªˢ personas del pret. indef. y suss compuestos se produce a veces y entonces se relaciona con *teñir* (*Tabla 64,* pág. 88).

(57) Parece preferirse a *hender.*

(58) Existe también, pero es menos aceptada, la acentuación *historío,* como *desviar* (*Tabla 9,* pág. 31).

(59) **Imprimido** e *impreso.*

(60) **Incluido** e *incluso.*

(61) Mismos tiempos que *abolir* (*Tabla 71,* pág. 95).

(62) **Incurrido** e *incurso.*

(63) **Infundido** e *infuso.*

(64) **Injertado** e *injerto.*

(65) **Inscrito.**

(66) **Insertado** e *inserto.*

(67) **Invertido** e *inverso.*

(68) **Juntado** y *junto.*

(69) **Maldecido** y *maldito.*

(70) **Manifestado** y *manifiesto.*

(71) **Manuscrito.**

(72) **Marchitado** y *marchito.*

(73) **Muerto.**

(74) **Nacido** y *nato.*

(75) **Omitido** y *omiso.*

(76) **Poseído** y *poseso.*

(77) **Predecido** y *predicho.*

(78) **Prendido** y *preso.*

(79) **Prescrito.**

(80) **Presumido** y *presunto.*

(81) **Propendido** y *propenso.*

(82) **Proscrito.**

(83) **Proveído** y *provisto.*

(84) **Podrido.**

(85) **Raído** y *raso.*

(86) **Reabierto.**

(87) **Recluido** y *recluso.*

(88) **Recubierto.**

(89) **Reelegido** y *reelecto.*

(90) **Refreído** y *refrito.*

(91) **Regido** y *recto.*

(92) **Reimprimido** y *reimpreso.*

(93) **Reinscrito.**

(94) **Removido** y *remoto.*

(95) **Rescrito.**

(96) **Resuelto.**

(97) **Reteñido** y *retinto.*

(98) **Retorcido** y *retuerto.*

(99) **Revuelto.**

(100) **Roto.**

(101) **Salvado** y *salvo.*

(102) **Sofreído** y *sofrito.*

(103) **Soltado** y *suelto.*

(104) **Sujetado** y *sujeto.*

(105) **Suscrito.**

(106) **Suspendido** y *suspenso.*

(107) **Sustituido** y *sustituto.*

(108) **Torcido** y *tuerto.*

(109) **Torrefactado** y *torrefacto.*

(110) **Transcrito.**

(111) **Vuelto.**

régimen
preposicional

A

Abalanzarse
contra *un árbol*; hacia *la salida*; sobre *alguien*.
Abandonarse
a *la mala vida*; en manos de *la doctora*.
Abastecer(se) con/de *alimentos*.
Abatirse con/por *las dificultades*.
Abdicar
de *los poderes*; en *la primogénita*; en contra de *su voluntad*.
Abismarse en *la lectura*.
Abjurar de *la religión*.
Abocar al *fracaso*.
Abochornarse de/por *algo*.
Abogar
a favor de/en favor de/por *su hermana*; ante *el juez*.
Abominar del *crimen*.
Abonarse a *la ópera*.
Aborrecer
con *todas las fuerzas*; de *muerte*.
Abrasarse
de *calor*; en *deseos*.
Abrazarse
a *un amigo*; con *la rival*.
Abrevar
con *agua*; en *la alberca*.
Abrigarse
bajo *techo*; con *una manta*; contra *la lluvia*; del *chaparrón*; para *dormir*; por *precaución*.
Abrir
al *público*; de par en par; en *canal*; hacia *dentro*.
Abrirse
a *la gente*; de *piernas*; hacia *dentro*.
Abrumar
con *halagos*; de *regalos*.
Absolver
al *culpable*; del *delito*.
Abstenerse de *fumar*.
Abstraerse
ante *la belleza* del *cuadro*; con *la música*; del *entorno*.
Abundar en *lo dicho*.

Aburrirse
con *los niños*; de *no hacer nada*; en el *fútbol*; por *todo*; sin *motivo*.
Abusar
de *la confianza*; en el *precio*.
Acabar
a *tiempo*; con *la paciencia*; de *llegar*; en *la miseria*; entre *rejas*; por *hacerlo*.
Acaecer
(*algo*) a *alguien*; bajo *Felipe II*; en el *siglo XVI*.
Acalorarse
con *la política*; de *hacer ejercicio*; en *público*; por *nada*; sin *razón*.
Acarrear
a *hombros*; con *grúas*; desde el *almacén*; en *carros*; entre *varios*; hasta *la oficina*; sin *descanso*.
Acceder a *los deseos*.
Acelerarse por *la prisa*.
Aceptar
(*algo*) de *alguien*; por *compañero*; sin *vacilar*.
Acercarse
a *un lugar*; hacia *la costa*; hasta *la frontera*; por *otro camino*.
Acertar
a *la lotería*; con *la decisión*; en *la elección*.
Achicarse ante *el hermano mayor*.
Achicharrarse
a/bajo *el sol*; de/por *el calor*.
Achuchar a *alguien*
Aclamar
al *jefe*; con *vítores*.
Aclimatarse
a *otra ciudad*; entre *extraños*.
Acobardarse
ante *la gente*; con *el frío*; frente a *los extraños*; por *las circunstancias*.
Acodarse
a *la verja*; en *la ventana*; sobre *la mesa*.
Acoger
bajo *techo*; en el *país*; entre *los suyos*.
Acogerse
al *texto*; bajo *techo*; en el *refugio*.
Acometer a/contra *alguien*
Acomodarse
a *los tiempos*; en *la butaca*.
Acompañar

---

al *cine*; **con** *ejemplos*; **de** *pruebas*; **en** *el sentimiento*; **hasta** *el aeropuerto.*

Acompañarse
al *piano* ; **de** *expertos.*

Acondicionar
con *buena calefacción*; **en** *cajas*; **para** *el traslado*; **según** *indicaciones.*

Aconsejar
en *un tema*; **sobre** *la decisión.*

Aconsejarse
de *personas serias*; **en** *el tema.*

Acontecer
a *cualquiera*; **bajo** *la tiranía*; **según** *lo previsto.*

Acoplar
al *televisor*; **en** *el cajón*; **entre** *los dos.*

Acorazarse
contra *el dolor*; **de** *indiferencia*; **para** *la batalla.*

Acordar **entre** *varios.*

Acordarse **de** *lo sucedido.*

Acortar **con/por** *el atajo.*

Acostarse
con *alguien*; **de** *noche*; **en** *la cama*; **por** *la noche.*

Acostumbrarse **al** *trabajo.*

Acreditarse
con *informes*; **en** *la profesión.*

Acribillar **a** *balazos.*

Actuar
bajo *presión*; **con** *prisas*; **contra** *lo dispuesto*; **para** *los espectadores*; **por** *lo legal*; **según** *las normas.*

Acudir
a *la cita*; **ante** *el jurado*; **desde** *otro pueblo*; **en** *su ayuda*; **sin** *dudarlo.*

Acumular *(datos)* **sobre** *datos.*

Acusar
ante *el profesor*; **con** *mala intención*; **de** *una falta.*

Acusarse **de** *una falta.*

Adaptarse **a** *la realidad.*

Adelantar
en *los estudios*; **por** *el centro. (No adelantar nada)* **con** *gritar.*

Adelantarse
a *la mayoría*; **en** *los estudios*; **por** *el lateral.*

Adentrarse **en** *el bosque.*

Adherirse **a** *una opinión.*

Adiestrarse
con *las armas*; **en** *los idiomas*; **para** *la competición.*

Admirarse
ante *lo ocurrido*; **de** *seguir vivo*; **en** *el espejo*; **por** *la gran acogida.*

Admitir **en** *el club.*

Adolecer **de** *una enfermedad.*

Adoptar
a *alguien*; **por** *hijo.*

Adorar
(a alguien) **con** *el alma*; **de** *todo corazón.*

Adornar
con *luces*; **de** *flores.*

Adueñarse **de** *la voluntad.*

Advertir
(a alguien) **del** *peligro*; **en** *secreto.*

Afanarse
en *las tareas*; **por** *el premio.*

Aferrarse
a *la vida*; **con** *esfuerzo.*

Afianzarse
ante *el director*; **con** *una recomendación*; **en** *las creencias*; **para** *el salto*; **sobre** *una mesa.*

Aficionarse **a** *un deporte.*

Afilar
con *una navaja*; **en** *la piedra.*

Afiliarse **a** *un partido.*

Afirmarse **en** *una postura.*

Afligirse **por** *una mala noticia.*

Aflojar **en** *los esfuerzos.*

Aflorar **a** *la superficie.*

Afrentar **con** *insultos.*

Afrontar **con** *valor.*

Agarrar
de *la mano*; **por** *la cintura.*

Agarrarse **a/de** *la barandilla.*

Agazaparse
bajo *una escalera*; **tras** *los arbustos.*

Agobiarse **con/de/por** *el trabajo.*

Agraciar **con** *una medalla.*

Agradar **a** *alguien.*

Agraviarse **por** *una broma pesada.*

Agregar *(algo)* **a** *algo.*

Agregarse **al** *grupo.*

Aguantarse **con** *el chaparrón.*

Aguardar
a *mejores tiempos*; **en** *el bar.* .

Ahogarse
de *calor*; **en** *un vaso de agua.*

p

régimen preposicional

Ahondar
con *una pala*; en *la herida*.
Ahorcarse
con *una cuerda*; de/en *un árbol*.
Ahorrarse *(explicaciones)* con *alguien*.
Aislarse de *los demás*.
Ajetrearse de *un sitio* a/para *otro*.
Ajustar(se)
(los gastos) a *un presupuesto*; *(un encargo)* en *cinco mil pesetas*; *(cuentas)* con *alguien*.
Alabar
a *un amigo*; por *su habilidad*.
Alargarse
en *la charla*; hasta *la ciudad*.
Alcanzar
al *techo*; hasta *el verano*.
Aleccionar en *el comportamiento*.
Alegar
con *documentos*; de *prueba*; en *defensa*.
Alegrarse con/de/por *la buena noticia*.
Alejarse
de *la familia*; en *el mar*; por *el aire*.
Alentar con *palabras amables*.
Aliarse *(unos)* a/con/contra *otros*.
Alimentarse
a base de *proteínas*; de *frutas*; con *pan*.
Alinear(se)
bajo *la bandera*; con *las tablas*; de *portero*; en *el equipo*.
Alistarse en *la marina*.
Aliviar
de *la carga*; en *el trabajo*.
Alquilar en/por *cincuenta mil pesetas*.
Alternar
con *las amigas*; en *discotecas*.
Alternarse en *el trabajo*.
Alucinar(se)
con/por *lo visto*; en *el espectáculo*.
Aludir a *un tema*.
Alumbrarse
con *una vela*; en *la oscuridad*.
Alzar
(la vista) a *lo alto*; del *suelo*.
Alzarse
con *la victoria*; del *suelo*; en *armas*.
Amagar con *un gesto*.
Amanecer
con *frío*; en *Berlín*; entre *los arbustos*; por *las montañas*.

Amañarse
con *otros*; para hacer *algo*.
Amar de *verdad*.
Amargar con *hiel*.
Amarrar
a *un árbol*; con *cuerdas*.
Amenazar
a *la garganta*; con *un cuchillo*; de *muerte*.
Amparar del *peligro*.
Ampararse
bajo *un árbol*; con *una manta*; contra *el viento*; de *la lluvia*; en *el portal*.
Amueblar con *gusto*.
Andar
a *tientas*; con *cuidado*; de *puntillas*; detrás de *alguien*; en *pleitos*; entre *amigos*; por *lograr algo*; tras *un asunto*; sobre *la nieve*.
Andarse por *las ramas*.
Anegar en/de *agua*.
Anegar(se) en *llanto*.
Anhelar
a *más*; por *mayor fortuna*.
Animar
al *examen*; con *elogios*.
Anteponer *(algo)* a *algo*.
Anticipar *(dinero)* sobre *el sueldo*.
Anticiparse a *los acontecimientos*.
Anunciar(se)
en *el periódico*; por *la radio*.
Añadir a *lo dicho*.
Apañarse con *cualquier cosa*.
Aparecer
en *pantalla*; entre *las flores*; por *el horizonte*.
Aparecerse
a/ante *una persona*; en *casa*; entre *sueños*.
Apartar(se)
a *un lado*; de *la ocasión*.
Apasionarse con/de/por *la música*.
Apearse
a/para *comprar algo*; del *tren*; en *marcha*; por *la puerta trasera*.
Apechugar con *las consecuencias*.
Apegarse a *un cargo*.
Apelar
a/ante *la justicia*; contra *la sentencia*.
Apelotonarse a *la entrada*.

Apencar con *las consecuencias.*
Apesadumbrarse **con/por** *la noticia.*
Apestar a *ajo.*
Apiadarse de *los enfermos.*
Aplicar(se)
a *los estudios;* **en** *clase.*
Apoderarse de *todo.*
Aportar
(*algo*) **a** *la comunidad;* **en** *dinero.*
Apostar
a/por *un caballo;* (*algo*) **con** *alguien.*
Apostatar de *las creencias.*
Apoyar **con** *documentos.*
Apoyarse
en *la pared;* **sobre** *la barandilla.*
Apreciar
en *mucho;* **por** *sus cualidades.*
Aprender
a *leer;* **con** *diccionario;* **de** *un hermano*
mayor; **por** *obligación.*
Aprestarse a *la lucha.*
Apresurarse
a *hacer algo;* **por** *llegar a tiempo.*
Apretar
a *llover;* **con** *las piernas;* **contra** *uno*
mismo; **entre** *los brazos.*
Aprisionar
bajo *la escalera;* **con** *los brazos;* **en/entre**
la espada y la pared; **tras** *la puerta.*
Aprobar
en *griego;* **por** *unanimidad.*
Apropiarse de *lo ajeno.*
Aprovechar
en *el estudio;* **para** *escribir.*
Aprovecharse de *la situación.*
Aprovisionar
con *alimentos;* **de** *víveres.*
Aproximar (*algo*) **a** *algo.*
Aproximarse a *la ciudad.*
Apuntar
al *enemigo;* **con** *el rifle;* **en** *la cuenta;*
hacia *la solución.*
Apurarse
con *algo;* **en** *las dificultades;* **por** *todo.*
Arder
con *llamas inmensas;* **en** *deseos.*
Argüir
a *favor* **del** *delincuente;* **con** *documentos;*
en contra/en favor del *acusado;* **en**
apoyo de *su postura.*

Armar
con *cuchillos;* **hasta** *los dientes.*
Armarse de *paciencia.*
Armonizar (*algo*) **con** *algo.*
Arraigar en *el suelo.*
Arraigarse en *la costa.*
Arrancar(se)
a *bailar;* **con** *cien pesetas;* **de** *raíz;* **por**
peteneras.
Arrasarse (*los ojos*) **de/en** *lágrimas.*
Arrastrar
en *la caída;* **por** *tierra.*
Arrastrarse
a *los pies;* **por** *el suelo.*
Arrebatar **de/de entre** *las manos.*
Arreglarse
al *común acuerdo;* **con** *su ex-cónyuge.*
Arrellanarse en *el sofá.*
Arremeter **al/con/contra** *el asaltante.*
Arremolinarse
a *la sombra* **del** *árbol;* **alrededor del**
escaparate; **en** *el vestíbulo.*
Arrepentirse de *su reacción.*
Arribar a *la costa.*
Arriesgarse
a *entrar;* **en** **público.**
Arrimarse a *la chimenea.*
Arrinconarse en *una esquina.*
Arrojar
al/en *el patio;* **de** *la mesa;* **desde** *la ven-*
tana; **por** *la alcantarilla.*
Arrojarse
a *los brazos de alguien;* **contra** *el agresor;*
de *cabeza;* **desde** *una ventana;* **en** *la*
laguna; **por** *un puente;* **sobre** *el tren.*
Arroparse **con/en** *una manta.*
Asaetear **a/con** *preguntas.*
Asar
a *baja temperatura;* **en** *el horno.*
Asarse de *calor.*
Ascender
a *directora;* **de** *rango;* **en** *su profesión;*
por *una colina.*
Asegurar(se)
de *algo;* **contra** *todo riesgo.*
Asemejarse
a *alguien;* **en/por** *algo.*
Asentarse
a *medio camino;* **en** *un sitio.*
Asentir *a una propuesta.*

régimen preposicional

Asesorarse
con *buenos especialistas;* en *derecho laboral.*
Asimilar a *una desagradable experiencia.*
Asir
a *la perrita;* con *ambas manos;* por *el pescuezo.*
Asirse
a *su espalda;* con *dificultad;* de *la barra.*
Asistir
a *la función;* de *incógnito;* en *su domicilio.*
Asociarse
a *la compañía;* con *alguien.*
Asomarse a/por *la ventana.*
Asombrarse
de/por *algo;* con *su tenacidad.*
Aspirar a *algo mejor.*
Asquearse de *la hipocresía.*
Asustarse de/por *algo.*
Atacar a *alguien.*
Atar
a/de *la barandilla;* con *una cuerda;* por *un extremo.*
Atarse a *alguien.*
Atascarse en *un punto.*
Ataviarse con *esmero.*
Atemorizarse por *una tormenta.*
Atender a *la llamada.*
Atenerse a *lo acordado.*
Atentar a/contra *la verdad.*
Aterrorizarse por *algo.*
Atestiguar
con *su declaración;* sobre *su inocencia.*
Atinar
al *balón;* con *una piedra;* desde *la ventana.*
Atormentarse con/por *algo.*
Atraer
a *alguien;* con mentiras.
Atragantarse con *un caramelo.*
Atrancarse en *la redacción.*
Atreverse a/con *algo.*
Atravesar
con *una aguja;* en *barca;* por *el centro de la carretera.*
Atravesarse en *su vida.*
Atreverse a/con *todo.*
Atribuir a *los astros.*
Atribularse en/con/por *una situación.*

Atrincherarse con *los soldados;* en/tras *las barricadas.*
Atropellar
con *el coche;* por *una imprudencia.*
Atropellarse en *su declaración.*
Atufar(se) con/por *la basura.*
Aumentar de/en *tamaño.*
Aunarse con *las protestas.*
Ausentarse de *un sitio.*
Autorizar
a *alguien;* para *hacer algo;* por *escrito.*
Avanzar
a/hacia/hasta *la playa;* por *la arena;* sobre *las conchas.*
Avenirse
a *hacer algo;* entre *los dos.*
Aventajar en *sabiduría.*
Aventurarse a *explorar la isla.*
Avergonzar
a *alguien;* con/por *su conducta.*
Avergonzarse
de *uno mismo;* por *su pereza.*
Aviarse
con *esmero;* para *ir a la ópera.*
Avisar
a *alguien;* de *algo.*
Ayudar
a *hacer los deberes;* con *gusto;* en *la adversidad.*
Ayudarse con/de *las muletas.*
Azotar
con *el cinturón;* en *la espalda.*

Bailar
al *son que tocan;* ante *un público entendido;* con *alguien;* por *bulerías.*
Bajar
al *sótano;* del *avión;* en *ascensor;* hacia *el pueblo;* por *las escaleras.*
Balancear
a *la niña;* en *la mecedora.*
Balar de *hambre.*
Bambolearse en *el trapecio.*
Bañar(se)
con/en *agua caliente;* por *higiene.*

174

Conjugar es fácil

Basarse
en *sólidos argumentos*; **sobre** *lo aprendido.*
Bastar
a/para *su ambición*; **con** *lo dicho.*
Batallar
con/contra *la opinión generalizada*; **por** *sus derechos.*
Beber
a/por *la memoria de alguien*; **con** *ganas*; **de** *la botella*; **en** *el arroyo.*
Beneficiarse **con/de** *algo.*
Besar **en** *la mano.*
Blasfemar **contra/de/por** *algo.*
Bordar
a *mano*; **con** *máquina*; **en** *tapiz.*
Borrar
con *una goma*; **de** *la agenda.*
Bostezar **de** *sueño.*
Botar **de** *entusiasmo.*
Bramar **de** *cólera.*
Bregar
con *los problemas*; **contra** *los adversarios*; **en** *el trabajo*; **por** *su reconocimiento.*
Brillar
a *la luz*; **con** *luz propia*; **por** *su inteligencia.*
Brindar
a *los presentes*; **con** *vino*; **por** *los novios.*
Brindarse **a** *revisar el manuscrito.*
Brotar **de/en** *una flor.*
Bucear **en** *el mar.*
Bufar **de** *indignación.*
Bullir **en/por** *su estómago.*
Burilar **en** *estaño.*
Burlar **a** *los vigilantes.*
Burlarse **de** *alguien.*
Buscar
a *alguien*; **por** *todas partes.*

Cabalgar
a *pelo*; **en/sobre** *una yegua*; **por** *la sierra*; **sin** *montura.*
Caber

de *cuerpo entero*; **en** *el armario*; **entre** *las perchas*; **hasta** *dos personas más.*
Caer(se)
al *agua*; **con** *las piernas dobladas*; **de/desde** *lo alto*; **en** *un pozo*; **hacia/hasta** *el fondo*; **por** *el terraplén*; **sobre** *las rocas.*
Calar(se) **de** *agua.*
Calentar(se)
a *fuego lento*; **con** *su calor*; **junto a** *la chimenea*; **en** *la cama.*
Calificar
con *sobresaliente*; **de** *incompetente.*
Callar **por** *temor.*
Cambiar
(una cosa) **con/por** *otra*; **de** *idea*; **en** *el fondo.*
Cambiarse
a *otro colegio*; **de** *ropa*; **en** *los camerinos.*
Caminar
a *paso ligero*; **con** *elegancia*; **de** *lado*; **hacia/para** *la fuente*; **por** *lo más llano.*
Campar **por** *sus respetos.*
Canjear *(una cosa)* **por** *otra.*
Cansarse **con/de** *tanto ruido.*
Cantar
a *pleno pulmón*; **con** *toda su alma*; **de** *alegría*; **en** *un conjunto*; **por** *dinero.*
Capitular
con *los invasores*; **de** *puro agotamiento.*
Caracterizarse
de *bufón*; **por** *su gran talento.*
Carcajearse **de** *la pregunta.*
Carecer **de** *riquezas.*
Cargar
a *cuestas*; **con** *las maletas*; **sobre** *la espalda.*
Cargarse **con/de** *obligaciones.*
Casar **a** *los novios.*
Casarse
con *alguien*; **en** *una iglesia*; **por** *el juzgado.*
Castigar
a *alguien*; **con** *quedarse en casa*; **de** *modo irrevocable*; **por** *su conducta*; **sin** *salir.*
Catalogar *(a alguien)* **de** *inmaduro.*
Catequizar **para** *conseguir fieles.*
Cautivar **con/por** *su belleza.*
Cavar **en** *el huerto.*
Cavilar
para *obtener beneficios*; **sobre** *lo ocurrido.*
Cazar
al *vuelo*; **con** *tirachinas.*

régimen preposicional

Cebarse **con/en** *su enemigo.*
Ceder
a/ante *su petición;* **de** *sus derechos;* **en** *su favor.*
Cegarse
con *sus sentimientos;* **de** *dolor;* **por** *los celos.*
Cejar
ante *la adversidad;* **en** *el empeño.*
Censurar
a *alguien;* **por** *su conducta.*
Centrarse **en** *algo.*
Ceñir
a *la cintura;* **con** *un cinturón;* **de** *un extremo a otro.*
Ceñirse
a *un plan;* **en** *sus respuestas.*
Cerciorarse **de** *algo.*
Cernerse **sobre** *alguien.*
Cerrar
a *cal y canto;* **con** *llave;* **contra** *la voluntad;* **hacia** *media mañana;* **por** *vacaciones;* **tras** *de sí.*
Cerrarse
a *cualquier sugerencia;* **de** *golpe;* **en** *banda.*
Cesar
de *llover;* **en** *sus funciones.*
Chancearse
con *alguien;* **de/por** *algo/alguien.*
Chapar **con/de/en** *oro.*
Chapotear **en** *el agua.*
Chiflarse **por** *algo.*
Chivarse **al** *profesor.*
Chocar **con/contra** *algo.*
Cifrar (*su vida*) **en** *la poesía.*
Cifrarse **en** *dos millones.*
Cimentarse **en** *la conducta práctica.*
Circunscribirse **a** *los países de habla castellana.*
Clamar **al** *cielo;* **por** *su liberación.*
Clamorear
a *voz en grito;* **por** *su animosidad.*
Clasificar
de *la a a la zeta;* **en** *un fichero;* **por/según** *temas.*
Clavar **en** *la pared.*
Coadyuvar **a/en** *el trabajo.*
Cobijarse
bajo *techo;* **con** *una manta;* **de** *la lluvia;* **en** *un portal.*

Cobrar
con *regularidad;* **del** *banco;* **en** *metálico;* **por** *transferencia.*
Cocer
a *fuego lento;* **con** *sal;* **en** *agua salada.*
Codearse **con** *los intelectuales.*
Coexistir **con** *algo.*
Coger
a *manos llenas;* **con** *las manos en la masa;* **de** *buen humor;* **en** *su salsa;* **entre** *la espada y la pared;* **por** *casualidad.*
Cohibirse
ante *alguien;* **con** *los elogios;* **de** *volver a llamar.*
Coincidir
con *alguien;* **en** *algo.*
Cojear **de/por** *un dolor.*
Colaborar
con *alguien;en* *algo.*
Colarse
en *una fiesta;* **por** *un agujero.*
Colegir **de/por** *el aspecto de su casa.*
Colgar
de *la cuerda;* **en** *la pared.*
Coligarse **con** *todas las mujeres.*
Colindar **con** *la oficina de correos.*
Colmar **de** *bienes.*
Colocar
al *revés;* **con** *cuidado;* **en** *un cajón;* **entre** *los libros;* **por** *la base.*
Colocarse **de** *secretario.*
Colorear **de** *azul.*
Combatir
con *medicinas;* **contra** *la enfermedad;* **por** *la justicia .*
Combinar (*una cosa*) **con** *otra.*
Comenzar
a *estudiar;* **por** *el principio.*
Comer
a *dos carrillos;* **con** *un amigo;* **hasta** *reventar.*
Comerciar
con *un cliente;* **en** *especias.*
Compadecerse
de *alguien;* **por** *algo.*
Compaginar **con** *otros intereses.*
Comparar **con** *alguien.*
Compartir **con/entre** *todos.*
Compeler **a** *decir la verdad.*
Compensar

con *unas buenas vacaciones;* **de/por** *su dedicación.*
Competir
con *alguien;* **por** *algo.*
Complacer
a *todo el mundo;* **con** *su amabilidad.*
Complacerse **con/de/en** *su fortuna.*
Completar **con** *citas.*
Complicar **con** *demasiadas notas.*
Componer
a *marchas forzadas;* **con** *diferentes materiales.*
Componerse
de *varios elementos.*
Comprar
a *plazos;* **por** *piezas.*
Comprender
con *dificultad;* **de** *súbito.*
Comprimirse **en** *un caja.*
Comprobar
con *datos;* **en** *el laboratorio.*
Comprometer
a *alguien;* **en** *algo.*
Comprometerse
a *algo;* **con** *alguien;* **en/para** *un proyecto.*
Computar **en** *horas.*
Comulgar
con *alguien;* **en** *una idea.*
Comunicar
a *los asistentes;* **con** *la centralita;* **por** *escrito.*
Comunicarse
con *alguien;* **por** *teléfono.*
Concebir *(un sentimiento)* **hacia/contra/por** *una persona.*
Concentrar **en** *un sitio.*
Concentrarse **en** *algo.*
Conceptuar **de** *bueno.*
Concernir *(algo)* **a** *alguien.*
Concertar
con *alguien;* **en** *la reunión;* **entre** *los representantes;* **por** *teléfono.*
Conciliar **con** *sus ideales.*
Concluir
con *un discurso;* **en medio de** *un general regocijo;* **por** *cese de contrato.*
Concordar *(el verbo)* **con** *el sujeto.*
Concretarse **con/en** *hechos.*
Concurrir **a/en** *el encuentro.*
Condenar **a** *tres años de cárcel.*

Condensar **en** *una síntesis.*
Condescender
a *hacer algo;* **con** *su actitud.*
Condicionar *(algo)* **a** *algo.*
Condolerse **de** *la desgracia.*
Conducir
a/hacia *algún sitio;* **en** *moto;* **por** *el centro.*
Conectar **con** *alguien.*
Confabular(se)
con/contra *alguien;* **para** *un fin.*
Confederarse **con** *otros.*
Conferir **con** *notables ganancias.*
Confesar
(algo) **a** *alguien;* **en** *privado;* **entre** *bastidores.*
Confesarse
a *sí mismo;* **con** *el corazón en la mano.*
Confiar **en** *la gente.*
Confiarse **a** *alguien.*
Confinar **a/en** *el campo.*
Confirmar **en** *dos horas.*
Confirmarse **en** *su deseo.*
Confluir **a/en** *la convocatoria.*
Conformarse
con *lo que haya;* **por** *necesidad.*
Confrontar
con *otras opiniones;* **entre** *todos.*
Confundir *(una cosa)* **con** *otra.*
Confundirse
con/en *la talla;* **de** *puerta.*
Congeniar **con** *los compañeros.*
Congraciarse **con** *los demás.*
Congratularse
con *los agraciados;* **del/por** *el premio obtenido.*
Conjugar *(el trabajo)* **con** *el placer.*
Conjurar(se)
con *los rebeldes;* **contra** *el régimen imperante.*
Conminar
(a alguien) **a** *hacer algo;* **con** *amenazas.*
Conmutar
(una pena) **con/por** *trabajos forzados.*
Conocer
de *oídas;* **en** *profundidad.*
Consagrarse **a** *la poesía.*
Conseguir *(algo)* **de** *alguien.*
Consentir **en** *hacerlo.*
Conservarse

p

régimen preposicional

con/en *buena forma física;* hasta *dos meses.*

Considerar
a *sus semejantes;* de/en *forma solidaria;* por *sí mismos.*

Consignar a nombre de *alguien.*

Consistir en *un resumen.*

Consolar
de/por *los malos resultados;* en *su triste-za.*

Consolarse
con *la bebida;* de *un disgusto;* en *soledad.*

Conspirar
con *otros;* contra *la dictadura;* para *dar un golpe.*

Constar
de *varios elementos;* en *la memoria;* por medio de *un contrato.*

Constituirse en *asociación.*

Constreñir a *hacer algo.*

Constreñirse al *presupuesto.*

Construir
con *paciencia;* en *el ático;* entre *varios.*

Consultar
a/con *alguien;* en *privado;* para *solicitar su conformidad;* por/respecto a/sobre *un tema.*

Consumirse
a causa de/por *algo;* con/en *la espera;* de *ansiedad.*

Contagiarse con/de/por *el virus.*

Contaminarse
con *el agua estancada;* de *un virus;* en *el hospital.*

Contar
(algo) a *alguien;* con *los dedos;* de *cabo a rabo;* desde *la letra g;* entre *los asisten-tes;* hasta *mil.*

Contemplar
al *niño;* en *silencio.*

Contemporizar con *alguien.*

Contender
con/contra *los detractores;* en *una dis-cusión;* por/sobre *algo.*

Contenerse
en *su actitud;* por *educación.*

Contentarse con *un beso.*

Contestar
a *sus requerimientos;* con *una negativa;* de modo *tajante;* por *escrito.*

Continuar
con *la conversación;* desde *el punto ante-rior;* en *compañía;* hacia *el río;* hasta *el final;* por *inercia.*

Contradecirse con *el testimonio ajeno.*

Contraer *(un compromiso)* con *alguien.*

Contrapesar con *los nuevos gastos.*

Contraponer *(una cosa)* a/con *otra.*

Contrastar *(una cosa)* a/con *otra.*

Contratar
de/en *prueba;* para *un proyecto;* por *un año.*

Contravenir a *las órdenes.*

Contribuir a/con/en/para *algo.*

Convalecer de *una enfermedad.*

Convencer
a *alguien;* de *algo.*

Convencerse de *su valía.*

Convenir
(algo) a *alguien;* *(algo)* con *alguien;* en *hacer algo.*

Convenirse a/con *los planes.*

Converger
al *debate;* en *las últimas sesiones.*

Conversar
con *un amigo;* en *el parque;* sobre *los sucesos.*

Convertir
(a alguien) a *la fe;* *(algo)* en *ganancia.*

Convertirse
a *una religión;* en *una figura pública.*

Convidar
a/con *una buena comida;* para *la fies-ta.*

Convivir
con *la pareja;* en *un piso pequeño.*

Convocar
a *una reunión;* por *una circular.*

Cooperar
con *los demás;* en *una misma tarea.*

Copiar
a *alguien;* de *una foto;* en *un papel.*

Coquetear con *alguien.*

Coronar
con *una corona de oro;* de *gloria;* en *la catedral.*

Corregir
con/en *rojo;* de/por *a iniciativa propia.*

Corregirse de *su error.*

Correr

a *gran velocidad*; **con/sin** *deportivas*; **de** *un lado* **para** *otro*; **en busca de** *ayuda*; **entre** *los árboles*; **por** *la arena*; **sobre** *la alfombra*; **tras** *el ladrón*.

Correrse **de** *bochorno*.

Corresponder
a *una invitación*; **con** *generosidad*; **de/en** *la manera adecuada*.

Cortar
con *las tijeras*; **de/desde** *(la) raíz*; **por** *la mitad*.

Coser
a *mano*; **con** *bastidor*; **por** *encargo*; **para** *alguien*.

Cotejar
con *la versión oficial*; **por** *partes*.

Crecer
a *ojos vistas*; **en** *consideración*.

Creer
a *alguien*; **en** *algo*.

Criar
a *sus pechos*; **con** *cariño*.

Criarse
en *buenas manos*; **para** *el arte*.

Cristalizar(se) **en** *una obra de perfecto acabado*.

Cruzar
de *una orilla* **a** *otra*; **por** *lo menos profundo*.

Cruzarse
con *alguien*; **en** *el ascensor*; **por** *la calle*.

Cuadrar **con** *su temperamento*.

Cubrir(se) **de/con** *una buena manta*.

Cuidar
con *esmero*; **de** *su jardín*.

Cuidarse **de** *los enemigos*.

Culminar
con *una obra maestra*; **en** *el momento justo*.

Culpar
de *un delito*; **por** *su desinterés*.

Cumplir **con** *sus responsabilidades*.

Curar
con *medicinas*; **de** *sus heridas*.

Curarse
con *un buen tratamiento*; **de** *la gripe*.

Curiosear
con *interés*; **en/por** *los cajones*.

Curtirse
a/con *el aire*; **del** *sol*; **en** *la montaña*.

Dañar
a *alguien*; **con** *la actitud*; **de** *palabra*; **en** *su orgullo*.

Dar
con *la fórmula apropiada*; **contra** *la pared*; **de** *bruces*; **por** *bueno*.

Darse
a *las habladurías*; **de** *listo*; **por** *vencido*.

Datar **de** *un siglo antes*.

Deambular **por** *la ciudad*.

Deberse **a** *sus obligaciones*.

Decantarse **por** *la mejor propuesta*.

Decidir
de *forma conjunta*; **en/sobre** *el asunto*.

Decidirse
a *cambiar*; **por** *un cambio de vida*.

Decir
(algo) **a/de** *alguien*; **en** *secreto*; **por** *carta*.

Declarar
a/ante *el juez*; **en** *el juzgado*; **sobre** *el particular*.

Declararse **a/a favor/en contra de** *alguien*.

Declinar
a/hacia *poniente*; **de** *una actitud*.

Dedicar(se) **a** *descansar*.

Deducir **de** *su salario*.

Defender
con *una ley*; **contra** *los ataques*; **de** *la especulación*.

Defraudar
al *electorado*; **con** *trampas*; **en** *sus expectativas*.

Degenerar **en** *sus costumbres*.

Dejar
a *la espera*; **de** *trabajar*; **en** *depósito*; **por** *imposible*; **sin** *terminar*.

Dejarse **de** *cuentos*.

Delatarse
a/ante *los presentes*; **con** *sus acciones*.

Delegar
de *sus funciones*; **en** *un representante*.

Deleitarse
con/en *el recital*; **de** *la brisa marina*.

Deliberar
en *asamblea*; **entre** *sí*; **sobre** *la decisión*.
Delirar
en *sueños*; **por efecto de**l *agotamiento*.
Demandar
a *alguien*; **ante** *las autoridades*; **de/por** *fraude*; **en** *un recurso judicial*.
Demorarse **en** *salir*.
Demostrar **con** *hechos contundentes*.
Departir
con *la gente*; **sobre** *la gestión*.
Depender **de** *una beca*.
Deponer **ante** *la concurrencia*; **de** *su actitud*.
Deportar
al *extranjero*; **de** *su país*.
Depositar
bajo *llave*; **en** *el banco*; **sobre** *la repisa*.
Derivar
de *tono*; **hacia** *otros temas*.
Derramar
a/en/encima de/por *el mantel*; **sobre** *su cabeza*.
Derretirse **de** *amor*.
Derribar
al *adversario*; **del** *pedestal*; **en/por** *el césped*.
Derrocar
al *dictador*; **del** *poder*; **por** *decisión popular*.
Desacostumbrarse
a *la ciudad*; **de** *comer demasiado*.
Desacreditar
a *los editores*; **ante/entre** *los demás*; **con** *rumores falsos*; **en** *su prestigio*.
Desafiar
a *una carrera*; **de** *palabra*; **con** *su actitud*; **en** *el juego*.
Desaguar
en *el pantano*; **por** *la tubería*.
Desahogarse
con *sus amigas*; **de** *su congoja*; **en** *sollozos*.
Desairar **con/en** *sus contestaciones*.
Desalojar **de** *la casa ocupada*.
Desaparecer
ante *sus ojos*; **de** *la vista*.
Desarraigar(se) **de** *su ciudad natal*.
Desasirse **de** *una atadura*.
Desatarse
de *una silla*; **en** *insultos*.

Desayunar(se) **con** *café y tostadas*.
Desbancar
a *alguien*; **de** *su puesto*.
Desbordarse
de *su cauce*; **por** *la lluvia torrencial*.
Descabalarse
en *sus cuentas*; **con/por** *el desorden*.
Descabalgar **del** *caballo*.
Descalabrar(se) **con** *una piedra*.
Descansar
del *viaje*; **en** *la paz del hogar*; **sobre** *el sofá*.
Descargar
contra *los empleados*; **de** *la furgoneta*; **en/sobre** *la acera*.
Descargarse **con/contra/en** *los responsables*.
Descarriarse **de** *la senda elegida*.
Descender
a/hacia *el piso de abajo*; **de/desde** *la terraza*; **en** *su estima*; **por** *una escalera*.
Desclavar **de** *la pared*.
Descolgarse
de/desde *el tejado*; **hasta** *el suelo*; **por** *las rocas*.
Descollar
en *el grupo*; **entre/sobre** *todos*.
Descomponerse
en *cuatro apartados*; **por** *el calor*.
Desconfiar
de *su cariño*; **hasta** *de su sombra*.
Descontar **del** *sueldo*.
Descubrir **al** *espía*.
Descubrirse
a/con *sus padres*; **ante** *su empeño*.
Descuidarse **de/en** *el trabajo*.
Desdecir **de** *su educación*.
Desdecirse **de** *lo afirmado*.
Desdoblarse **en** *dos personalidades*.
Desechar **de** *la cabeza (una idea)*.
Desembarazarse **de** *alguien*.
Desembarcar
del *transatlántico*; **en** *el puerto*.
Desembocar **en** *el mar*.
Desempeñar **de** *forma eficaz*.
Desenfrenarse **en** *el beber*.
Desengañarse **de** *las falsas promesas*.
Desenredarse **de** *la cuerda*.
Desentenderse **de** *sus obligaciones*.

p

Desenterrar de *la orilla del mar.*

Desentonar con *el resto.*

Desertar
al *otro bando;* del *ejército.*

Desesperar de *descubrirlo.*

Desfallecer de *sed.*

Desfogarse
con *su familia;* en *privado.*

Desgajar(se) del *tallo.*

Deshacerse
a/en *explicaciones;* de *los curiosos;* por *su familia.*

Designar
con *un mote;* para *la dirección de la revista;* por *méritos.*

Desinteresarse de/por *lo sucedido.*

Desistir de *la intención.*

Desleír en *un vaso de leche.*

Desligarse de *un grupo.*

Deslizarse
al *agua;* en/entre/por/sobre *la nieve.*

Deslucirse
al *aire;* por *el sol.*

Desmentir
a *alguien;* (*algo*) de *algo.*

Desmerecer de *su persona.*

Desmontar del *columpio.*

Desnudarse
de *los pies* a *la cabeza;* desde/hasta *la cintura;* por *completo.*

Desorientarse en *una ciudad desconocida.*

Despacharse con/contra *los empleados.*

Desparramarse
en/por *el suelo;* entre *los cubiertos.*

Despedirse de *las amigas.*

Despegarse
de *la familia;* por *una esquina.*

Despeñarse
al *barranco;* por *un precipicio.*

Despepitarse por *salir.*

Desperdigarse
entre *los árboles;* por *la playa.*

Despertar
a *sus hermanos;* de *súbito.*

Despertarse con *apetito.*

Despoblarse de *jóvenes.*

Despojar(se) del *jersey.*

Desposarse

ante *testigos;* con *el ser amado;* por *amor.*

Desposeer de *su parte de herencia.*

Despotricar contra *el tráfico.*

Desprenderse de *sus riquezas.*

Despreocuparse de *todo.*

Despuntar
en *ingenio;* entre *la media;* por *su originalidad.*

Desquitarse de *los malos ratos.*

Destacar
de/entre *los demás;* en *el conjunto;* por *su belleza.*

Desternillarse de *risa.*

Desterrar
a *una isla lejana;* de *su hogar;* por *traicionar a su pueblo.*

Destinar
a/en *Madrid;* para *el consumo.*

Destituir
de *su cargo;* por *malversación.*

Desvelarse por *los demás.*

Desvestirse de *la cintura* para *arriba.*

Desviarse
de *la carretera;* hacia *otro lado.*

Desvivirse por *ella.*

Detenerse
a *repostar gasolina;* en *la estación.*

Determinarse
a *concursar;* a favor de/por *un lugar tranquilo.*

Detraer de *su sueldo.*

Devolver a *su propietaria.*

Dictaminar sobre *la reclamación.*

Diferenciarse
de *sus hermanos;* en/por *el aspecto.*

Diferir
a/hasta; para *el próximo verano;* de *la opinión;* en *algún punto;* entre *sí.*

Difundir
en/por *la calle;* entre *la gente.*

Dignarse a *considerarlo.*

Dilatar (*la decisión*) hasta/para *más tarde.*

Dilatarse en *responder.*

Diluir en *agua fría.*

Dimanar de *una antigua creencia.*

Dimitir de *un alto cargo.*

Diptongar (*la o*) en *ue.*

régimen preposicional

Dirigir
a/hacia *el albergue;* en *el proyecto;* por *el camino más corto.*
Dirigirse a/hacia *los presentes.*
Discernir
con *agudeza;* entre *las propuestas.*
Discordar de/en/sobre *el parecer del grupo.*
Discrepar de/en/con *el parecer del grupo.*
Disculpar
a *los responsables;* con *una buena defensa.*
Disculparse
ante *la reunión;* con *los componentes;* de/por *no asistir.*
Discurrir
de *acuerdo* con/según *el sentido común;* en *voz alta; (un río)* entre/por *el pinar;* sobre *los problemas.*
Discutir
(algo) a *alguien;* con *su padre;* de/sobre *filosofía;* por *todo.*
Diseminar en/entre/por/por entre *la espesura.*
Disentir del *acuerdo tomado.*
Disertar
con *sencillez;* sobre *ciencia.*
Disfrazar con *buenas palabras.*
Disfrazarse
bajo *un traje de pirata;* de *pirata.*
Disfrutar
con/de *su compañía;* en *su casa del campo.*
Disgregarse en *partes.*
Disgustarse con/de/por *su brusca contestación.*
Disimular
ante *los otros;* con *un pretexto.*
Disolver
con *aguarrás;* en *aceite.*
Disonar
de *manera estrepitosa;* en medio de *la actuación.*
Disparar contra *el techo;* hacia *ellos.*
Dispensar de *realizar su tarea.*
Dispersarse
en *muchas actividades;* entre/por *el viento.*
Disponer

a *su antojo;* de *un pequeño capital;* en *montones distintos;* por *colores.*
Disponerse a/para *venir.*
Disputar
con *los compañeros;* de *política;* por *todo;* sobre *la enseñanza.*
Distanciarse de *sus amigos.*
Distar del *mar dos kilómetros.*
Distinguir
con *su afecto;* entre *la multitud.*
Distinguirse
de/entre *los otros niños;* en/por *su actitud.*
Distraerse
con *el vuelo de una mosca;* de *sus preocupaciones;* en *clase.*
Distribuir a/en/entre/por *todas las librerías.*
Disuadir
a *alguien;* de *algo.*
Divagar de/sobre *algo.*
Divertirse
con *sus bromas;* en *hacerle una caricatura.*
Dividir
con/entre *sus seres queridos;* de *mutuo acuerdo;* por *cuatro.*
Dividirse en *distintos proyectos.*
Divorciarse de *su marido.*
Divulgar entre *sus conocidos.*
Doblar a/hacia *la izquierda.*
Doblarse
de/por *el dolor;* por *la mitad;* hacia *atrás;* hasta *romperse.*
Dolerse con/de *su rechazo.*
Domiciliarse en *Palma de Mallorca.*
Dominar en *todo.*
Dormir
al *raso;* bajo *las estrellas;* con *su madre;* en *el campo;* hasta *tarde;* sobre *la tierra.*
Dotar
con/de *una ayuda económica;* en *herencia.*
Dudar
acerca de/de/sobre *sus intenciones;* en *la elección;* entre *dos productos;* hasta *ella misma.*
Durar
en *su decisión;* por *mucho tiempo;* para *toda la vida.*

Conjugar es fácil   182

Echar
a *la calle*; del *colegio*; en *falta*; **hacia/para** *adelante*; **por** *el suelo*; **sobre** *sí*.

Echarse
a *la calle*; en *la cama*; **entre** *sus brazos*; **hacia/para** *otro lado*; **por** *el suelo*.

Educar
en *una escuela*; **para** *abogado*.

Ejercer de *médico*.

Ejercitarse en *la danza*.

Elegir
de/entre *los primeros*; **por** *esposa*.

Elevarse
a/hasta *el techo*; del *suelo*; **por** *las nubes*; **sobre** *los otros*.

Eliminar
a *un jugador*; del *equipo*.

Emanar de *su autoridad*.

Emanciparse de *los padres*.

Embadurnar **con/de** *barro*.

Embarazarse
de *un niño*; **con** *paquetes*.

Embarcarse
con *un socio*; de *polizón*; en *un negocio*; **hacia/para** *América*.

Embeberse
con *la música*; de *sus palabras*; en *una novela*.

Embelesarse **con** *los bailarines*.

Embestir
a *traición*; **con** *el arma*; **contra** *el grupo*; **por** *la espalda*.

Embobarse
ante *el cuadro*; **con** *el niño*; **de/por** *cualquier cosa*.

Emborracharse **con/de** *vino*.

Emboscarse
en *la espesura*; **entre** *las matas*.

Embozarse
con *el manto*; en *el abrigo*; **hasta** *los ojos*.

Embravecerse
con/contra *los inferiores*.

Embriagarse
con *la bebida*; de *felicidad*.

Embutir
de *carne*; en *madera*.

Embutirse de *dulces*.

Emerger del *fondo*.

Emigrar
a *Uruguay*; de *Alemania*; **desde** *su patria*.

Emocionarse
con *la ópera*; en *el nacimiento* del *niño*; **por** *el suceso*.

Empacharse
con *la comida*; de *dulces*.

Empalagarse **con** *la tarta*; de *caramelos*.

Empalmar **con** *las vacaciones*.

Empapar
con *la toalla*; de *agua*; en *vino*.

Empaparse
bajo *la lluvia*; de *arte*; en *el lago*.

Empapuzarse de *pan*.

Emparejar(se) **con** *un extranjero*.

Emparentar **con** *otra familia*.

Empatar
a *un gol*; **con** *el otro equipo*.

Empedrar **con/de** *adoquines*.

Empeñarse
con *una tarea*; en *deudas*; **para/por** *conseguirlo*.

Emperrarse
con *una película*; en *ir al cine*.

Empezar
a *estudiar*; **con** *buen pie*; **desde** *el primer día*; en *buenas condiciones*; **por** *el final*.

Emplear *(el tiempo)* en *(hacer) algo útil*.

Emplearse
de *asistente*; en *un bar*.

Empotrar en *la pared*.

Emprender(la)
a *bofetadas*; **con** *alguien*.

Empujar
al *vacío*; **con** *las manos*; **contra** *el mueble*; **hacia** *el precipicio*; **hasta** *un barranco*.

Emular a *alguien*.

Emulsionar
con *plata*; en *oro*.

Enajenarse **por** *la locura*.

Enamorarse de *una actriz*.

Enamoriscarse del *profesor*.

Encajar
con *los gustos*; en *el marco*.

Encallar en *la arena*.

Encaminarse **a/hacia** *el museo*.

Encanecer
de *miedo*; **por** *el susto*.

Encapricharse **con/de** *una persona*.

Encaramarse
a *la lámpara*; **en** *un pino*; **sobre** *la tapia*.

Encararse **a/con** *su padre*.

Encargar
a *alguien*; **de** *contestar* **al** *teléfono*.

Encargarse **de** *la contabilidad*.

Encariñarse **con** *el gato*.

Encarnizarse **con/en** *los derrotados*.

Encasillarse **en** *un papel*.

Encastillarse **en** *su mundo*.

Encauzar **por** *la vía legal*.

Encauzarse **en** *la vida profesional*.

Encenegarse **en** *la corrupción*.

Encenderse **de** *rabia*.

Encerrar
en *el sótano*; **entre** *rejas*.

Encerrarse
en *uno mismo*; **entre** *cuatro paredes*.

Encharcarse
de *agua*; **en** *el fango*.

Encoger(se)
con *el agua caliente*; **de** *hombros*.

Encomendar a *su secretario*.

Encomendarse
al *diablo*; **en** **manos del** *doctor*.

Enconarse
con *el compañero*; **en** *la batalla*.

Encontrar
bajo *la cama*; **en** *el suelo*; **sobre** *la mesa*;
tras *el mueble*.

Encontrarse
con *una dificultad*; **en** *un buen momento*;
entre *amigos*.

Encuadernar
a *mano*; **en** *piel*.

Encuadrar **en** *un marco*.

Encuadrarse **en** *un equipo*.

Encumbrarse
a/en *la cima*; **hasta** *lo alto*; **sobre** *los otros*.

Endurecerse
con/por *el dolor*; **en** *la lucha*.

Enemistar a *uno* **con** *otro*.

Enemistarse **con** *un compañero*.

Enfadarse
con *el hermano*; **por** *nada*.

Enfermar
con/por *el esfuerzo*; **del** *corazón*.

Enfilar **hacia** *la cumbre*.

Enfocar
con *la linterna*; **desde** *otra perspectiva*.

Enfrascarse **en** *la lectura*.

Enfrentarse **a/con** *un adversario*.

Enfurecerse
al *recordarlo*; **con** *los alumnos*; **contra** *el*
vendedor; **por** *cualquier cosa*.

Engalanar(se)
con *cintas*; **de** *flores*.

Enganchar(se) **con/en** *un clavo*.

Engañar
a *alguien*; **con** *falsas promesas*.

Engañarse
a *sí mismo*; **con** *falsas esperanzas*; **en** *el*
planteamiento; **por** *las apariencias*.

Engarzar
con *perlas*; **en** *platino*.

Engastar
con *piedras preciosas*; **en** *oro*.

Engendrar
con/por *amor*; *(un hijo)* **de** *alguien*.

Englobar **en** *una sola idea*.

Engolfarse
con *malas compañías*; **en** *vicios*.

Engolosinarse **con** *las promesas*.

Engreírse **con/por** *su belleza*.

Enjuagarse **con** *agua*.

Enjugar **con** *el pañuelo*.

Enlazar *(una cosa)* **con** *otra*.

Enloquecer **de** *pena*.

Enmendarse
con *el castigo*; **de** *la falta*; **por** *la repri-
menda*.

Enojarse
con/contra *él*; **por** *el olvido*.

Enorgullecerse **de** *sus logros*.

Enraizar
con *fuerza*; **en** *un país*.

Enredarse **con/en/entre** *las ramas*.

Enriquecer(se)
con *comisiones*; **en** *sabiduría*.

Enrolarse **en** *la marina*.

Ensangrentarse **con** *la operación*.

Ensañarse **con/en** *los débiles*.

Ensayar
con/en *el piano*; **para** *actuar* **en** *público*.

Enseñar
a *hablar;* con *cintas de vídeo.*
Enseñorearse   de *un lugar.*
Ensimismarse   en *los pensamientos.*
Ensoberbecerse
con *su belleza;* de *su dinero.*
Ensuciarse
con *barro;* de *comida;* en *la fábrica.*
Entender
de *arte;* en *pintura.*
Entenderse
con *todo el mundo;* en *alemán;* por *gestos.*
Enterarse
de *las noticias;* de *boca/*por *boca   de un vecino;* en *el trabajo;* por *la televisión.*
Enternecerse   con *un bebé.*
Enterrar   en *el cementerio.*
Enterrarse   en *vida.*
Entonar   (*un color*) con *otro.*
Entrar
a *comprar;* con *buen pie;* de *cartero;* en *la tienda;* hacia *las diez;* hasta *el almacén;* por *la puerta grande.*
Entregar   (*algo*) a *alguien.*
Entregarse
a *la familia;* en *manos del destino;* sin *condiciones.*
Entremezclar(se)
con *agua;* en *el asunto.*
Entrenarse
con *el monitor;* en *el equipo.*
Entresacar   (*datos*) de *una revista.*
Entretenerse
con *un juego;* en *mirar tiendas.*
Entrevistarse
con *la directora;* en *el despacho.*
Entristecerse   con/de/por *la desgracia.*
Entrometerse
en *todo;* entre *una pareja.*
Entroncar   con *algo.*
Entronizar   en *el corazón.*
Entusiasmarse
con *un viaje;* por *una persona.*
Envanecerse   con/de/por *el éxito.*
Envejecer
con *buen ánimo;* de *golpe;* por *la vida dura.*
Envenenar
a *la víctima;* con *cianuro.*

Envenenarse   de/por *tomar setas.*
Enviar
a *casa;* (a) por *comida;* con *franqueo de urgencia;* por *correo.*
Enviciarse
con *el tabaco;* en *el casino;* por *las malas compañías.*
Envolver(se)
con *una bufanda;* en *un papel;* entre *las sábanas.*
Enzarzarse   en *una pelea.*
Equidistar   de *Segovia y Ávila.*
Equipar(se)   con/de *ropa de verano.*
Equiparar   a/con *un modelo.*
Equivaler   a *diez marcos.*
Equivocar   (*unas cosas*) con *otras.*
Equivocarse
al *escribir;* de *persona;* en *un número.*
Erigir(se)   en *juez.*
Errar
en *todo;* por *el mundo.*
Escabullirse
de *los compromisos;* de/de entre/por entre *la gente;* por *la puerta;*
Escamarse   de/por *algo.*
Escandalizarse   de/por *lo ocurrido.*
Escapar(se)
a *la carrera;* al *extranjero;* con *vida;* de *las manos;* en *una avioneta;* sobre *un caballo.*
Escarbar   en *el pasado.*
Escarmentar
con/de/por *lo ocurrido;* en *la propia carne.*
Escindirse   en *partes.*
Escoger
del *grupo;* entre *varios;* para *el papel principal;* por *compañero.*
Esconderse
bajo/debajo de *la mesa;* de *la policía;* en *el sótano;* entre *la multitud.*
Escribir
a *mano;* de/sobre *cine;* desde *Alicante;* en *papel de avión;* para *una revista;* por *encargo.*
Escuchar
con *atención;* en *silencio.*
Escudarse   en *los padres.*
Escudriñar
entre *los papeles;* en busca de *algo.*

p

Esculpir
a *cincel;* en *la piedra.*
Escupir
a *la cara;* en *la calle.*
Escurrirse
al *suelo;* **de/de entre/entre** *las manos;* en *el hielo.*
Esforzarse
a/en *estudiar;* **para** *no suspender;* **por** *aprobar.*
Esfumarse
ante *sus ojos;* **de** *la vista;* **en** *la distancia;* **por** *el aire.*
Esmaltar
al *fuego;* **con/de** *color.*
Esmerarse
en *el trabajo;* **por** *ser simpático.*
Espantarse
al *saber la verdad;* **ante** *lo ocurrido;* **con/de/por** *el ruido.*
Esparcir **por** *toda la casa.*
Especializarse **en** *Literatura.*
Especular
con *lo ajeno;* **en** *filosofía;* **sobre** *un suceso.*
Esperar
a *tener más suerte;* **de** *los amigos;* **en** *casa;* **para** *salir.*
Espolvorear **con** *canela.*
Establecerse
de *farmacéutico;* **en** *Barcelona.*
Estafar
con *billetes falsos;* **en** *un negocio.*
Estampar
a *mano;* **con** *un sello;* **contra** *la pared;* **en** *madera;* **sobre** *la tela.*
Estancarse **en** *la profesión.*
Estar
a *la disposición de alguien;* **bajo** *las órdenes de un superior;* **con** *fiebre;* **contra** *el régimen;* **de** *vuelta;* **en** *el fútbol;* **entre** *extraños;* **para** *salir;* **por** *un chico;* **sin** *sosiego;* **sobre** *un asunto;* **tras** *una mujer;* **tras de** *un empleo.*
Estimar
a *alguien;* **en** *pesetas.*
Estimular
al *estudio;* **con** *dinero.*
Estirar **de** *la cuerda.*
Estragarse

con *la bebida;* **de** *comer;* **por** *el exceso de grasa.*
Estrechar
entre *los brazos;* (*una relación*) **con** *alguien.*
Estrellarse
con *el coche;* **contra** *un árbol;* **en** *la piscina;* **sobre** *el pavimento.*
Estremecerse **de** *horror.*
Estrenarse
con *una novela;* **en** *un negocio.*
Estribar **en** *algo.*
Estudiar
con *un compañero;* **en** *casa;* **para** *ingeniero;* **por** *libre;* **sin** *ayuda.*
Evadirse **de** *los problemas.*
Evaluar (*los gastos*) **en** *un millón de pesetas.*
Exagerar
con *los regalos;* **en** *la cantidad.*
Examinar(se)
a *fin de mes;* **de** *latín;* **en** *el instituto;* **para** *nota;* **por** *parciales.*
Exceder a *la imaginación.*
Excederse
de *lo previsto;* **en** *los gastos.*
Exceptuar **de** *la regla.*
Excitar a *la violencia.*
Excluir **de** *la fiesta.*
Exculpar **de** *una falta.*
Excusarse
con *el amigo;* **de** *ir a la fiesta;* **por** *el retraso.*
Exhortar
a *dejar un vicio;* **con** *argumentos.*
Exhumar **del** *olvido.*
Eximir **del** *entrenamiento.*
Exonerar **de** *impuestos.*
Expansionarse **con** *la familia.*
Expeler
del *cuerpo;* **por** *la boca.*
Explayarse
con *las amigas;* **en** *discursos.*
Exponerse
al *peligro;* **ante** *el adversario.*
Expresarse
con *gestos;* **de** *palabra;* **en** *italiano;* **por** *escrito.*
Expulsar **de** *la escuela.*
Expurgar **de** *lo malo.*

Extender sobre *la arena*.
Extenderse
a/hacia/hasta *la costa*; de *lado* a *lado*;
desde *Cáceres*; en *paralelo*; por *la frontera*.
Extraer
con *máquinas*; de *la mina*.
Extralimitarse en *sus derechos*.
Extrañarse de *lo sucedido*.
Extraviarse
del *camino*; en *sus reflexiones*; por *el
camino*.
Extremarse en *atenciones*.

Fallar
a **favor** de/contra /en contra de/en
favor de *el acusado*; por *su base*.
Fallecer
a **manos** del *asesino*; de *muerte natural*;
en **brazos** de *la esposa*; en *un accidente
aéreo*.
Faltar
a *la palabra*; de *casa*; en *algo*; por *hacer*.
Familiarizarse con/en *el uso del
ordenador*.
Fatigarse
de *andar*; por *cualquier cosa*.
Favorecer
a *un pariente*; con *una beca*.
Favorecerse de *la amistad*.
Felicitarse de *los logros de los hijos*.
Fiar (*algo*) a *un conocido*.
Fiarse de *la palabra*.
Fichar por *un club*.
Figurar
de *director*; en *cartelera*.
Fijar
a/en *la pared*; con *chinchetas*.
Fijarse en *todo*.
Firmar
con *la inicial*; de *propia mano*; en *blan-
co*; por *orden*.
Fisgar en *los cajones*.
Flamear
al *viento*; en *el aire*.
Flanquear por *todas partes*.

Flaquear
en *la voluntad*; por *la base*.
Flojear
de *las piernas*; en *el trabajo*.
Florecer en *sabiduría*.
Fluctuar en/entre *varios puntos*.
Fluir
de *la fuente*; por *el grifo*.
Forjar con/de/en *acero*.
Formar
con *buenos principios*; en *fila*; entre *los
soldados*; por *departamentos*.
Forrar con /de/en *tela*.
Forrarse de *millones*.
Fortificarse
con *barricadas*; contra *el adversario*; en
el castillo.
Forzar
a *ir*; con *amenazas*.
Fracasar en *el examen*.
Franquearse
a *un hermano*; con *el compañero*.
Freír
a *fuego lento*; con/en *aceite*.
Frisar en/en torno a *los treinta*.
Frotar
con *las manos*; contra *la pared*.
Fugarse de *casa*.
Fumar
con/sin *boquilla*; en *pipa*.
Fundarse en *argumentos*.
Fundirse
a/con *el sol*; por *el cortacircuito*.

Ganar
a *las cartas*; con *el cambio*; en *el juego*;
para *vivir*; por *la mano*.
Gastar
con *alegría*; en *juergas*.
Girar
a/hacia *el extremo*; a **cargo** de *un
banco*; **alrededor** del *poste*; en **torno** al
mismo punto; sobre *su eje*.
Gloriarse
de *algo*; en *el Señor*.

Conjugar es fácil

régimen preposicional

Gobernarse   por *extraños*.
Golpear   con *un palo*.
Gotear   de *la cañería*.
Gozar   de *una buena situación*.
Grabar
al *aguafuerte*; con *micrófono*; en *cinta*;
sobre *madera*.
Graduarse
de *licenciado*; en *físicas*.
Gravar
con *impuestos*; en *un 15%*.
Gravitar   sobre *la tierra*.
Guardar
bajo *llave*; con *candado*; del *calor*; en *la
memoria*; entre *la ropa*; para *otro
momento*.
Guardarse   de *las malas compañías*.
Guarecerse
bajo *techo*; del *frío*; en *un portal*.
Guarnecer
con *ensalada*; de *patatas*.
Guasearse   de *otro*.
Guerrear   con/contra   *los extranjeros*.
Guiar
a/hacia/hasta   *la salida*;   a través
de/por   *el campo*; con *una linterna*; en
la oscuridad.
Guiarse   con/por   *una brújula*.
Gustar   de *la buena comida*.

Haber
de *venir*; (*dinero*) en *el banco*; (*suficiente*) para *uno*; (*dos*) por *persona*.
Habilitar
con *muebles antiguos*; de *almacén*; para
el cargo.
Habitar   en *León*
bajo *techo*; con *sus hijos*; entre *niños*.
Habituarse   a *las costumbres*.
Hablar
acerca de/de/sobre   *el tiempo*; con *los
padres*; en *nombre de todos*; entre *ellos*;
por *los otros*; sin *sentido*.
Hacer
(*algo*) con *mucho esfuerzo*; de *padre y*

madre; (*algo*) en *poco tiempo*; (*algo*)
para *el compañero*; (*todo*) por *los hijos*;
(*algo*) sin *ganas*.
Hacerse
al *trabajo*; con/de   *los materiales adecua-
dos*; en *la forma correcta*.
Hallar
en *el suelo*; por *la calle*.
Hallarse
a *un paso de algún sitio*; de *paso*; en *el cine*.
Hartarse
a *correr*; con *pasteles*; de *vino*.
Hastiarse
con *los exámenes*; de *las fiestas*.
Helarse   de *frío*.
Henchir
con *lana*; de *satisfacción*.
Heredar
a/de   *un tío*; por *vía materna*.
Herir
de *gravedad*;   en *el amor propio*.
Hermanar(se)
(*unos*) con *otros*; entre *sí*.
Herrar
a *fuego*; en *caliente*.
Hervir
a *fuego rápido*; con *poca agua*; (*un local*)
de *gente*; en *una olla*; sobre *el fogón*.
Hilar   con *lana*.
Hincar   en *la tierra*.
Hincarse
a *los pies*; de *rodillas*.
Hincharse
a *comer*; con *la comida*; de *bollos*.
Holgarse
con *su trato*; de *todo*.
Honrarse
con *la visita*; en *tener su amistad*.
Horrorizarse   con/de/por   *lo sucedido*.
Huir
a *otro país*; ante *los problemas*; de *casa*.
Humedecer
con *la lengua*; de/en   *agua*.
Humillarse
a/ante   *un superior*; a *hacer algo*; con *los
inferiores*.
Hundirse   en *la miseria*.
Hurgar   en *la herida*.
Hurtar
(*algo*) al *vendedor*; de *los almacenes*.

Hurtarse
a *la vista*; de *la mayoría*.

Identificar a *un delincuente*.
Identificar(se) con *los profesionales*.
Igualar(se)
a/con *los compañeros*; en *conocimientos*.
Imbuir de *ideas*.
Imitar
a *un actor*; con/en *los gestos*.
Impacientarse
con/por *el retraso*; de *esperar*; por *llegar*.
Impeler
a *hacer algo*.
Impermeabilizar
con *plástico*; contra *el agua*.
Implicar
a *la familia*; en *el asunto*.
Implicarse
con *alguien*; en *un tema*.
Imponer (*algo*) a/sobre *los demás*;
Importar
(*algo*) a *alguien*; (*algo*) de/desde *otro país*.
Importunar con *preguntas*.
Imposibilitar para *hacer algo*.
Impregnar(se) con/de/en *grasa*.
Imprimir
con *la impresora nueva*; en *el corazón*;
sobre *papel satinado*.
Impulsar a *hacer cosas nuevas*.
Imputar (*algo*) al *rival*.
Incapacitar para *el deporte*.
Incautarse de *cosas*.
Incidir en *el tema*.
Incitar
a *la violencia*; contra *el enemigo*.
Inclinar
a *la benevolencia*; en favor de *los débiles*.
Inclinarse
a/hacia *un lado*; ante *las circunstancias*;
hasta *el suelo*; por *un color*; sobre *la mesa*.

Incluir
en *los gastos*; entre *los invitados*.
Incorporar a/en *un archivo*.
Incorporarse al *trabajo*.
Incrementar(se) en *miles de pesetas*.
Incrustarse en *la piel*.
Inculcar
(*una idea*) a *los hijos*; en *la mente*.
Inculpar de *una infracción*.
Incumbir a *alguien*.
Incurrir en *delito*.
Indemnizar
con *dinero*; del *accidente*; por *el daño*.
Independizarse
de *la familia*; en *las cuestiones económicas*.
Indigestarse
con *pescado*; de *comer fruta*; por *beber leche*.
Indignarse
con *el novio*; contra *el vecino*; de/por *su conducta*.
Indisponer
con *mentiras*; contra *un amigo*.
Inducir a *cometer un crimen*.
Indultar
de *la pena*; por *buena conducta*.
Inferir
del *suceso*; por *lo visto*.
Infestar con/de *virus*.
Infiltrarse
en *el ejército enemigo*; entre *los otros*.
Inflamar(se) de/en *ira*.
Inflar(se) de *aire*.
Influir
ante *el jurado*; con *el compañero*; en *la decisión*; para *el perdón*; sobre *las conclusiones*.
Informar
del *viaje*; en *el congreso*; sobre *el tema*.
Infundir (*ánimos*) a/en *alguien*.
Ingeniarse
con *cualquier recurso*; para *sobrevivir*.
Ingerir
con *una paja*; de *un golpe*; por *la boca*.
Ingerirse en *asuntos ajenos*.
Ingresar en *la academia*.
Inhabilitar para *la carrera*.
Inhibirse
de *hacer algo*; en *el asunto*.

Iniciar(se) en *un idioma*.
Injetar en *una maceta*.
Inmiscuirse en *la vida de otro*.
Inmolar
a *los dioses*; en **aras** de *un ideal*; **por** *la
patria*.
Inquietarse **con/de/por** *las notas*.
Inscribir(se) en *el club*.
Insertar en *un archivo*.
Insinuarse
a *alguien*; **con** *halagos*.
Insistir en *pagar*
Insolentarse **con/contra** *el oficial*.
Inspirar a *alguien*.
Inspirarse de *Cervantes*; en *El Quijote*.
Instalar en *la habitación*.
Instalarse en *otra ciudad*.
Instar
a *hacerlo*; **sobre** *el asunto*.
Instigar a *hacer una fechoría*.
Instruir
en *las ciencias*; **sobre** *química*.
Insubordinarse **contra** *el director*.
Insurreccionarse **contra** *el gobierno*.
Integrar(se) en *un equipo*.
Intercalar en *las actividades*.
Interceder
ante *el jefe*; en **favor** de *un compañero*;
por *un amigo*.
Interesarse **en/por** *algún*.
Interferir(se) en *un asunto*.
Internar en *un colegio*.
Internarse
en *el bosque*; **por** *la jungla*.
Interponerse
en *la discusión*; **entre** *los hijos*.
Interpretar
del *alemán* al *español*; **en** *francés*.
Intervenir
con *el padre*; **en** *todo*; **para** *el reparto*;
por *la acusada*.
Intimar **con** *María*.
Introducir(se)
en/por *todas partes*; **entre** *la gente*.
Inundar
de *agua*; **en** *lágrimas*.
Invernar en *el sur*.
Invertir en *un negocio*.
Investir
con *un título*; **de** *doctor honoris causa*.

Invitar
al *teatro*; **con** *una carta*.
Involucrar
a *un extraño*; **en** *el tema*.
Inyectar en *vena*.
Ir
a *comer*; **con** *la compañía*; **contra** *el
equipo*; **de** *paseo*; **de** *un sitio* **para** *otro*;
desde *Gijón*; **en** *tren*; **entre** *árboles*;
hacia/hasta *Gerona*; **por** *el camino más
corto*; **tras** *el delincuente*.
Irritarse
con/contra *el árbitro*; **por** *todo*.
Irrumpir en *la habitación*.

Jactarse de *los propios logros*.
Jaspear **de** *colores*.
Jubilar(se) **del** *trabajo*.
Jugar
al *tenis*; **con** *un amigo*; **contra** *una pareja*; **por** *otro*.
Juntar (*una cosa*) **a/con** *otra*.
Juntarse
con *los amigos*; **en** *una casa*.
Jurar
en *falso*; **por** *el honor*; **sobre** *la Biblia*.
Justificar(se)
ante *los padres*; **con** *el amigo*; **de** *lo ocurrido*.
Juzgar
a *un inocente*; **de** *imprudente*; **entre**
varios; **por** *un crimen*; **según** *la costum-
bre*.

Labrar a *cincel*
Ladear(se) **a/hacia** *un lado*.
Ladrar a *un transeúnte*.
Lamentar(se) **de/por** *la desgracia*.
Languidecer de *tristeza*.
Lanzar

régimen preposicional

al *tejado*; **con** *un tirachinas*; **contra** *la gente*; **de/desde** *un escondite*.
Lanzarse
al *vacío*; **con** *salvavidas*; **contra** *el oponente*; **en** *paracaídas*; **hacia** *la izquierda*; **sobre** *la red*.
Largarse **de** *la oficina*.
Lastimarse
con *una zarza*; **contra** *el muro*; **en** *un pie*.
Lavar
con *agua*; **en** *la pila*.
Leer
a *Cortázar*; **con** *luz eléctrica*; **de** *corrido*; **en** *la biblioteca*; **entre** *líneas*; **por** *encima*.
Legar **a** *los hijos*.
Levantar
al *bebé*; **de** *la cuna*; **en** *brazos*; **por** *el aire*; **sobre** *los hombros*.
Levantarse
con *dolor de cabeza*; **contra** *la dictadura*; **de** *la cama*; **en** *armas*.
Liar **con** *bellas palabras*.
Liarse
a *golpes*; **con** *alguien*.
Liberar
al *rehén*; **de** *un deber*.
Liberarse **de** *una carga*.
Librar **a cargo de/contra** *una entidad*.
Licenciarse
del *ejército*; **en** *Periodismo*.
Lidiar **con/contra** *la gente*; **por** *algo*.
Ligar
a *Carlos*; **con** *Laura*; **en** *un bar*.
Ligarse **con** *una institución*.
Limitar
con *Galicia*; **por** *el Oeste*.
Limitarse **a** *escuchar*.
Limpiar
con *un trapo*; **de** *barro*; **en** *seco*.
Limpiarse
con *la esponja*; **de** *manchas*; **en** *la toalla*.
Lindar **con** *un prado*.
Lisonjear **con** *palabras amables*.
Litigar
con/contra *un compañero*; **de/por** *una medalla*; **sobre** *un aspecto*.
Llamar
a *la puerta*; **con** *los nudillos*; **de** *tú*; **por** *teléfono*.

Llamarse **a** *error*.
Llegar
al *cine*; **con** *un amigo*; **de/desde** *París*; **en** *tren*; **hasta** *la frontera*; **por** *los pelos*.
Llenar
con *agua*; **de** *leche*; **hasta** *el borde*.
Llevar
al *trabajo*; **con** *calma*; **en** *coche*; **por** *piezas*; **sobre** *los hombros*.
Llevarse
(bien) **con** *todos*; **de** *las pasiones*; *(algo)* **por** *delante*.
Llorar
con/de *emoción*; **por** *pena*.
Llover
a *cántaros*; **sobre** *el asfalto*.
Loar **por** *su paciencia*.
Localizar
a *un amigo*; **en** *la guía*.
Lograr *(algo)* **de** *alguien*.
Lucir
ante *todos*; **bajo** *los focos*; **sobre** *el vestido*; **tras** *las cortinas*.
Lucirse **en** *una representación*.
Lucrarse
a base de *robar*; **con** *los beneficios*.
Luchar
con/contra *el forastero*; **contra** *viento y marea*; **por** *un premio*.

Maldecir
al *culpable*; **con** *juramentos*; **de/por** *todo*.
Malearse **con/por** *las compañías*.
Malgastar **en** *caprichos*.
Malmeter **con/contra** *un compañero*.
Maltratar
a *los niños*; **de** *palabra*; **hasta** *hacer daño*; **sin** *piedad*.
Mamar
con *ansia*; **de** *la madre*.
Manar **de** *la fuente*.
Manchar
con *aceite*; **de** *tinta*.
Mandar

Conjugar es fácil

a *comprar algo*; **de** *recadero*; **en** *la pandilla*; **entre** *los amigos*; **por** *agua*.

Manifestarse
a **favor/en contra de** *una idea*; **en** *política*; **por** *la calle principal*.

Manipular
a *la gente*; **con** *cuidado*; **en** *la máquina*.

Mantener
(relaciones) **con** *alguien*; **en** *buen estado*.

Mantenerse
en *forma*; **del** *aire*; **con** *buen ánimo*.

Maquinar
con *un compañero*; **contra** *el jefe*.

Maravillarse **con/de/por** *el espectáculo*.

Marcar
a *mano*; **con** *rotulador*; **por** *todas partes*.

Marchar(se)
a *León*; **de** *Burgos*; **desde** *Salamanca*; **hacia** *Pamplona*; **hasta** *Valladolid*; **por** *tren*.

Matar
a *golpes*; **con** *una bala*; **de** *un disgusto*; **en** *la silla eléctrica*; **por** *accidente*.

Matizar **con/de** *numerosas precisiones*.

Matricularse
de *segundo curso*; **en** *el bachillerato*; **por** *libre*.

Mecer
a *la niña*; **con** *cuidado*; **en** *una cuna*.

Mediar
con/entre/por *los enfrentados*; **en** *la discusión*.

Medir
a *mano*; **con** *un metro*; **por** *palmos*.

Medirse
con *un metro*; **en** *la farmacia*.

Meditar **en/sobre** *los problemas sociales*.

Medrar **en** *el trabajo*.

Mejorar **de/en** *el nivel de vida*.

Merecer
con *creces*; **de/para** *su cargo*; **por** *su esfuerzo*.

Mermar **en** *volumen*.

Merodear **por** *la urbanización*.

Mesurarse **en** *las formas*.

Meter
(a alguien) a *trabajar*; **de** *jardinero*; **en/por** *vereda*; **entre** *el equipaje*.

Meterse
con *alguien*; **en** *un lío*; **entre** *el gentío*.

Mezclar
(algo) a/**con** *algo*; **en** *una sartén*.

Mezclarse
a/**con/entre** *los manifestantes*; **en** *jaleos*.

Militar **en** *un partido feminista*.

Mirar
a/**hacia** *el techo*; **con** *simpatía*; **de** *través*; **por** *sus derechos*; **sobre** *la mesa*.

Mirarse a/**en** *el espejo*.

Moderarse **en** *las críticas*.

Mofarse **de** *alguien*.

Mojar(se) **con/en** *agua fría*.

Moler(se)
a *trabajar*; **con** *tanto trabajo*.

Molestar **con** *demasiadas preguntas*.

Molestarse **en** *responder*.

Mondarse **de** *la risa*.

Montar
a *horcajadas*; **en** *barca*; **sobre** *sus espaldas*.

Morar **en** *una lujosa villa*.

Morir(se)
a **causa de** *una enfermedad*; **de** *pena*; **en** *su casa*; **entre** *sus seres queridos*; **para** *dar la vida a alguien*.

Mortificarse **con** *sentimientos de culpa*.

Motejar **de** *entrometido*.

Motivar
con *una recompensa*; **en** *el trabajo*.

Mover(se)
a *actuar*; **con** *decisión*; **de** *aquí para allá*; **por** *una causa justa*.

Mudar(se)
a *una casa más grande*; **de** *traje*; **en** *los propósitos*.

Multiplicar **por** *diez*.

Murmurar **de** *alguien*.

Nacer
al *mediodía*; **con** *pocos recursos*; **de** *padres campesinos*; **en** *un pueblo*; **para** *un alto destino*.

Nacionalizarse **en** *otro país.*
Nadar
a *braza;* **contra** *corriente;* **de** *espaldas;* **en**
el río; **hacia** *la orilla.*
Navegar
a/hacia/para *alta mar;* **con/en** *un*
barco pesquero; **contra** *el viento;* **entre** *el*
oleaje.
Necesitar
(alguien) **de** *algo;* **para** *comer.*
Negarse **a** *confesar los hechos.*
Negociar
con *una empresa;* **en** *un traspaso.*
Nivelarse **al/con** *el resto de los traba-*
jadores.
Nombrar **para** *ministro de defensa.*
Notar *(un cambio)* **en** *casa.*
Notificar **de** *un cambio de destino.*
Nutrir(se)
con/de *alimentos naturales;* **en** *abun-*
dancia.

Obcecarse **con/en/por** *una idea fija.*
Obedecer
a *la profesora;* **con** *rapidez;* **sin** *dudarlo.*
Obligar
a *reparar su falta;* **con** *su autoridad;* **por**
la fuerza.
Obrar
a *conciencia;* **con** *responsabilidad;* **en**
provecho propio; **por** *el bien ajeno.*
Obsequiar **con** *dulces.*
Obsesionarse **con/por** *alguien.*
Obstar *(algo)* **a/para** *un fin.*
Obstinarse
(en ir) **contra** *todo;* **en** *llevar la contraria.*
Obtener(se)
(algo) **con** *esfuerzo;* **de** *buenas maneras*
de *alguien.*
Ocultar
a/de *la vista;* **con** *unas cortinas;* **detrás**
de/tras *la puerta;* **entre** *las páginas de*
un libro.
Ocuparse **con/de/en** *el cuidado de sus*
animales.

Ocurrir **con** *celeridad.*
Odiar **a/de** *muerte.*
Ofenderse **con/de/por** *un agravio.*
Oficiar **de** *testigo.*
Ofrecerse
a/para *trabajar;* **de** *camarero;* **en cali-**
dad de *ayudante.*
Oír
bajo/en *secreto;* **con** *interés;* **de** *boca de*
alguien; **por** *las paredes.*
Oler **a** *flores.*
Olvidarse **de** *guardar las apariencias.*
Operarse **de** *una rodilla.*
Opinar
acerca de/de/en/sobre *literatura;* **con**
juicio.
Oponer *(algo)* **a/contra** *algo.*
Oponerse
al *sistema judicial;* **con** *firmeza.*
Opositar **a** *notarías.*
Oprimir
a *los ciudadanos;* **con** *violencia.*
Optar
a/por *una carrera;* **entre** *dos posibilidades.*
Orar **en favor de/por** *los muertos.*
Ordenar(se)
de *sacerdote;* **en/por** *colores.*
Organizar *(algo)* **en/por** *partes.*
Orientar(se)
a/hacia *el sur;* **por** *una brújula.*
Oscilar **entre** *dos deseos.*

Pactar
con/entre *los adversarios;* **por** *necesi-*
dad.
Padecer **con/de/por** *unas fiebres.*
Pagar
a *un banco;* **de** *la fianza;* **en/con** *dinero*
en *efectivo;* **por/para** *el alquiler del*
local.
Paladearse **con** *un postre casero.*
Paliar *(algo)* **con** *algo.*
Palidecer
ante/bajo/con *las adversidades;* **de**
terror.

Palpar
con *cuidado*; (*algo*) **entre** *algo*; **por** *encima*.

Parar(se)
a/ante/en *la entrada*; con *un frenazo*; de *golpe*; **entre** *los coches*.

Parecerse
a *alguien*; de/en *el perfil*.

Participar
de *los beneficios*; **en** *el sorteo*.

Particularizarse
(*algo*) con *precisión*; (*alguien*) **en** *el trato con alguien*.

Partir
a/hacia/para *América*; con *tristeza*; de *su tierra*; **en** busca de *fortuna*; **por** *necesidad*.

Pasar
al *salón*; **ante** *la audiencia*; **bajo** *la puerta*; de *fecha*; **en** *tropel*; **entre** *el público*; por/sobre *el puente*.

Pasarse
de *gracioso*; **sin** *trabajar*.

Pasear
a/con *los niños*; en/por *el campo*; **sobre** *la hierba*.

Pasearse a *caballo*.

Pasmarse con/de *la noticia*.

Pavonearse con/de *la victoria*.

Pecar
con/en *el pensamiento*; **contra** *la decencia*; de/por *franqueza*.

Pedir
a *los magistrados*; **en** *préstamo*; **para** *el autobús*; **por** *los necesitados*.

Pegar
(*algo*) a/en *algo*; con *pegamento*; **contra** *el reverso*.

Pegarse (*alguien*) a/con *alguien*.

Pelear(se)
con/contra *alguien*; **en** *defensa propia*; **por** *tonterías*.

Peligrar de *muerte*.

Penar
de *deseo*; **en** *el exilio*; **por** *su vida*.

Pender
ante/de/sobre *su cabeza*; **en** *el vacío*.

Penetrar
en *la casa*; **entre/por** *la espesura*; **hacia/hasta** *el interior*.

Pensar
(*algo*) de *alguien*; en/sobre *sus problemas*; **entre/para** *sí*.

Percatarse de *algo*.

Percibir (*algo*) **por** *algo*.

Perder a/en *el parchís*.

Perderse
en *la feria*; **por** *holgazán*.

Perecer
a *las doce de la noche*; de *pulmonía*; **en** *el hospital*.

Peregrinar a/por *tierras lejanas*.

Perfumar con *agua de rosas*.

Permanecer
con *salud*; **en** *silencio*; **hasta** *mañana*; **sin** *cambios*; **tras** *su objetivo*.

Permutar con/por *dos días de permiso*.

Perpetuar(se) **en** *sus obras*.

Perseguir
al *ladrón*; **en** *coche*; **entre** *la gente*.

Perseverar **en** *el empeño*.

Persistir **en** *la decisión tomada*.

Personarse
ante *la juez*; **en** *las urnas*.

Persuadir
con *ardor*; de *su valía*.

Pertenecer a *un partido*.

Pertrecharse
con/de *víveres*; **para** *el asedio*.

Pesar **sobre** *la conciencia*.

Picar
de *la nevera*; **en** *todo momento*.

Picarse
con *sus compañeros*; **en** *la reunión*; **por** *sus críticas*.

Pinchar(se)
con *una espina*; **en** *un dedo*.

Pintar
a *la acuarela*; con *pinceles*; de *rojo*; **en** *la pared*.

Pirrarse **por** *los dulces*.

Pisar
con *los pies descalzos*; en/por/sobre *las piedras*.

Pitorrearse de *alguien*.

Plagarse de *deudas*.

Planear **sobre** *las colinas*.

Plantar **en** *el jardín*.

Plantarse **en** medio de *una celebración*.

Plañir   de *dolor*.
Plasmar   (*una idea*) **en** *un dibujo*.
Pleitear
con/contra   *la empresa*; **por** *conseguir derechos*.
Poblar
con/de   *pinos*; **en** *profundidad*.
Poblarse   **de** *edificios*.
Poder   (subir) **con** *dificultad*.
Ponderar   **de** *grandioso*.
Poner(se)
a/ante   *la vista*; **bajo** *resguardo*; **como** *condición*; **contra** *alguien*; **de** *manifiesto*; **en** *cuestión*; **entre** *interrogaciones*; **sobre** *el tablero*.
Porfiar
con/contra   *los adversarios*; **en** *la lucha*; **sobre** *algo*.
Portarse   **con** *dignidad*.
Portear
con/en   *un camión*; **por** *tierra*.
Posar
ante/para   *el fotógrafo*; **en** *una foto*; **sobre** *un caballo*.
Posarse   (*un insecto*) **en/sobre** *algo*.
Posesionarse   **de** *una propiedad*.
Posponer   **a/hasta**   *la primavera*.
Postrarse
en/por   *el suelo*; **ante** *la concurrencia*; **del** *susto*.
Practicar   **en** *un gimnasio*.
Precaverse   **contra/de**   *el frío*.
Preceder   **en** *edad*.
Preciarse   **de** *experto*.
Precipitarse
a *su encuentro*; **de/desde**   *lo alto*; **en** *sus brazos*; **por** *la ladera*.
Predestinar   **a/para** *la magia*.
Predisponer   (*a una persona*) **a/contra/para**   *algo*.
Predominar   (*algo*) **en/sobre**   *algo*.
Preferir   (*algo*) **a/entre** *algo*.
Preguntar
a *los presentes*; **con** *curiosidad*; **por** *lo ocurrido*.
Prendarse   **de** *sus ojos*.
Prender
(*un broche*) **a/de/en** *un vestido*; **con** *alfileres*.
Preocuparse   **con/de/por** *alguien*.

Prepararse
a *oír de todo*; **contra/para**   *el frío*.
Prescindir   **de** *ayuda*.
Presentar   **para** *concurso*.
Presentarse
al *auditorio*; **bajo** *candidatura*; **con** *retraso*; **de** *improviso*; **en** *su ciudad*; **por** *Sevilla*.
Preservar(se)   **contra/de**   *la gripe*.
Presidir
en *un certamen*; **por** *la antigüedad*.
Prestar
(*algo*) **a** *alguien*; (*algo*) **para** *una temporada*; **sobre** *garantía*.
Prestarse   **a** *ayudar*.
Presumir   **de** *riqueza*.
Presupuestar   **en** *cinco millones de pesetas*.
Prevalecer   (*algo*) **entre/sobre**   *algo*.
Prevenir   (*a alguien*)   **contra/de/sobre**   *algo*.
Prevenirse
a *tiempo*; **con** *unos ahorros*; **contra/de/en/para**   *la escasez*.
Principiar   (*algo*) **con/en/por** *algo*.
Pringarse
con/de   *chocolate*; **en** *un delito*.
Privar(se)   **de** *algo*.
Probar
a *hacer un injerto*; **de** *todo*.
Proceder
a/en   *la investidura*; **con/sin**   *orden*; **contra** *los acusados*.
Procesar   (*a alguien*) **por** *algo*.
Procurar   (*algo*) **para/por** *algo*.
Prodigarse   **en** *palabras*.
Producir(se)
(*algo*) **ante** *alguien*; **en** *cadena*.
Progresar   **en** *matemáticas*.
Prohibir
bajo *cualquier concepto*; **de** *forma terminante*.
Prolongar(se)   (*la sesión*) **en** *horas*.
Prometer
(*algo*) **a** *alguien*; **en** *privado*; (*algo*) **por** *algo*.
Promover   (*a alguien*) **a/para** *algo*.
Pronunciarse   **en** favor **de/por** *alguien*.
Propagar   (*un rumor*) **en/por**   *todo el pueblo*; **entre** *la gente*.

p

régimen preposicional

Propagarse (un fuego) **al** piso de arriba; **por** todas partes.
Propasarse
(alguien) **a** costa de/con alguien; (alguien) **en** algo.
Propender (alguien) **a** algo.
Proponer
(algo) **a** alguien; **en** público; (a alguien) **para/por** algo.
Proporcionar
(algo) **a** alguien; (algo) **para** algo.
Prorrogar **por** un año.
Prorrumpir **en** sollozos.
Proseguir (alguien) **con/en** algo.
Prosternarse
a/para rezar; **ante** el icono; **en** la iglesia.
Prostituir
a alguien; **en** provecho propio; **por** interés.
Proteger(se)
a alguien; **contra/de** la lluvia.
Protestar
contra/por el desempleo; **de** forma organizada.
Proveer
a los agricultores; **con/de** suficiente maquinaria.
Provenir **de** un ambiente urbano.
Provocar
a alguien; **con** una actitud.
Proyectar (algo) **a/en/sobre** algo.
Pudrirse **de** aburrimiento.
Pugnar
con/contra la sociedad; **en** un debate; **para/por** la victoria.
Pujar
con/contra el vendedor; **en/sobre** un precio; **por** una rebaja.
Purgar(se)
con una dieta; (algo) **de** algo.
Purificarse (de algo) **con** algo.

Quebrantar (una norma) **por** necesidad.
Quebrar(se)

con estrépito; **en** cuatro trozos; **por** la mitad.
Quedar(se)
a comer; **con** la mejor parte; **sin** fuerzas.
Quejarse
a/de sus vecinos; **por** todo.
Quemarse
con una cerilla; **de** deseo; **por** su amor.
Querellarse
ante el juez;**contra** la empresa; **por** los impuestos.
Querer **con** pasión.
Quitar(se) **de** en medio.

Rabiar
de indignación; **por** el ultraje.
Radiar **en/por** onda larga.
Radicar (algo) **en** algo.
Raer **con** el uso.
Ramificarse **en** muchas direcciones.
Ratificarse **en** la oferta.
Rayar
con un lápiz; **en** lo imposible.
Razonar
con corrección; **sobre** filosofía.
Rebajar
(una salsa) **con** agua; **del** precio de venta.
Rebajarse
a reconocer su error; **ante** los asistentes; **de** su orgullo.
Rebasar (los límites) **de** algo.
Rebatir
a su interlocutor; **con** buenos argumentos; **de** su postura.
Rebelarse **contra** sus padres.
Rebosar
de salud; (algo) **en** algo; **hasta** el borde.
Rebozar **en** harina y huevo.
Recabar
con esfuerzo; (algo) **de** alguien.
Recaer (la responsabilidad) **en/sobre** alguien.
Recapacitar **sobre** su actitud.
Recargar (un vestido) **con/de** adornos.

Recatarse   de las miradas.
Recelar(se)   de sus compañeros.
Recetar
al paciente; **contra** el dolor.
Recibir
a los invitados; **de** su madre; **en** préstamo; (una carta) **por** avión.
Reclamar
a/ante/de   la justicia; **contra/por**   un fraude; **en** el juzgado.
Reclinar   (la cabeza) **contra** la pared; **en/sobre**   sus rodillas.
Reclinarse   **en**; **sobre** el sofá.
Recobrarse   **de** un disgusto.
Recoger
a sus abuelos; **con** el coche; **de/en**   la estación.
Recogerse   **a/en**   la cama temprano.
Recomendar
a su amiga; **para** el puesto.
Reconcentrarse   **en** sus problemas.
Reconciliar(se)   **con** su familia.
Reconocer
a/ante   sus hijos; **en** el acto; **entre** la gente; **por** el rostro.
Reconquistar   **del** olvido.
Reconvenir
con reproches; **por** su mala educación.
Reconvertir   **en** una industria pesquera.
Recorrer   **de/desde**   un extremo **al** otro.
Recostarse   **en/sobre**   la cama.
Recrearse   **con/en**   la pintura.
Recubrir   **con** una manta.
Recurrir
a la medicina natural; **contra** la sentencia.
Redimir   **de** sus pecados.
Redondear   **en** números exactos.
Reducir
a la mitad; **de** tamaño.
Reducirse
a lo esencial; **en** los gastos.
Redundar   **en** un perjuicio.
Reemplazar
con/por   otra empleada; **en** el puesto.
Reencarnarse   **en** otro ser.
Referirse   **a** sus negocios.
Reflejar
en el espejo; **sobre** la superficie.
Reflexionar
en solitario; **sobre** el problema.

Reformarse   **en** el reformatorio.
Refregarse
con una esponja; **contra** la hierba.
Refrescarse
con una ducha; **en** la piscina.
Refugiarse
bajo un techo; **contra** la tormenta; **en** el interior.
Refundir
en bronce; **para** hacer una estatua.
Refutar   **con** conocimiento de causa.
Regalar   (algo) **a** alguien.
Regalarse
con una buena comida; **en** la conversación.
Regar
con poca agua; **por** la noche.
Reglarse   **a/por**   las normas.
Regocijarse   **de/con/por**   la noticia.
Regodearse   **con/en**   el éxito.
Regresar   **a** su ciudad natal; **del** extranjero.
Rehabilitar   **al** empleado; **en** su anterior cargo.
Rehacerse   **de** una separación.
Rehogar
a fuego lento; **con** aceite.
Reinar
en Francia; **sobre** muchos países.
Reincidir   **en** una mala conducta.
Reincorporar   **al** equipo.
Reintegrar(se)   **a/en**   su puesto.
Reírse
con/de   alguien; **por** todo; **sin** parar.
Relacionarse   **con/entre**   los demás estudiantes.
Relajar(se)
con un masaje; **de** sus obligaciones; **en** la playa.
Relamerse   **de** gusto.
Relevar   **de** la dirección.
Rellenar   (un bizcocho) **de** crema.
Rematar
al moribundo; **con** crueldad.
Remitirse   **a** los hechos.
Remontarse
a/hasta   el pasado; **en** el vuelo; **sobre** las montañas.
Remover   **con** una cuchara.
Renacer   **a** la vida.

Rendirse
a *la evidencia*; con *resignación*; de *cansancio*.

Renegar   de *sus orígenes*.

Renunciar
a *un nombramiento*; en favor de *alguien*.

Reñir
a *sus hijos*; por *sus travesuras*.

Reparar
con *trabajo*; en *alguien*.

Repartir
a/entre   *las niñas*; en *el recreo*.

Repasar   por *las faltas*.

Repercutir   en *el ánimo*.

Reponerse   de *una discusión*.

Reposar   de *la carrera*.

Reprender   de *malas maneras*.

Representar
a *su país*; con *dignidad*; en/para   *las olimpiadas*.

Reprimirse   de *comer en exceso*.

Reputar
de/por   *bondadoso*; en *mucho*.

Requerir   de *amores*.

Resaltar   (un color) de *otro*.

Resarcirse
con *su desprecio*; de *la ofensa*.

Resbalar   con/en/sobre   *el hielo*.

Resbalarse   de/entre   *las manos*.

Rescatar
al *prisionero*; de *la cárcel*; por *el mar*.

Resentirse
con/contra   *alguien*; de/por   *un agravio*.

Reservar   (algo) a/para   *alguien*.

Reservarse
(alguien) a/para   *algo*; en *las confidencias*.

Resguardarse   del *frío*.

Residir
en *la capital*; entre *dos ciudades*.

Resignarse   a/con/en   *su tipo de vida*.

Resistir(se)   a *la tentación*.

Resolverse   a *actuar*.

Resonar
con *estrépito*; en *todo el edificio*.

Respaldarse
con *una buena abogada*; contra *la pared*.

Resplandecer
a/con/por   la *luz*; contra/en   *el horizonte*; de *belleza*.

Responder
a *las preguntas*; con *decisión*; de *su hijo*.

Responsabilizarse   de *un cargo*.

Restablecerse   de *una gripe*.

Restar   (algo) a/de   *algo*.

Restituir   a *su propietaria*.

Restregar   (algo) con/contra   *algo*.

Restringirse   al *presupuesto*.

Resucitar   de *la muerte*.

Resumir(se)   en *pocas palabras*.

Resurgir   de *sus cenizas*.

Retar
a *un desempate*; con *furia*.

Retener   en *la memoria*.

Retirarse
a *un convento*; del *mundo*.

Retorcerse   de/por   *un dolor*.

Retornar
a/de   *Italia*; en *un año*.

Retractarse   de *lo afirmado*.

Retraerse
a *su dolor*; de *las miradas*.

Retrasar   en *el pago*.

Retroceder
a/hacia   *el pasado*; en *el tiempo*.

Reunir   a *todos los vecinos*.

Reunirse   con *todos los vecinos*.

Reventar   de/por   *tanto comer*.

Revertir
a *largo plazo*; en *dinero*.

Revestir(se)   (algo) con/de   *algo*.

Revolcarse   en/por/sobre   *la arena*.

Revolver
con *prisas*; en/entre   *los cajones*.

Revolverse   contra/sobre   *el amo*.

Rezar
a/por   *sus muertos*; en *una ermita*.

Rimar   con *el verso anterior*.

Rivalizar
con *los oponentes*; en/por   *el poder*.

Rodar
al/por   *el suelo*; bajo/de   *la mesa*.

Rodearse   de *buenas compañías*.

Roer   con *los dientes*.

Rogar
a *su madre*; por *los ausentes*.

Romper
a *llover*; con *la Iglesia*; en *carcajadas*; por *un extremo*.

Rozar(se)
con/contra el techo; en el trato.

S

Saber
a gloria; de/por cierto.
Saborear con calma.
Sacar
al exterior; de la casa; en volandas; por conclusión.
Saciar(se) con/de fruta.
Sacrificarse
a trabajar duro; por sus padres.
Sacudir(se) de polvo.
Salir
a la calle; con frecuencia; en los periódicos; para senadora.
Salpicar con/de agua.
Saltar
al vacío; de rama en rama; en/por el aire.
Salvar
a su hijo; con/por sus atenciones; de caer enfermo.
Sanar
a los enfermos; con/por remedios tradicionales.
Satisfacer
a los trabajadores; con buenos sueldos.
Saturarse de trabajar.
Secar(se)
al aire; con el sol; sobre la hierba.
Secundar en la propuesta.
Sedimentar en la exposición al sol.
Segar
a mano; con tractor.
Segregar (algo) de algo.
Seguir con/en un proyecto.
Seguirse (algo) de lo hablado.
Sembrar
con/de grano; en la huerta; por mayo.
Sentarse
a la sombra; bajo un árbol; entre las flores; junto a la anfitriona; sobre un cojín; tras el arbusto.
Sentenciar
a la cárcel; en juicio público.

Sentir
con intensidad; en el alma; (algo) por alguien.
Sentirse
con/sin fuerzas; de buen humor.
Señalar con un cartel.
Señalarse
en la capacidad política; por su honestidad.
Separar(se) de su marido.
Sepultar bajo/en el olvido.
Ser
a gusto de todos; de buena calidad; por su bien.
Servir
a los ciudadanos; con lealtad; de ayuda.
Servirse de una oportunidad.
Significar (algo) a/para alguien.
Significarse por su rectitud.
Simpatizar con sus ideas.
Simultanear con otra ocupación.
Sincerarse
ante/con los amigos; de los hechos.
Sincronizarse con el ritmo de la empresa.
Singularizarse
con/en/por su trato; entre los demás.
Sisar de/en unos grandes almacenes.
Sitiar por todos los frentes.
Situar(se) en primera fila.
Sobrepasar
a los demás conductores; en inteligencia.
Sobreponerse a su nerviosismo.
Sobresalir
en ciencias; por sus aptitudes.
Sobresaltarse con/por un ruido.
Sobrevivir al accidente.
Socorrer
con casa y comida; de su grave situación.
Solazarse
con un concierto; en su casa del campo.
Solicitar
(algo) a/de alguien; (algo) para algo.
Solidarizarse con los oprimidos.
Soltar(se)
a hablar; de la cuerda.
Someterse a/bajo su custodia.
Sonar
a falso; en el piso de arriba.
Sonreír con tristeza.
Soñar con un viaje; en voz alta.

régimen preposicional

Sorprender a *alguien*.
Sospechar de *sus intenciones*.
Sostener
al *bebé*; en *los brazos*.
Subdividir en *tres partes*.
Subir
al *avión*; en *el ascensor*; por *las escaleras*.
Subordinar (*algo*) a *algo*.
Subrogar (*algo*) con/por *algo*.
Subscribirse a *una revista*.
Subsistir
con *poco*; de *la asistencia social*.
Subvenir a *las necesidades*.
Suceder (*algo*) a *alguien*.
Sucumbir a/ante/bajo la *tentación*.
Sufrir
de *dolor de cabeza*; por *los demás*.
Sujetar(se)
a *la ley*; con *una cuerda*; por *la cintura*.
Sumarse a *las protestas*.
Sumergir(se) bajo/en *el agua*.
Sumirse en *la incertidumbre*.
Supeditar a *una votación*.
Superponer(se) a *la tristeza*.
Suplicar (*algo*) a *alguien*.
Suplir
(*alguien*) a *alguien*; en *un cargo*.
Surgir
en *el cielo*; entre *las nubes*.
Surtir a *alguien*; de *alimento*.
Suspender
en *una asignatura*; por *faltas de ortografía*.
Suspirar de *amor*; por *una casa*.
Sustentarse con/de *poco*.
Sustituir
(*alguien*) a *alguien*; en *la dirección*.
Sustraerse a/de *las miradas ajenas*.

Tachar
(*a alguien*) de *inútil*; por *incapaz*.
Tachonar
con *adornos*; (*el cielo*) de *estrellas*.
Tallar
a *mano*; en *mármol*.

Tañer con *entusiasmo*.
Tapar con *una sábana*.
Tardar en *hacer la comida*.
Tarifar con *su jefe*.
Tejer con *hilo*.
Televisar en *directo*.
Temblar
con *la noticia*; de *miedo*; por *la emoción*.
Temer
a/de *alguien*; por *su vida*.
Tender a *mejorar*.
Tenderse en/por *el suelo*.
Tener
a *mano*; ante *la vista*; de/por *amigo*;
entre *manos*; para *sí*; sobre *el regazo*.
Tenerse
a *lo dispuesto*; de/en *pie*; por *importante*.
Tentar
(a *alguien*) a *hacer algo*; con *una proposición*.
Teñir con/de/en *verde*.
Terciar
con *su rival*; en *la discusión*; entre *los enemigos*.
Terminar
de *hacer su trabajo*; en *punta*; por *convencerse*.
Testimoniar
con *su palabra*; sobre *el asunto*.
Tirar
a *matar*; con *fuerza*; contra *la muralla*;
de *la manta*; sobre *el objetivo*.
Tirarse
al/por *el suelo*; entre *la hierba*.
Tiritar de *frío*.
Titubear ante/en *la decisión*.
Tocar
a *rebato* (*las campanas*); con *la mano*; de *oído*; en *la puerta*.
Tomar
a *broma*; bajo *su mando*; con/entre *sus manos*; de *la estantería*; para *sí*; por *tonto*.
Topar con/contra *la pared*.
Torcer a/hacia *un lado*.
Tostarse
al/bajo *el sol*; con *un bronceador*.
Trabajar
a *destajo*; de *profesor*; en *un oficio*; para *vivir*; por *hacerse valer*.

200

Trabar *(algo)* con *algo.*
Trabarse
al *hablar;* con *las palabras.*
Traducir al/del/en *latín.*
Traer
a *casa;* ante *sus padres; consigo;* de
Francia; en/entre *manos.*
Traficar
con *armas;* en *drogas.*
Transferir
(algo) a/en *alguien;* de *un banco a
otro.*
Transfigurarse
con/por *la noticia;* en *otra persona.*
Transformar(se) *(algo)* en *otra cosa.*
Transitar por *la carretera.*
Transmutar *(algo)* en *algo.*
Transpirar
con *el calor;* por *la piel.*
Transportar
a *hombros;* de *un lado* a *otro;* en *avión;*
sobre *una plataforma.*
Trasbordar
a *otro tren;* de *un barco* a *otro.*
Trasegar *(el vino)* de *un recipiente* a
otro.
Trasladar
a *otro despacho;* de *un sitio* a *otro.*
Traspasar *(algo)* a *alguien.*
Trasplantar de *un lado* a *otro.*
Tratar
a *los amigos;* acerca de/sobre *un pro-
blema;* con *los demás.*
Trepar
a *un árbol;* por *un cuerda.*
Triunfar
en *el encuentro;* sobre *los rivales.*
Trocar *(algo)* en/por *algo.*
Tropezar con/contra/en *una piedra.*
Turbarse por *la emoción.*

Ufanarse con/de/por *el triunfo.*
Ultrajar
con *insultos;* de *palabra y obra;* en *su
honor.*

Uncir
al *carro; (un animal)* con *otro.*
Ungir(se)
con *aceite;* por *todo el cuerpo.*
Uniformar
a *todos;* de *rojo.*
Unir *(una cosa)* a/con otra.
Unirse
a/con *los demás;* en *la petición;* entre
todos.
Untar
a *alguien;* con/de *aceite.*
Usar de *malas artes.*
Utilizar
a *una amiga;* de *prueba;* en *los viajes.*

Vaciar
de *contenido;* en *un molde.*
Vaciarse
de *líquido;* por *un agujero.*
Vacilar
en *la decisión;* entre *una cosa y otra.*
Vagabundear de *un lado* a/para
otro.
Vagar por *el campo.*
Valer
para *médico;* por *dos.*
Valerse
de *alguien o* de *algo.*
Vanagloriarse de/por *sus hechos.*
Varar en *la arena.*
Variar de *opinión.*
Velar
a *un enfermo;* en *defensa de sus intereses;* por *su vida.*
Vencer
a *los enemigos;* a/con/por *traición;* en *el
combate;* por *puntos.*
Vender
a/en/por *un precio muy alto;* al/por
mayor; con *pérdidas;* de *contrabando.*
Venderse
a *alguien;* por *dinero.*
Vengarse
con *crueldad;* de/por *un crimen.*

régimen preposicional

Venir(se)
a *casa*; **con/en** *coche*; **de/desde** *allí*; **hacia/hasta** *aquí*; **para** *el verano*; **por** *buen camino*.
Ver
con *sus propios ojos*; **por** *la ventana*.
Veranear **en** *la montaña*.
Verse
con *los amigos*; **en** *el espejo*; **entre** *los suyos*; **sin** *recursos*.
Verter
al *suelo*; **de** *un tonel*; **hacia** *el mar*.
Vestir **a** *la moda*.
Vestirse **de** *gala*.
Viajar
a *pie*; **de** *noche*; **en/por** *avión*; **hacia/hasta** *la frontera*.
Viciarse
con/de/por *el trato de alguien*.
Vigilar
al *niño*; **en defensa de/por** *el bien común*.
Violentarse **al/en** *responder*.
Virar
a/hacia *mar adentro*; **de** *costado*; **en** *redondo*; **sobre** *el ancla*.
Vivir
a *gusto*; **con** *nada*; **de** *las rentas*; **en** *paz*; **hasta** *los cien años*; **para** *ver*; **sin** *pena ni gloria*.

Volar
a/por *el cielo*; **con** *sus propias alas*; **de** *rama en rama*; **en** *avión*; **sobre** *el mar*.
Volver
a/hacia/para *casa*; **de** *noche*; **en/sobre** *sí*; **por** *el mismo lugar*.
Votar
a *los candidatos*; **con** *la mayoría*; **en** *las elecciones*; **por** *su partido*.

Yacer
con *su amante*; **en** *un sepulcro*; **sin** *vida*; **sobre** *la cama*.

Zafarse **de** *la realidad*.
Zaherir **con** *insultos*.
Zambullir(se) **bajo/en** *el agua*.
Zarpar **del** *puerto*.
Zozobrar **con/en/por** *la tormenta*.
Zurcir **con** *hilo*.

frases hechas y
expresiones figuradas

frases hechas y expresiones figuradas

Andando por la calle...

1. ACORDARSE
1. Acordarse de la familia de alguien.
Expresión irónica de insulto a los parientes.
2. "¡Te vas a acordar de mí!"
= **"¡Ése se va a acordar de mí!"**
Expresión de amenaza.

2. ACOSTARSE
Acostarse con las gallinas.
F. Irse a acostar muy temprano.

3. AGARRARSE
Agarrarse a un clavo ardiendo.
Aprovechar cualquier oportunidad para salir de un apuro.

4. AGUANTAR
Aguantar carros y carretas.
= **Tragar/pasar carros y carretas.**
Soportar demasiado algo o a alguien.

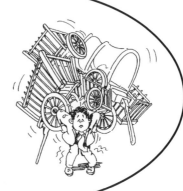

5. AGUAR
Aguar la fiesta.
Estropear un momento de diversión.

6. AJUSTAR
Ajustarle las cuentas (a alguien).
A. Vengarse de alguien.
B. Reprochar a alguien su conducta.

7. ANDAR
1. Andar de boca en boca.
Estar en las conversaciones de todo el mundo.
2. Andar de cabeza.
Estar demasiado ocupado por un exceso de actividad.

⚠ *F* = expresión muy familiar.

Conjugar es fácil

8. ANUNCIAR
Anunciar a bombo y platillo.
Anunciar algo con insistencia
y por todas partes.

9. APAGAR
"Entonces, apaga y vámonos".
F. Frase para poner fin a una discusión o
situación por considerarla sin solución.

10. APEARSE
1. Apearse del burro.
= Bajarse del burro.
= Caer(se) del burro.
F. Reconocer un error o rectificar
una conducta equivocada.
2. Apearse del carro.
= Bajarse del carro.
F. Desistir, abandonar
una idea.

11. APRETAR
**1. Apretar las clavijas
(a alguien).**
Ser muy severo
con alguien.
APRETARSE
**2. Apretarse el
cinturón.**
Reducir los gastos.

12. ARMAR(SE)
1. Armar(se) un cristo.
**= Armar(se) la de Dios
es Cristo.**
F. Organizar u organizarse
un gran alboroto.
ARMARSE
2. Armarse la gorda.
F. Organizarse un escándalo
o alboroto.

13. ARRIMAR
1. Arrimar (alguien) el ascua a su sardina.
F. Actuar pensando en el beneficio propio.
2. Arrimar el hombro.
F. Trabajar, colaborar.

14. ATAR
1. Atar cabos.
Relacionar diferentes elementos para llegar a una
conclusión lógica.
2. Atar corto a alguien.
Ser severo o/y limitar la libertad de acción de alguien.

⚠ F = expresión muy familiar.

frases hechas y expresiones figuradas ...

15. BAILAR
1. Bailarle el agua a alguien.
= Hacerle la rosca/
la pelota a alguien.
Adular o dar la razón a alguien para
agradarle y obtener de él un
beneficio.
2. "Otro/a que tal baila".
F. Se dice de la persona cuyos
vicios o defectos son comparables
a los de otra.
3. "Que me quiten lo baila(d)o".
Disfrutar de algo sin pensar
en las consecuencias.

16. BAJAR
1. Bajarle los humos a alguien.
Abatir su orgullo o su autosuficiencia.
BAJAR(SE)
2. Bajarse del burro.
(Véase Apearse, 10, 1.)
3. Bajarse del carro.
(Véase Apearse, 10, 2.)

17. BARRER
**Barrer para/
hacia dentro.**
Querer sacar provecho propio.

18. BRILLAR
Brillar por su ausencia. (P.ej.: la simpatía.)
Expresión para insistir en que algo o alguien
ha faltado en una situación.

19. BUSCAR
1. Buscarle (a alguien) las cosquillas.
= Buscarle a alguien las pulgas.
F. Tratar de hacer enfadar a alguien.
BUSCARSE
2. Buscarse la vida.
Ingeniárselas por sí mismo para hallar medios
de subsistencia.

20. (NO) CABER
**1. No caber(le) en la
cabeza (a alguien).**
= No entrar algo en la cabeza
a alguien.
No poder comprender una cosa.
2. No caber un alfiler.
Estar un sitio muy lleno
de gente o de cosas.

⚠ F = expresión muy familiar.

21. CAER

1. Caer como una bomba.
Sorprender algo con exceso, sentar mal algo.

2. Caer(se) del burro. (*Véase Apearse,* 10, 1.)

3. Caer en gracia.
Agradar, resultar simpático sin habérselo propuesto.

4. Caer en la cuenta.
Comprender, darse cuenta de algo.

5. Caer gordo.
F. No resultar simpático alguien.

CAERSE

6. Caerse de espaldas. ⟶
Quedarse muy asombrado por algo.

7. Caérsele (a alguien) la baba (con/por alguien).
F. Estar muy orgulloso de alguien, generalmente querido y cercano.

8. Caérsele (a alguien) la cara de vergüenza.
Sentirse avergonzado por algo que se ha hecho o dicho.

9. Caérsele (a alguien) la casa encima.
No soportar estar en la propia casa.

10. Caérsele (a alguien) los anillos.
No querer efectuar un trabajo por considerarlo humillante.

11. Caerse redondo.
Caerse al suelo perdiendo el conocimiento.

22. CALENTARSE
Calentarse la cabeza.
F. Reflexionar mucho sobre algo.

23. CANTAR
Cantar las cuarenta.
F. Decir claramente a alguien lo que se piensa de él.

24. CEPILLARSE
Cepillarse a alguien.
F. A. En general: eliminar. Metafóricamente: a alguien que obstaculiza. (P. ej.: en el trabajo.)
F. B. Si lo hace un profesor: suspender a un alumno.
F. C. Sentido sexual, tener relaciones sexuales con alguien.

⚠ F = expresión muy familiar.

Conjugar es fácil

25. CERRAR

1. Cerrar con broche de oro.
Dar un buen final a algo.
CERRARSE
2. Cerrarse en banda.
Ser testarudo, negarse
ante un razonamiento.

26. CLAVAR

1. Clavar (a alguien).
F. Estafarle, cobrarle en exceso.
CLAVARSE
2. Clavarse/tener clavada una cosa en el alma.
Causar algo una gran pena o dolor.

27. COGER

1. Coger a alguien por banda.
Solicitar los servicios de una persona, demasiado rato y, en cierto modo, forzadamente.
2. "Dios nos coja confesados".
Expresión de miedo por algo que se ha hecho o que va a ocurrir.

28. COMER

1. Comer a dos carrillos.
= Ponerse morado.
F. Comer mucho y rápidamente.
2. Comerle el coco (a alguien).
F. Convencer a alguien de algo
presionándole mucho
COMERSE
F. **3. Comerse el coco/el tarro.**
Preocuparse mucho por algo,
pensar mucho en algo.

29. CORTAR

1. Cortar el bacalao.
= Partir el bacalao.
F. Se dice de quien decide o manda en algún asunto.
2. Cortarle las alas (a alguien).
Impedir realizar un proyecto o reprimir la libertad de alguien.
3. Cortar por lo sano.
Poner fin tajantemente a una situación desagradable.
CORTARSE
4. Cortarse la coleta.
Dejar de hacer algo, abandonar una profesión.
Expresión tomada del mundo taurino.

 F = expresión muy familiar.

frases hechas y expresiones figuradas ...

30. CRUZAR

1. **Cruzar el charco.**
= **Pasar el charco.**
Irse a América,
atravesar el Atlántico.

2. **Cruzarle la cara (a alguien).**
= **Romperle la cara (a alguien).**
= **Partirle la boca/la cara (a alguien).**
F. Pegarle a alguien en la cara,
generalmente de
modo brutal.

31. CUBRIR

1. **Cubrir el expediente.**
Cumplir aparentemente o lo mínimo.
2. **Cubrir las apariencias.**
= **Guardar las apariencias.**
Disimular socialmente.

32. CHUPAR

1. **Chupar del bote.**
F. Aprovecharse de algo o de alguien.
CHUPARSE
2. **(No) chuparse el dedo.**
= **(No) meterse el dedo en la boca.**
F. No ser ingenuo.
3. **(Estar (algo) (como) para
chuparse los dedos.**
F. Estar algo muy sabroso.

33. DAR

1. **Dar caña.**
= **Meter caña.**
F. Obligar a que algo se haga muy deprisa. (P. ej.: conducir.)
2. **Dar el golpe.**
A. Causar asombro por la forma de ir vestido o por lo que se hace.
B. Cometer un atraco (dar el/un golpe).
3. **Dar en el blanco.**
= **Dar en el clavo.**
Acertar con el objetivo deseado.
4. **Dar la cara.**
= **Plantarle cara a algo.**
Afrontar una situación peligrosa o arriesgada.
5. **Dar la lata.**
= **Dar la tabarra.**
= **Dar guerra.**
F. Molestar. Se aplica sobre todo a los niños.
6. **Dar largas.**
Poner excusas para retrasar o dejar de hacer algo.
7. **Dar leña.**
F. Pegar a alguien.

⚠ *F =* expresión muy familiar.

e

Conjugar es fácil

8. "Dale que dale".
="Dale que te pego".
Expresiones que indican pesadez,
repetición, insistencia.
9. "Para dar y tomar".
Expresión que se dice de algo de lo que hay en abundancia.
NO DAR
10. No dar abasto.
Estar desbordado por un exceso de trabajo y no poder hacerlo todo.
11. No dar (ni) golpe.
Ser un holgazán, no querer hacer nada.
(NO) DAR
12. (No) darle (a alguien) la (real) gana.
= (No) salirle (a alguien) de las narices.
F. (No) querer hacer algo.
Generalmente se usa más en forma negativa.
13. No dar pie con bola.
No hacer nada con acierto.
DARSE
14. Darse aires de algo (generalmente de grandeza).
Presumir de algo.
15. Darse bombo.
Presumir, darse importancia.
16. Darse con un canto en los dientes.
Darse por satisfecho con algo difícil de conseguir.
17. Darse una leche.
F. Darse un golpe, tener un accidente.

34. DECIR
(No/sin) decir "esta boca es mía".
= No decir ni mu.
F. No decir nada, ni una palabra.

35. DEFENDER
Defender (algo o a alguien)
a capa y espada.
Defender algo o a alguien con
mucho interés y esfuerzo.

⚠ F = expresión muy familiar.

frases hechas y expresiones figuradas

36. DEJAR

1. Dejar bien sentado.
Aclarar algo de manera precisa.
2. Dejar caer.
Decir algo indirectamente.
NO DEJAR
3. No dejar títere con cabeza.
Hacer una crítica destructiva de todas las cosas o
personas de las que se habla.
DEJARSE
4. Dejarse caer.
F. Presentarse en un sitio.

37. DIRIGIR

Dirigir el cotarro.
F. Mandar en un asunto.

38. DIVERTIRSE

Divertirse como un enano.
= Gozar como un enano.
F. Divertirse mucho.

39. ECHAR

1. Echar en cara.
Reprocharle algo a alguien.
2. Echar en falta.
= Echar de menos.
Acordarse de alguien lamentando su ausencia.
3. Echar en saco roto.
No tomar en cuenta consejos o advertencias.
4. Echar humo.
Estar furioso. ————————→
5. Echar la casa por la ventana.
= Tirar la casa por la ventana.
Gastar demasiado dinero,
generalmente para celebrar algo.
ECHARSE
6. Echarse un farol.
= Tirarse un farol.
F. Presumir mintiendo.

40. EMPINAR

Empinar el codo.
F. Beber demasiado.

41. ENCOGERSE

1. Encogerse de hombros.
Mostrar indecisión e indiferencia.
2. Encogérsele (a alguien) el corazón.
= Helársele (a alguien) la sangre en el pecho/corazón.
Causarle algo tristeza o miedo (a alguien).

⚠ F = expresión muy familiar.

42. ENCONTRAR
1. Encontrar (alguien) la horma de su zapato.
Encontrar uno lo que le conviene o le hace falta;
generalmente otra persona afín.
2. Encontrar (alguien) su media naranja.
Encontrar (alguien) su pareja.

43. ENGAÑAR
Engañar como a un chino.
F. Engañar por completo y con
facilidad a una persona. Expresión
anticuada y algo racista.

44. ENSEÑAR
Enseñar los colmillos.
Actuar o expresarse
de un modo amenazador.

45. ENTREGARSE
Entregarse en cuerpo y alma.
Dedicarse por completo a una cosa
o persona.

46. ESCURRIR
Escurrir el bulto.
F. Evadirse de una situación para
evitarse un problema.

47. ESPERAR
Esperar a que caiga la breva.
F. No hacer ningún esfuerzo para
conseguir algo.

48. ESTAR
1. Estar a las duras y a las maduras.
Aceptar lo bueno y lo malo de las situaciones.
2. Estar a sus anchas.
Sentirse cómodo.
3. Estar al loro.
F. Estar muy atento, pendiente de algo. Expresión actual.
4. Estar cerrado a cal y canto.
Estar algo totalmente cerrado.
5. Estar como Pedro por su casa.
F. Comportarse en su sitio como en su propia casa.
6. Estar (alguien) como un tren.
F. Ser muy atractiva físicamente una persona.
7. Estar cortado.
No actuar con naturalidad.

⚠ F = expresión muy familiar.

8. Estar de capa caída.
= Ir de capa caída.
Decaer una cosa o una persona.
9. Estar de mala leche.
F. Estar de mal humor, enfadado
10. Estar en babia.
= Estar en Belén (con los pastores).
= Estar en la inopia.
Estar distraído y no enterarse de algo.
11. Estar en el ajo.
F. Estar enterado o participar
de una situación.
12. Estar en la cresta de la ola. ⟶
Estar en pleno triunfo.
13. Estar en un callejón sin salida.
Encontrarse ante un problema o
situación imposible de resolver.
14. Estar forrado.
F. Tener mucho dinero.
15. Estar hasta la coronilla.
= Estar hasta las narices.
F. Estar harto.
16. Estar hecho un bestia.
F. Estar fuerte y robusto (un varón).
17. Estar hecho una fiera/bestia.
= Ponerse hecho una fiera.
F. Enfadarse mucho, enfurecerse.
18. Estar la cosa que arde.
Estar una situación en un momento conflictivo.
19. Estar sin blanca.
= No tener blanca.
= No tener ni (una) gorda.
F. No tener nada de dinero.
NO ESTAR
20. No estar el horno para bollos.
F. No ser el momento favorable para algo.
21. No estar en sus cabales.
Tener las facultades mentales
perturbadas.

⚠ F = expresión muy familiar.

Conjugar es fácil

49. GOZAR
Gozar como un enano.
(Véase *Divertirse*, 38).

50. HABER
1. **"No hay/había un alma".**
Frase para expresar que no hay
o no había nadie en algún lugar.
NO HABER
2. **"No hay/había por donde coger (algo o a alguien)".**
Expresión referida a algo de difícil solución
o en situación comprometida.

51. HABLAR
1. **Hablar en cristiano.**
F. Hablar de forma comprensible.
2. **Hablar por los codos.**
F. Hablar demasiado.

52. HACER
1. **Hacer (algo) a trancas y barrancas.**
Hacer algo con dificultad.
2. **Hacer boca.**
Tomar algo antes de comer,
como aperitivo.
3. **Hacer bulto.**
Formar parte de un número grande de algo,
pero sin aportar calidad o importancia.
4. **Hacer de su capa un sayo.**
Actuar uno como quiere, sin tener en
cuenta la opinión de los demás.
5. **Hacer el indio.**
F. Hacer el ridículo o el tonto
(expresión ligeramente racista).
6. **Hacer (alguien) su agosto.**
F. Beneficiarse, sacar provecho;
generalmente se refiere
a cosas materiales.

53. IMPORTAR
**Importarle a alguien un bledo/un
comino/un cuerno.**
F. Serle a alguien indiferente algo.

⚠ F = expresión muy familiar.

54. IR

1. Ir a por todas.
Ser muy ambicioso.

2. Ir al grano.
F. Tratar directamente lo esencial de un tema.

3. Ir con el cuento a alguien.
Comunicarle a otro con mala intención lo que se sabe.

4. Ir de cráneo.
F. Llevar muy mal algún asunto.

5. Ir de punta en blanco.
No faltarle un detalle a alguien en el arreglo personal.

6. Ir hecho un adán.
F. Ir vestido descuidadamente.

7. Ir tirando.
F. Ir salvando dificultades para vivir.
Muy usual como respuesta a "¿Qué tal?"

8. "¡Vamos, anda!"
F. Expresión de rechazo.

IRSE

9. Irse al garete (algo).
F. Estropearse, venirse abajo un proyecto.

10. Irse al otro barrio.
F. Morirse.

11. Irse de la lengua.
F. Hablar de algo más de lo debido.

12. Irse por los cerros de Úbeda.
F. Disparatar, salirse del tema.

55. JODER

"¡No jodas!"
="¡No jorobes!"
F. Expresiones de sorpresa
o incredulidad
(muy masculinas y vulgares,
especialmente
la primera).

56. JUGAR

1. Jugar con dos barajas.
Comportarse interesadamente
y con engaño de dos modos distintos.

2. Jugar con fuego.
Actuar peligrosamente.

JUGARSE

3. Jugárselo todo a una carta.
= Jugarse el todo por el todo.
Arriesgarlo todo
para conseguir algo.

⚠ F = expresión muy familiar.

frases hechas y expresiones figuradas ...

57. JUNTARSE

Juntarse el hambre con las ganas de comer.
F. Juntarse dos personas o dos circunstancias
con necesidades o defectos iguales.

58. LEER

Leerle (a alguien) la cartilla.
Echarle una bronca, reprenderle.

59. (NO) LEVANTAR

No levantar cabeza.
No poder salir de una
mala situación.

60. LLAMAR

"Llámalo hache".
F. Expresión para indicar que un nombre
o un detalle no tiene importancia
en un asunto.

61. LLEVAR

1. Llevar (a alguien) al huerto.
F. Convencerle con engaños.
2. Llevar de cabeza (algo a alguien).
= Traer de cabeza (algo a alguien).
Causar algo problemas a alguien.
3. Llevar de cabeza (alguien a alguien).
= Traer de cabeza (alguien a alguien).
Gustar mucho una persona a otra
y tenerla fuera de sí.
4. Llevar la batuta/la voz cantante.
F. Mandar, dirigir.
5. Llevar la contraria (a alguien).
Oponerse a alguien.
6. Llevar (a alguien) por la calle de la amargura.
F. Hacer sufrir a alguien.

62. LUCHAR

Luchar a brazo partido.
Esforzarse mucho por
conseguir algo.

63. METER

1. Meter baza.
F. Intervenir en una conversación.
2. Meter (a alguien) en cintura.
Hacerle entrar en razón, obligarle a
comportarse bien.
3. Meter la pata.
F. Equivocarse.
4. Meter una bola/bolas.
F. Decir mentiras.

⚠ F = expresión muy familiar.

METERSE

5. Meterse en camisa de once varas.
F. Ocuparse alguien de asuntos que no le corresponden.
6. Meterse (a alguien) en el bolsillo.
Ganarse la confianza de alguien.
7. Meterse en la boca del lobo.
Meterse en una situación peligrosa.
8. Meterse en un berenjenal.
Meterse en un lío.

64. MORDER
Morder el anzuelo.
= Picar el anzuelo.
Dejarse engañar.

65. PARAR
"¡Para el carro!"
F. Expresión para impedir que se siga diciendo algo que no se quiere oír.

66. PARIR
"¡Éramos pocos y parió la abuela!"
F. Se refiere a la inoportunidad de la acumulación de hechos o de personas.

67. PARTIR
Partir la boca/la cara.
(Véase Cruzar, 30, 2.)

68. PASAR
1. Pasar carros y carretas.
(Véase Aguantar, 4.)
2. Pasar el charco. (Véase Cruzar, 30, 1.)
3. Pasar las de Caín.
F. Sufrir, ser víctima de los errores.
4. Pasar por alto.
Omitir, no dar importancia.
PASARSE
5. Pasárselo bomba/pipa.
F. Expresión juvenil. Divertirse mucho.
NO PASAR
6. No pasar los años para/por alguien.
No envejecer.

F = expresión muy familiar.

69. PEDIR
1. Pedir cuentas (a alguien).
Pedir explicaciones a alguien.
2. "¡Pide por esa boca!"
F. Se dice a las personas a las que se desea
dar todo lo que ellas quieran.

70. PICAR
Picar el anzuelo.
(Véase Morder, 64.)

71. PLANTAR
Plantarle cara a algo.
(Véase Dar, 33, 4.)

72. NO PODER
No poder (alguien) con su alma.
Estar muy cansado.

73. PONER
1. Poner a caldo.
F. Reñir, insultar a alguien.
2. Poner(le) el cascabel al gato.
Hacer algo de gran dificultad.
3. Poner en bandeja.
= Servir en bandeja.
Dar muchas facilidades a alguien para algo.
4. Poner (a alguien) hecho un cristo.
= Poner (a alguien) hecho un cromo.
F. Llenarle de golpes y heridas.
PONERSE
5. Ponerse ciego.
= Ponerse las botas.
= Ponerse morado.
F. Comer exageradamente hasta hartarse.
6. Ponerse hecho un cristo.
F. Ensuciarse, desarreglarse.

74. PROBAR
No probar bocado.
No comer.

⚠ F = expresión muy familiar.

75. QUEDAR

1. Quedar un cabo suelto.
Quedar un ~~detalle~~ sin ultimar.

QUEDARSE

2. No saber a qué carta quedarse.
Estar indeciso, no saber qué elegir o qué hacer.

3. Quedarse bizco/patidifuso/turulato.
= Quedarse con la boca abierta.
F. Asombrarse, quedarse pasmado.

4. Quedarse con la copla.
Quedarse con una idea
y repetirla insistentemente.

5. Quedarse corto.
A. No haber dicho o hecho
todo lo que se debía.
B. No haber previsto cantidad
suficiente de algo.

6. Quedarse de brazos cruzados.
No hacer nada.

7. Quedarse en blanco.
= Írse(le) el santo al cielo (a alguien).
Olvidarse de repente de todo.

8. Quedarse frito.
F. Quedarse dormido profundamente.

9. Quedarse tan ancho.
Tomar una situación con mucha
tranquilidad.

76. RASCARSE

**Rascarse alguien la barriga/
el ombligo.**
F. Holgazanear, no hacer nada.

77. REMOVER

Remover cielo y tierra.
= Remover Roma con Santiago.
Hacer lo imposible para
conseguir algo.

78. ROMPER

1. Romper la cara.
(Véase Cruzar, 30, 2.)
ROMPERSE
2. Romperse los cuernos.
F. Esforzarse,
trabajar duramente.

79. SACAR

1. Sacar (a alguien) de sus casillas.
Provocar su enfado.
2. Sacarle (a alguien) los colores.
Poner a alguien en ridículo,
avergonzarle.

⚠ F = expresión muy familiar.

Conjugar es fácil

80. SALIR

1. Salir bordado (algo).
Salir bien un asunto.
2. Salir echando leches.
F. Salir a toda velocidad.
NO SALIR
(Véase No dar, 33, 12.)

81. SENTAR
Sentar la cabeza.
Volverse más sensato y juicioso.

82. SER

1. Ser ciento y la madre.
F. En plural. Se dice cuando hay mucha gente en algún sitio.
2. Ser cuatro gatos.
F. En plural. Se dice cuando hay muy poca gente en algún sitio.
3. Ser de armas tomar (alguien).
Ser alguien con mucho carácter.
4. Ser de cajón (algo).
F. Ser obvio, evidente.
5. Ser de la otra acera.
F. Se dice de alguien homosexual.
6. Ser duro de cascos.
= Ser duro de mollera.
Ser poco inteligente.
7. Ser el colmo.
= Ser la repera.
F. Ser algo excesivo, fuera de lo normal.
8. Ser (algo) el cuento de nunca acabar.
Ser un asunto interminable.
9. Ser habas contadas.
En plural. Ser cierta y sencilla una cosa.
10. Ser (algo) harina de otro costal.
Ser un asunto diferente.
11. Ser la flor y nata.
Ser lo más selecto.
12. Ser un agarra(d)o.
F. Ser un tacaño.
13. Ser un aguafiestas.
Estropear un buen ambiente.
14. Ser (alguien) un cacho/trozo de pan.
F. Ser muy buena persona.
15. "¡Esto son lentejas!".
F. Se dice para afirmar algo rotundamente.
NO SER
16. "No ser ni chicha ni limoná".
F. Ser algo indefinido, sin carácter.

 F = expresión muy familiar.

83. SUDAR

Sudar la gota gorda.
A. Tener mucho calor, sudar mucho.
B. En sentido figurado, esforzarse por conseguir algo y pasarlo mal.

84. TAPAR

Taparle la boca (a alguien).
Impedir que alguien diga algo con argumentos, soborno, etc.

85. TENER

1. Tener agallas (alguien).
Tener valor.

2. Tener enchufe (alguien).
F. Conseguir algo, sacar provecho gracias a la ayuda de alguien.

3. Tener (a alguien) entre ceja y ceja.
No poder soportar a alguien.

4. Tener (alguien) las espaldas cubiertas.
Estar protegido por algo o alguien contra posibles riesgos.

5. Tener mala leche.
F. Se dice de la persona que generalmente tiene malos modos, mal humor.

6. Tener mucho cuento.
Ser embustero.

NO TENER

7. No tener arte ni parte.
No intervenir para nada en algo.

8. No tener blanca.
= No tener ni (una) gorda.
(*Véase Estar, 48, 19.*)

9. No tener desperdicio (algo o alguien).
Ser muy bueno, no tener nada malo.

86. TIRAR(SE)

Tirarse un farol.
(*Véase Echarse, 39, 6.*)

87. TOCAR

1. Tocarle a uno la china.
Llevarse la desgracia, la mala suerte.
TOCARSE
2. Tocarse la barriga.
(*Véase Rascarse, 76.*)

⚠ F = expresión muy familiar.

Conjugar es fácil

frases hechas y expresiones figuradas ...

88. TOMAR
Tomar cartas en el asunto.
Intervenir en algo tomando su
dirección/el mando.

89. TORCER
Torcer el gesto.
Poner expresión de enfado o,
figuradamente, enfadarse.

90. TRAER
1. Traer cola.
Tener consecuencias una cosa.
2. Traer de cabeza.
(*Véase Llevar, 61, 2, 3.*)
**3. Traer sin cuidado
(algo a alguien).**
Resultar indiferente.

91. TRABAJAR
Trabajar como un negro.
F. Trabajar muy duramente.
Expresión racista.

92. TRAGAR
1. Tragar bilis.
F. Aguantar la ira.
2. Tragar carros y carretas.
(*Véase Aguantar, 4.*)
3. Tragar(se) un sapo.
F. Aguantar una situación o un
hecho que no se desea.
TRAGARSE
4. Tragarse una/la bola.
F. Dejarse engañar,
creerse una mentira.

93. VENIR
**1. Venir como agua de mayo
(alguien o algo).**
Se dice de una persona o cosa bien recibida
porque se espera y se desea mucho.
NO VENIR
2. No venir a cuento (algo).
= No venir al caso.
No tener (algo) relación
con el tema que se trata.

94. VOLVER
Volver la cabeza a alguien.
A. No querer saludar a alguien.
B. En sentido figurado, no ayudar
a una persona que lo necesita.

⚠ *F =* expresión muy familiar.

Mariana A. Torres